ビジネス・キャリア®
検定試験
過去問題集 解説付き

BUSINESS CAREER

人事・人材開発 2級 3級
第2版

木谷　宏 ●監修

ビジネス・キャリア®検定試験研究会 ●編著

一般社団法人 雇用問題研究会 ●発行

●はじめに

ビジネス・キャリア®検定試験（ビジキャリ）は、技能系職種における技能検定（国家検定）と並び、事務系職種に従事する方々が職務を遂行するうえで必要となる、専門知識の習得と実務能力の評価を行うことを目的とした中央職業能力開発協会（JAVADA）が行う公的資格試験です。

ビジキャリは、厚生労働省が定める事務系職種の職業能力評価基準に準拠しており、人事・人材開発・労務管理、経理・財務管理から、営業・マーケティング、経営戦略、さらには、生産管理、ロジスティクスまで、全８分野の幅広い職種をカバーしていることから、様々な目的に応じた自由度の高いキャリア形成・人材育成が可能であり、多くの方々に活用されております。

本書は、過去にビジネス・キャリア®検定試験で実際に出題された問題から人事・人材開発分野の等級ごとに100問をピックアップし、正解を付して解説を加えたものです。

受験者の方々が、学習に際して本書を有効に活用され、合格の一助となれば幸いです。

最後に、本書の刊行に当たり、ご多忙の中ご協力いただきました関係各位に対し、厚く御礼申し上げます。

令和４年10月

一般社団法人 雇用問題研究会

ビジネス・キャリア®
検定試験
過去問題集 解説付き

●標準テキスト及び試験範囲と本書に掲載されている試験問題の対応表

標準テキスト（第3版）		
第1章 人事企画の概要	第1節　人事管理の意義と範囲	1　組織と管理システム 2　人事管理の機能と構成 3　人事管理の構造 4　人事管理のサイクル 5　人事管理の環境条件
	第2節　人と組織の基礎	1　経営のニーズと社員のニーズ 2　経営戦略と人事管理 3　モチベーションと人事管理 4　リーダーシップ論
	第3節　資格制度の種類・内容	1　資格制度の基礎 2　社員区分制度 3　社員格付け制度 4　資格制度の今日的課題
	第4節　人事評価のしくみ	1　人事評価の意義 2　人事評価の理論 3　人事評価制度の実際
第2章 雇用管理の概要	第1節　労働契約・就業規則	1　労働契約の意義 2　労働契約の基本理念 3　労働条件の決定 4　就業規則の役割 5　就業規則の不利益変更による労働条件の変更
	第2節　採用管理の基礎	1　採用の管理活動 2　採用の基本方針 3　採用と労働市場 4　採用と労働法
	第3節　配置・異動管理の基礎	1　配置・異動の管理のしくみ 2　配置・異動の管理システム 3　個人ニーズ重視型の配置・異動政策 4　配置・異動の国際比較
	第4節　雇用調整と退職・解雇の基礎	1　雇用調整と退職・解雇の役割 2　雇用調整の管理 3　整理解雇 4　退職とセカンドキャリアの管理
第3章 賃金・社会保険の 概要	第1節　賃金の基礎	1　賃金の種類・内容 2　給与の基礎 3　賞与の基礎 4　退職金の基礎 5　福利厚生の基礎 6　賃金計算事務の基礎
	第2節　退職給付制度、退職給付会計の基礎	1　各種退職給付制度の種類と特徴 2　退職給付会計の基礎
	第3節　社会保険制度の基礎	1　健康保険法 2　介護保険法 3　国民年金法 4　厚生年金保険法 5　雇用保険法 6　労働者災害補償保険法

8ページに続く

＊標準テキスト及び試験範囲は改訂されている場合があります。最新の情報はこちら
(https://www.koyoerc.or.jp/publication/businesscareer/table.html)をご確認ください。

試験範囲（出題項目）			本書の問題番号
Ⅰ 人事企画の概要	1 人事管理の意義と範囲	(1) 組織と管理システム (2) 人事管理の機能と構成 (3) 人事管理の構造 (4) 人事管理のサイクル (5) 人事管理の環境条件	1～4
	2 人と組織の基礎	(1) 経営のニーズと社員のニーズ (2) 経営戦略と人事管理 (3) モチベーションと人事管理 (4) リーダーシップ論	5～8
	3 資格制度の種類・内容	(1) 資格制度の基礎 (2) 社員区分制度 (3) 社員格付け制度 (4) 資格制度の今日的課題	9～13 14～15
	4 人事評価のしくみ	(1) 人事評価の意義 (2) 人事評価の理論 (3) 人事評価制度の実際	16～20
Ⅱ 雇用管理の概要	1 労働契約・就業規則	(1) 労働契約の意義 (2) 労働契約の基本理念 (3) 労働条件の決定 (4) 就業規則の役割 (5) 就業規則の不利益変更による労働条件の変更	21～25
	2 採用管理の基礎	(1) 採用の管理活動 (2) 採用の基本方針 (3) 採用と労働市場 (4) 採用と労働法	26～27 28～29
	3 配置・異動管理の基礎	(1) 配置・異動の管理のしくみ (2) 配置・異動の管理システム (3) 個人ニーズ重視型の配置・異動政策 (4) 配置・異動の国際比較	30～32
	4 雇用調整と退職・解雇の基礎	(1) 雇用調整と退職・解雇の役割 (2) 雇用調整の管理 (3) 整理解雇 (4) 退職とセカンドキャリアの管理	33～36
Ⅲ 賃金・社会保険の概要	1 賃金の基礎	(1) 賃金の種類・内容 (2) 給与の基礎 (3) 賞与の基礎 (4) 退職金の基礎 (5) 福利厚生の基礎 (6) 賃金計算事務の基礎	37～39 40～43 44～46 47～49 50 51～55
	2 退職給付制度、退職給付会計の基礎	(1) 各種退職給付制度の種類と特徴 (2) 退職給付会計の基礎	56～57 58～59
	3 社会保険制度の基礎	(1) 健康保険法 (2) 介護保険法 (3) 国民年金法 (4) 厚生年金保険法 (5) 雇用保険法 (6) 労働者災害補償保険法	60～61 62～63 64～65 66～67 68～69

9ページに続く

標準テキスト（第3版）		
第4章 人材開発の概要	第1節　人材開発の基本的考え方	1　経営方針と連動した人材開発 2　人材開発の意義と目的 3　人材開発の領域と体系 4　キャリア形成支援と人材開発 5　組織活性化と人材開発
	第2節　人材開発の基礎実務	1　人材開発計画の作成 2　人材開発計画の推進 3　公的援助制度の利用
	第3節　OJT（職場内教育）の基本的考え方	1　OJTの意義・目的と特徴 2　OJTの位置づけ 3　OJTの効果的な進め方－事例から学ぶ
	第4節　Off-JT（職場外教育）の基本的考え方	1　Off-JTの意義・目的と特徴 2　Off-JTの位置づけ 3　Off-JTを効果的に進める研修技法
	第5節　自己啓発支援の基本的考え方	1　自己啓発支援の意義・目的と特徴 2　自己啓発支援の位置づけ 3　自己啓発支援の種類および効果的な進め方
－	－	－
	－	－

＊標準テキストの章立てについては、学習のしやすさ、理解促進を図る観点から、一部、試験範囲の項目が組替・包含されている場合等があります。

試験範囲（出題項目）			本書の問題番号
Ⅳ　人材開発の概要	1　人材開発の基本的考え方	(1)　経営方針と連動した人材開発 (2)　人材開発の意義と目的 (3)　人材開発の領域と体系 (4)　キャリア形成支援と人材開発 (5)　組織活性化と人材開発	70 ～ 74
	2　人材開発の基礎実務	(1)　人材開発計画の作成 (2)　人材開発計画の推進 (3)　公的援助制度の利用	75 ～ 79
	3　OJT（職場内教育）の基本的考え方	(1)　OJT の意義・目的と特徴 (2)　OJT の位置づけ (3)　OJT の効果的な進め方	80 ～ 84
	4　Off-JT（職場外教育）の基本的考え方	(1)　Off-JT の意義・目的と特徴 (2)　Off-JT の位置づけ (3)　Off-JT を効果的に進める研修技法	85 ～ 89 90 ～ 92
	5　自己啓発支援の基本的考え方	(1)　自己啓発支援の意義・目的と特徴 (2)　自己啓発支援の位置づけ (3)　自己啓発支援の種類および効果的な進め方	93 ～ 95
Ⅴ　人事・人材開発をめぐる社会的動向	1　人事管理の動向		96 ～ 100
	2　人材開発の動向		

＊試験範囲の詳細は、中央職業能力開発協会ホームページ（https://www.javada.or.jp/jigyou/gino/business/jinji.html）をご確認ください。

●標準テキスト及び試験範囲と本書に掲載されている試験問題の対応表

標準テキスト（第3版）		
第1章　人事企画	第1節　人と組織の理解	1　人と組織の理解 2　変化する個人と組織の関係 3　組織活性化とコミットメント 4　雇用の弾力化とコミットメント 5　組織と管理 6　組織戦略と人事管理
	第2節　職群・資格制度	1　社員の多様化と人事管理 2　社員区分の基本 3　人材ポートフォリオの今日的意義 4　職能資格制度 5　成果主義型人事制度 6　雇用管理制度
	第3節　人事評価	1　人事評価制度の意義・目的・種類 2　制度設計にあたっての留意点 3　制度運用にあたっての留意点
	第4節　職務分析・職務評価	1　職務分析・職務評価の基本と課題 2　職務分析・職務評価の方法と手順
	第5節　モチベーションとモラール向上・企業文化改革	1　人事管理の評価の必要性と従業員満足度調査 2　従業員満足度調査の基本的な考え方 3　制度の枠組み 4　調査票の設計 5　従業員満足度調査のプロセス
第2章　雇用管理	第1節　人員計画の種類・内容	1　長期・中期・短期別の人員計画 2　労働市場の変化と人員計画
	第2節　募集・採用	1　採用の基本と課題 2　採用の方法・手続の設計 3　各種採用・雇用形態別の留意点、関係法令等
	第3節　配置・異動と昇進	1　配置と昇進 2　運用にあたっての留意点
	第4節　出向・転籍	1　日本における人事異動の特徴 2　出向と転籍 3　実施にあたっての留意点
	第5節　表彰・懲戒	1　表彰・懲戒の基本と課題 2　制度設計にあたっての留意点 3　運用にあたっての留意点
	第6節　退職・解雇	1　退職・解雇の基本と課題 2　退職・解雇制度の設計 3　運用と検証
	第7節　雇用調整	1　雇用調整の基本と課題 2　雇用調整の方法 3　雇用調整計画の策定 4　実施と検証
	第8節　人事相談・トラブル対応	1　人事管理のチェックとトラブル対応 2　働きやすい職場環境の整備
第3章　賃金管理	第1節　賃金・総額人件費管理	1　賃金管理および総額人件費管理の意義
	第2節　賃金制度の設計と運用	1　賃金制度の基本 2　賃金制度の設計方法と留意点 3　人事制度と賃金 4　就業形態の多様化と賃金 5　運用およびフォローにあたっての留意点
	第3節　退職給付制度の設計と運営	1　各種企業年金の種類 2　退職給付制度の設計 3　退職給付制度の実施と評価
	第4節　海外駐在員の賃金管理	1　海外駐在員の賃金の決定方式 2　海外駐在員の賃金管理 3　関係法令

12ページに続く

＊標準テキスト及び試験範囲は改訂されている場合があります。最新の情報はこちら
(https://www.koyoerc.or.jp/publication/businesscareer/table.html)をご確認ください。

試験範囲（出題項目）			本書の問題番号
Ⅰ 人事企画	1 人と組織の理解	(1) 人と組織の理解	1～2
		(2) 変化する個人と組織の関係	3
		(3) 組織活性化とコミットメント	
		(4) 雇用の弾力化とコミットメント	
		(5) 組織と管理	4
		(6) 組織戦略と人事管理	5～6
	2 職群・資格制度	(1) 社員の多様化と人事管理	7～8
		(2) 社員区分の基本	9～10
		(3) 人材ポートフォリオの今日的意義	
		(4) 職能資格制度	11～12
		(5) 成果主義型人事制度	13
		(6) 雇用管理制度	14
	3 人事評価	(1) 人事評価制度の意義・目的・種類	15～16
		(2) 制度設計にあたっての留意点	17
		(3) 制度運用にあたっての留意点	18～20
	4 職務分析・職務評価	(1) 職務分析・職務評価の基本と課題	21～22
		(2) 職務分析・職務評価の方法と手順	23
	5 モチベーションとモラール向上・企業文化改革	(1) 人事管理の評価の必要性と従業員満足度調査	24～25
		(2) 従業員満足度調査の基本的な考え方	
		(3) 制度の枠組み	
		(4) 調査票の設計	
		(5) 従業員満足度調査のプロセス	
Ⅱ 雇用管理	1 人員計画の種類・内容	(1) 長期・中期・短期別の人員計画	26～27
		(2) 労働市場の変化と人員計画	
	2 募集・採用	(1) 採用の基本と課題	28
		(2) 採用の方法・手続の設計	29～30
		(3) 各種採用・雇用形態別の留意点、関係法令等	31～32
	3 配置・異動と昇進	(1) 配置と昇進	33～34
		(2) 運用にあたっての留意点	35～37
	4 出向・転籍	(1) 日本における人事異動の特徴	
		(2) 出向と転籍	
		(3) 実施にあたっての留意点	38～39
	5 表彰・懲戒	(1) 表彰・懲戒の基本と課題	40
		(2) 制度設計にあたっての留意点	41
		(3) 運用にあたっての留意点	42～43
	6 退職・解雇	(1) 退職・解雇の基本と課題	44～46
		(2) 退職・解雇制度の設計	47
		(3) 運用と検証	
	7 雇用調整	(1) 雇用調整の基本と課題	48
		(2) 雇用調整の方法	49～50
		(3) 雇用調整計画の策定	51
		(4) 実施と検証	
	8 人事相談・トラブル対応	(1) 人事管理のチェックとトラブル対応	
		(2) 働きやすい職場環境の整備	52～53
Ⅲ 賃金管理	1 賃金・総額人件費管理	(1) 賃金管理および総額人件費管理の意義	54～55
	2 賃金制度の設計と運用	(1) 賃金制度の基本	56～57
		(2) 賃金制度の設計方法と留意点	58～59
		(3) 人事制度と賃金	60～61
		(4) 就業形態の多様化と賃金	62～63
		(5) 運用およびフォローにあたっての留意点	64
	3 退職給付制度の設計と運営	(1) 各種企業年金の種類	65～66
		(2) 退職給付制度の設計	67
		(3) 退職給付制度の実施と評価	
	4 海外駐在員の賃金管理	(1) 海外駐在員の賃金の決定方式	68
		(2) 海外駐在員の賃金管理	
		(3) 関係法令	

13 ページに続く

<table>
<tr><th colspan="3">標準テキスト（第3版）</th></tr>
<tr><td rowspan="5">第4章　人材開発</td><td>第1節　人材開発の意義</td><td>1　経営方針と連動した人材開発施策
2　人事施策と人材開発施策
3　キャリア形成施策と人材開発施策
4　組織活性化施策と人材開発施策</td></tr>
<tr><td>第2節　人材開発の推進</td><td>1　人材開発計画の立案
2　人材開発計画の実行
3　人材開発費用の予算策定
4　人材開発関連法令</td></tr>
<tr><td>第3節　OJT（職場内教育）</td><td>1　OJT の重要性
2　OJT ニーズの把握
3　OJT 計画の立案・推進・フォローアップ</td></tr>
<tr><td>第4節　Off-JT（職場外教育）</td><td>1　Off-JT ニーズの把握
2　Off-JT 計画の立案
3　Off-JT の形態
4　Off-JT カリキュラム作成
5　Off-JT プログラム作成と効果的な推進およびフォローアップ</td></tr>
<tr><td>第5節　自己啓発支援</td><td>1　自己啓発の意義・背景
2　自己啓発の支援と効果的な推進およびフォローアップ</td></tr>
<tr><td rowspan="2">－</td><td>－</td><td>－</td></tr>
<tr><td>－</td><td>－</td></tr>
</table>

＊標準テキストの章立てについては、学習のしやすさ、理解促進を図る観点から、一部、試験範囲の項目が組替・包含されている場合等があります。

試験範囲（出題項目）			本書の問題番号
Ⅳ 人材開発	1 人材開発の意義	(1) 経営方針と連動した人材開発施策	69～70
		(2) 人事施策と人材開発施策	71～72
		(3) キャリア形成施策と人材開発施策	73～74
		(4) 組織活性化施策と人材開発施策	75～76
	2 人材開発の推進	(1) 人材開発計画の立案	77～79
		(2) 人材開発計画の実行	80～81
		(3) 人材開発費用の予算策定	
		(4) 人材開発関連法令	82～83
	3 OJT（職場内教育）	(1) OJTの重要性	
		(2) OJTニーズの把握	84～85
		(3) OJT計画の立案・推進・フォローアップ	86～87
	4 Off-JT（職場外教育）	(1) Off-JTニーズの把握	88～89
		(2) Off-JT計画の立案	90～91
		(3) Off-JTの形態	
		(4) Off-JTカリキュラム作成	92
		(5) Off-JTプログラム作成と効果的な推進およびフォローアップ	93～94
	5 自己啓発支援	(1) 自己啓発の意義・背景	
		(2) 自己啓発の支援と効果的な推進およびフォローアップ	95～96
Ⅴ 人事・人材開発をめぐる社会的動向	1 人事管理の動向		97～98
	2 人材開発の動向		99～100

＊試験範囲の詳細は、中央職業能力開発協会ホームページ（https://www.javada.or.jp/jigyou/gino/business/jinji.html）をご確認ください。

●本書の構成

本書は、「過去問題編」と「解答・解説編」の２部構成となっています。
ビジネス・キャリア®検定試験において過去に出題された問題から100問をピックアップ。問題を「過去問題編」に、各問についての解答及び出題のポイントと解説を「解答・解説編」に収録しています。
発刊されている「ビジネス・キャリア®検定試験 標準テキスト」（中央職業能力開発協会 編）を併用しながら学習できるように、問題の内容に対応する標準テキストの該当箇所も示しています。
各ページの紙面構成は次のようになっています。

過去問題編

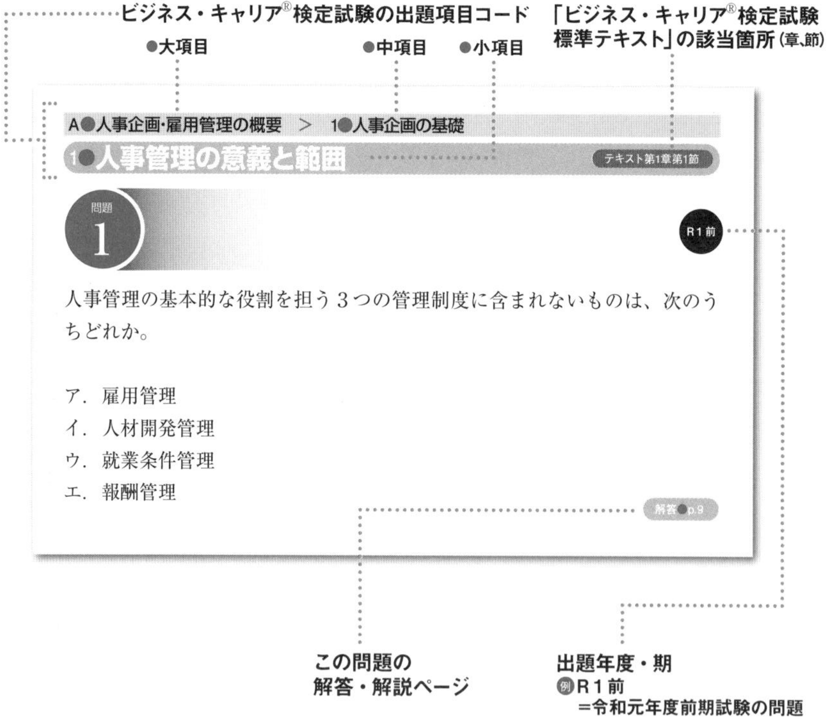

＊検定試験の出題項目コード及び標準テキストの該当箇所については、該当するものが必ずしも単一であるとは限らないため、最も内容が近いと思われるコード、章・節を参考として示しています。

解答・解説編

正解の選択肢

出題のポイント（この問題でどのような内容が問われているか）

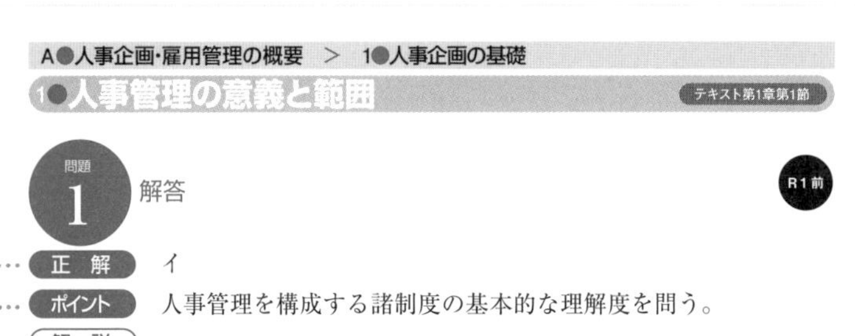

正 解　イ

ポイント　人事管理を構成する諸制度の基本的な理解度を問う。

解 説

ア．含まれる。職場や仕事に人材を供給するための管理機能を担う。①採用管理、②配置・異動管理、③人材開発管理、④雇用調整・退職管理、のサブシステムからなる。

イ．含まれない。雇用管理を構成するサブシステムの１つである。

ウ．含まれる。働く環境を管理する機能を担う。①労働時間管理、②安全衛生管理、のサブシステムからなる。

エ．含まれる。給付する報酬を管理する機能を担う。①賃金管理、②昇進管理、③福利厚生管理、のサブシステムからなる。

人事管理の基本的な役割を担う３つの管理制度（雇用管理、就業条件管理、報酬管理）と、基盤システム、サブシステムとの連関は、次の図のとおり。

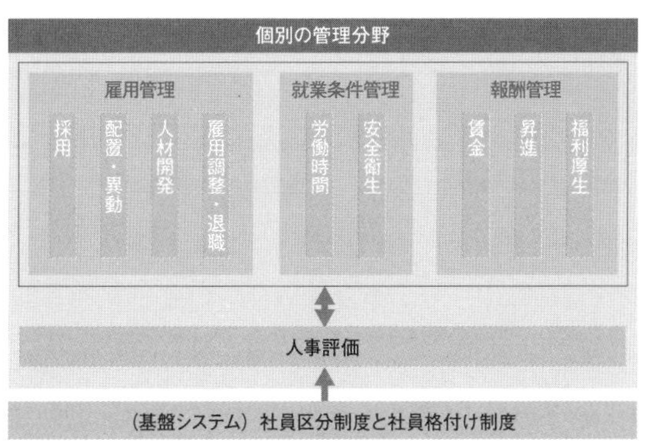

設問の各選択肢について正誤根拠を示すとともに、学習するうえで重要な点などについて解説しています。

ビジネス・キャリア®
検定試験
過去問題集 解説付き

BUSINESS CAREER

人事・人材開発 3級

問題及び解説文中、次の法令等は略称で記載されています。

（五十音順）
・育児休業、介護休業等育児又は家族介護を行う労働者の福祉に関する法律→育児・介護休業法
・雇用の分野における男女の均等な機会及び待遇の確保等に関する法律→男女雇用機会均等法

なお、問題文及び解説文に適用されている法令等の名称や規定は、出題時以降に改正され、それに伴い正解や解説の内容も変わる場合があります。

人事・人材開発 3級

ビジネス・キャリア®検定試験
過去問題編

(1)●組織と管理システム

テキスト第1章第1節

企業経営における人事管理に関する記述として不適切なものは、次のうちどれか。

ア．企業は経営目標を達成するために、資源を調達し、製品やサービスに変換していくが、人事管理もその一部分を担っている。
イ．企業には、経営活動を行うため、財務管理、生産管理、販売管理等のサブシステムがあるが、人事管理は、人に関する部分を担当するサブシステムである。
ウ．人事管理には、「人材を確保して仕事に配置する」、「仕事をする環境を整備する」、「働きに対する報酬を決める」という３つの基本的な機能がある。
エ．人事管理とは、人事評価等の手段によって賃金等の報酬を決めることであり、その結果は昇給、賞与等に反映される。

解答●p.90

人事管理に影響を与える環境条件に関する記述として適切なものは、次のうちどれか。

ア．企業内の環境条件としては、営業戦略、社員の帰属意識及び就業規則の３つが重要である。
イ．企業外の環境条件としては、労働市場、労働関係法令・政府の政策、及び社外の労使関係の３つが重要である。
ウ．昨今の我が国において労働力人口構成が大きく変化している主な要因としては、若年者比率の増加、高学歴化の進展、女性労働者の増加等が挙げられる。

エ．昨今、会社･仕事より生活を大切にする就業意識が強くなっているので、そのことを優先した人事管理を構築する必要がある。

解答●p.90

人事管理の機能と構成に関する記述として適切なものは、次のうちどれか。

ア．人事管理の管理サイクルを考えた場合、人事部門にとっては、「制度設計と計画策定」とともに､「職場の人事管理」に対する支援とトラブル対応、また「モラールサーベイ、人事監査など」が重要な業務である。

イ．人事管理の基本的役割は､「ヒトを調達する」､「ヒトを活用する」ことに集約されるが、その機能を大きく３つに分けると､「採用管理」､「教育管理」､「モチベーション管理」である。

ウ．人事管理の在り方は、様々な環境条件から影響を受けるが、企業内の環境条件としては､「経営方針」､「職場の人間関係」及び「労働組合の有無」が挙げられる。

エ．法的にみると、使用者と労働者との雇用関係は「就業規則」に基づいているが､我が国では就業規則の代わりに､一般に個別の「雇用契約」によって労働条件が詳細に定められている。

解答●p.91

人事管理システムに関する記述として不適切なものは、次のうちどれか。

ア．人事管理の基盤システムは、社員区分制度と社員格付け制度である。

イ．人事評価制度は、基盤システムと個別システムとの連結環の役割を果たしている。

ウ．個別の管理システムは、雇用管理、配置・異動管理及び報酬管理の３つの分野で構成される。

エ．人事管理の管理サイクルを支えているのが、人事情報システムである。

解答●p.91

(1)●経営のニーズと社員のニーズ

テキスト第1章第2節

問題 5

H29後

モチベーションの理論と人事管理に関する記述として不適切なものは、次のうちどれか。

ア．A.マズローの「欲求の５段階説」によると、人は欲求を充足しようと行動し、それが満たされると、さらに上位の欲求を求めるというのが基本的な考え方である。

イ．F.ハーズバーグの「動機づけ・衛生理論」によると、賃金等の経済的報酬は衛生要因とされ、それがないと不満を感じ、それがあると満足度を向上させるという特性を持っている。

ウ．A.マズローの「欲求の５段階説」によると、企業等の組織に所属して、他人との関係を作りたいというのは、社会的欲求とされ、この欲求は、人には協働して働きたいという気持ちがあることを説明している。

エ．A.マズローの「欲求の５段階説」によると、自分が他人より優れていたい、認められたいとの欲求は、自尊の欲求と考えられ、表彰制度等は、この欲求の充足に関連した人事制度といえる。

解答●p.93

問題 6

R3前

F.ハーズバーグの理論に基づき、職場管理者が部下を動機づける施策として適切なものは、次のうちどれか。

ア．ノー残業デーを設定し、時間外勤務の削減を図る。

イ．ケガや病気の恐れがなく、安全で快適な労働環境を整備する。

ウ．日常的なコミュニケーションを良くし、職場の和と人間関係の向上を図る。

エ．職場表彰制度を設け、優秀な成績を上げた部下を表彰する。

解答 p.93

労働関連の法律に関する記述として誤っているものは、次のうちどれか。

ア．日本国憲法で保護されるいわゆる労働三権とは、団結権・団体交渉権・団体行動権である。
イ．労働市場の枠組みを作成し適切に機能するよう支援する法律として、職業安定法や職業能力開発促進法などがある。
ウ．労働関連の法律を代表する、労働基準法、労働組合法及び労働関係調整法の３つの法律は、労働三法とも呼ばれる。
エ．労働者が働く上での最低基準を設定する法律には、労働契約法や最低賃金法がある。

解答 p.94

モチベーションやリーダーシップの理論として適切なものは、次のうちどれか。

ア．労働者の作業能率は、「照明等の客観的な職場環境条件より、職場の人間関係に左右される」という仮説を打ち出したのが、いわゆるホーソン実験であり、その後に展開される人間関係論の発端となった。
イ．リーダーシップ理論の変遷を見ると、「優れたリーダーは育成できるという考え方」から出発し、その後、「優れたリーダーは優秀な能力と素質とを持つという特性論」へと変化してきた。
ウ．フレデリック・ハーズバーグの動機付け・衛生理論では、「賃金等の経済的報酬、作業条件、職場の人間関係等の衛生要因が充足されると、労働者の満足感が増してやる気が増大する」とされている。

エ．アブラハム・マズローの欲求５段階説において、５つの欲求のカテゴリーを低次の欲求から順番に並べると、「生理的欲求」→「社会的な欲求」→「安全の欲求」→「自尊の欲求」→「自己実現の欲求」となる。

解答● p.94

(1)●資格制度の基礎

テキスト第1章第3節

問題 9

R3前

職務分類制度に関する記述として不適切なものは、次のうちどれか。

ア．欧米先進国等では、職能資格制度とは異なり、仕事を基準にした社員格付け制度が一般的であり、その代表が職務分類制度である。

イ．職務分類制度の設計における職務分析では、職務の重要性は責任の大きさや問題解決の難易度、必要な知識等の視点から検討される。

ウ．職務分類に連動した社員格付け制度においては、ポストを離れた場合でも職務グレードは変わることはない。

エ．国際的に知られているヘイ・システムにおける職務評価では、アカウンタビリティーは職責として期待されている成果の大きさを指している。

解答●p.96

問題 10

職能資格制度に関する記述として不適切なものは、次のうちどれか。

ア．職能資格制度は、社員が配置されている仕事ではなく、その仕事に配置される上で必要な一定の資格に達するまでストックされた「職務遂行能力」に基づいて社員の格付けを行う制度である。

イ．職能資格制度では、仕事内容が変わらなくても能力を高めれば資格と給与が上がることになる。そのため、従事している仕事から離れ、職務遂行能力を尺度にして、変化する仕事に人材を機動的に配置することができる。

ウ．社員はそれぞれの資格の職能要件を満たすように能力開発を行い、その要件が全て充足されると上位の資格に昇格するのが原則であり、これを「入学方式」という。

エ. 職能資格制度では、能力のレベルをある程度大くくりにして資格等級化しているので、同一の資格に対応する賃金は一定の幅を持ったレンジ・レートとなる。

解答●p.96

問題 11

R3後

社員区分制度を設計する場合、「社員に期待することが社員によってどのように異なるのか」ということが区分の基準となるが、基準とその区分例に関する記述として適切なものは、次のうちどれか。

ア.「全国社員と勤務地限定社員」は、「内部型・外部型人材の相違による区分例」である。
イ.「技能職と技術職」は、「期待する仕事内容の相違による区分例」である。
ウ.「総合職と一般職」は、「キャリア段階の相違による区分例」である。
エ.「専任職と専門職」は、「管理義務の相違による区分例」である。

解答●p.97

問題 12

R2後

人事評価に関する記述として誤っているものは、次のうちどれか。

ア. 人事評価の役割は、社員の今の能力や働きぶりを評価して、その結果を配置、処遇、人材活用につなげることにある。
イ. 人事評価の基準は、環境変化や経営戦略の変更に伴って見直す必要がある。
ウ. 人事評価の評価項目には、能力・業績・情意などがあるが、そのうち情意評価では積極性・協調性・責任感などを評価する。
エ. ハロー効果とは、評価者の得意分野や不得意分野によって、評価が甘くなったり、辛くなったりするエラーのことである。

解答●p.97

H28前

職能資格制度に関する記述として不適切なものは、次のうちどれか。

ア．我が国の標準的な職能資格制度は、キャリアと職種とをベースに、社員を複数の職群に分ける社員区分制度と組み合わせて設計されており、職群別職能資格制度とも呼ばれる。
イ．国際的に見た我が国の職能資格制度の特徴は、「ホワイトカラーとブルーカラーとの社員区分制度」と「人基準の社員格付け制度」とに重きが置かれていることである。
ウ．職能資格制度に代替する制度として導入されてきた役割等級制度では、職務を大くくりに捉えて、役割という概念を導入している。
エ．職能資格制度の運用が属人性重視の社員格付けとなり、昇進や賃金が仕事から離れて決定されてしまう問題がある。

解答●p.98

(2)●社員区分制度

テキスト第1章第3節

正社員の社員区分制度設計においては、大きく分けて４つの基準があるが、その基準に関する記述として不適切なものは、次のうちどれか。

ア．第一は、「期待する仕事内容」の違いに基づく区分であり、その代表的なものは職種である。社員を技能職と事務・技術職とに区分する方法等がこれに当たる。

イ．第二は、企業の「期待するキャリア形成」の違いによる区分である。ホワイトカラー職でよく見られる総合職と一般職との区分がこれに当たる。

ウ．第三は、「キャリア段階」の違い、つまり、育成と活用との観点から区分する方法である。能力の養成期･拡充期･発揮期に分け、それぞれに合った人事管理が適用される。

エ．第四は、「働き方」の違いによる区分である。総合職を管理職、専門職及び専任職に区分する方法がこれに当たる。

解答●p.100

募集･採用と雇用形態に関する記述として不適切なものは、次のうちどれか。

ア．試用期間は、その期間中に正社員登用の適格性判断を行うためのものであり、解約権留保付きの労働契約とみなされている。

イ．雇用対策の一環として設けられているトライアル雇用は、正社員登用を目指す制度であり、採用時点では有期雇用契約として締結される。

ウ．紹介予定派遣は、職業紹介を前提とした制度であり、経験者のみならず新卒者の採用にも活用できる制度である。

エ．採用内定者が入社するまでの間に人員計画が変更となった場合は、内定を取り消すことができる。

解答●p.100

(1)●人事評価の意義

テキスト第1章第4節

人事評価の過誤を生む評価者エラーに関する記述として不適切なものは、次のうちどれか。

ア．中心化傾向とは、評価者の自信欠如等から甘い評価をしてしまうエラーのことである。
イ．論理的誤差とは、密接な関係がありそうな考課要素や事柄を意識して関連づけてしまうために生じるエラーのことである。
ウ．遠近効果とは、最近起こったことは大きく、過去のことは小さく評価してしまうエラーのことである。
エ．対比誤差とは、評価者の得意分野か不得意分野かによって、評価が甘くなったり、辛くなったりするために生じるエラーのことである。

解答●p.102

人事評価の機能に関する記述として不適切なものは、次のうちどれか。

ア．従業員が保有している能力と働きぶりを把握し、適正配置、能力開発、公正処遇などの人事管理に反映させる。
イ．評価基準によって、どのような能力や姿勢が求められているかを周知することで、従業員の行動を変える。
ウ．従業員を定期的に序列化することによって、従業員の「いまの状態」を適正に評価する。
エ．個々の評価の場面では多様な評価基準が設定されるが、その基盤には会社が期待する人材像がある。

解答●p.102

R2後

以下に示す図は人事評価要素を表したものであるが、人事評価要素の特性の説明として不適切なものは、次のうちどれか。

評価要素	能力　職務行動　業績

	評価要素の特性	評価要素の特性の説明
ア.	評価の時間軸の長さ	(長い ◀――――▶ 短い)
イ.	評価の安定性の高さ	(高い ◀――――▶ 低い)
ウ.	能力向上意欲に対するインセンティブ効果の大きさ	(大きい ◀――――▶ 小さい)
エ.	成果達成意欲に対するインセンティブ効果の大きさ	(大きい ◀――――▶ 小さい)

解答 p.103

R3前

人事評価に関する記述として不適切なものは、次のうちどれか。

ア. 評価基準の出発点は、経営理念に基づき会社が求める人材像である。
イ. 経営環境や社会（あるいは社員）の価値観の変化によって、評価基準を変更することは、公平性の原則に適合しているとはいえない。
ウ. 評価制度は、評価基準を明確にする等の方法によって、一人ひとりの行動や成果を客観的に評価できるように構築される必要がある。
エ. 評価制度の運用においては、評価基準、評価手続き、評価結果等を被評価者に公開することで、評価に対する納得性を高める必要があり、これを透明性の原則という。

解答 p.104

R2前

評価の仕組みに関する記述として不適切なものは、次のうちどれか。

ア．目標管理の基本的な考え方は、組織目標と個人目標を統合して目標を設定し、個人はそれに向かって自立的に仕事を進める点にある。

イ．評価の段階で最も問題になる点は、「簡単な目標にすれば高い評価が得られる」という問題である。そのため目標の難易度を判定することが必要になる。

ウ．目標設定に当たっては、社員の参画が重視されるので、まず部下が業務目標を自己申告するのが一般的である。

エ．人事考課の代表的なエラーの１つであるハロー効果とは、最近のことは大きく、何カ月も前のことは小さく反映させてしまうエラーのことである。

解答●p.104

Ⅱ●雇用管理の概要　＞　1●労働契約・就業規則

(1)●労働契約の意義

テキスト第2章第1節

R3前

労働契約の期間に関する記述として適切なものは、次のうちどれか。

ア．期間の定めのない労働契約を除き、１年を超える労働契約は原則として締結できない。
イ．期間の定めのない労働契約は、原則として正社員を対象としたもので、定年年齢までの雇用を保障したものである。
ウ．60歳以上の労働者との間に締結される有期の労働契約の期間は、最長５年である。
エ．弁護士等の専門的知識を有する資格を持つ者との間に締結される有期の労働契約は、最長２年である。

解答●p.106

問題 22

就業規則に関する記述として正しいものは、次のうちどれか。

ア．常時10人以上の労働者を使用する事業場の使用者は､就業規則を作成し、届け出る義務があるが、この場合であっても正社員が10人未満のときは作成義務はない。
イ．就業規則改定のため、過半数代表者に意見を求めたところ、「改定反対」との意見書が提出されたが、この反対意見書を添付して所轄労働基準監督署長に届け出た場合でも就業規則は受理される。
ウ．新会社設立により就業規則を作成するに当たり、始終業の時刻・休日休暇・休憩時間・賃金等の絶対的必要記載事項は記載して届け出たが、賞与に関する規程はあるものの相対的必要記載事項なので届出をしなかった。

エ．試用期間中の社員が勤怠不良であったため、正式採用時に就業規則の規定より少ない有給休暇を付与する労働契約書を作成し、本人の同意の下に採用した。

解答 p.106

労働契約を結ぶ際に、使用者がその定めをしていない場合に明示しなくてもよい労働条件は、次のうちどれか。

ア．労働契約の期間
イ．始業及び終業の時刻
ウ．賃金の決定、計算及び支払いの方法
エ．安全及び衛生に関する事項

解答 p.107

就業規則の作成や届出、周知等に関する記述として正しいものは、次のうちどれか。

ア．常時10人以上の労働者を使用する場合、就業規則を定めて所轄の労働基準監督署長に届け出なければならない。この場合、10人以上のうち大半がパートタイマーであればその義務はない。
イ．就業規則を作成した場合、もしくはすでにある就業規則を変更した場合、遅滞なく、所轄の労働基準監督署長に届け出なければならない。
ウ．就業規則を作成した場合、もしくはすでにある就業規則を変更するに際しては、労働者の過半数で組織する労働組合がある場合はその労働組合、ない場合は労働者の過半数を代表する者の同意を得なければならない。
エ．就業規則は、冊子やパンフレットとして１冊にまとめ、全労働者に配布して周知しなければならない。

解答●p.108

就業規則には、必ず記載すべき「絶対的必要記載事項」と、定めをする場合に記載すべき「相対的必要記載事項」があるが、「相対的必要記載事項」に該当するものは、次のうちどれか。

ア．昇給に関する事項
イ．退職手当に関する事項
ウ．交替制勤務がある場合における就業時転換に関する事項
エ．休暇に関する事項

解答●p.108

(1)●採用の管理活動

テキスト第2章第2節

R3前

雇用戦略に関する記述として適切なものは、次のうちどれか。

ア．雇用ポートフォリオとは、正社員やパートタイマー・派遣社員等、様々な雇用区分、就業形態の中で、どの人材をどの程度の規模で採用・活用していくかという「人材の組合せ」のことである。
イ．雇用ポートフォリオ戦略の中で、非正規社員の雇用を計画する場合、パートタイマーはアルバイトと異なり、有給休暇の付与が義務づけられている等、法律上の大きな差異があるので、その点を考慮すべきである。
ウ．製品市場の不確実性が高い場合、あるいはライフサイクルが短い場合は、人材の長期育成を基本とする正社員の比重を大きくすることが、合理的な雇用戦略となる。
エ．雇用調整の手段には、整理解雇や、その前段階としての退職金の割増支給等を行う希望退職の募集があるが、能力の高い従業員を選択的に希望退職の適用除外にすることは認められない。

解答●p.109

多様な労働者グループの就業ニーズを的確に把握するための社員区分の考え方として不適切なものは、次のうちどれか。

ア．社員区分を考える上で、まずは事業活動の中で何を社内で行う内製部分とし、何を社外委託とするか「業務の内外区分」を考えなければならない。
イ．事業活動の内製部分を担当する労働者は「企業から直接指揮命令を受けて働く労働者」になるので、全て直用の労働者となる。

ウ．事業活動の外製部分を担当する労働者のうち、社内で働く労働者は請負労働者となり、社外で働く労働者は外注先・業務委託先となる。

エ．「雇用のポートフォリオ」とは、日経連（現在の日本経団連）が1995年に唱えたもので、直用の労働者に関して一律ではなく、複数の組合せを提案している。

解答●p.109

(2)●採用の基本方針

テキスト第2章第2節

問題 28

R2前

最近の新たな採用の動向に関する記述として不適切なものは、次のうちどれか。

ア．紹介予定派遣とは、派遣先企業で一定期間就労した後、直接雇用へ切り換えることを前提として働くことであり、通常の労働者派遣よりも専門的な知識を必要とする職種で利用されている。

イ．トライアル雇用とは、労働者を短期間試行的に雇用し、その間で企業と労働者とが相互に適性を判断し、両者が合意すれば、本採用するというものである。

ウ．インターンシップ制度は、在学中の学生に対して企業等で一定の就業体験を持たせることにより、自分の希望や適性に合った職業選択を可能にさせるものである。

エ．新規学卒採用では、従来の春季一括採用だけではなく、秋の定期採用、通年型採用、第二新卒採用等の多様な形態がみられる。

解答●p.111

問題 29

H30後

従業員の募集に関する記述として正しいものは、次のうちどれか。

ア．男性より女性が多い会社で、女性の経理担当者が退職したため、その退職補充として「女性のみ」募集した。

イ．防犯上の理由で、守衛を募集する際に「男性のみ」募集した。

ウ．２週間の短期アルバイトとして、土木作業要員を「男性のみ」募集した。

エ．製造現場における主として物を運搬する力仕事の職種のため、「男性のみ」募集した。

解答●p.111

(1)●配置・異動の管理のしくみ

テキスト第2章第3節

人事異動・配置に関する記述として不適切なものは、次のうちどれか。

ア．我が国の初任配置後の配置・異動の決定方法は、雇用継続重視の会社主導型という特徴がある。

イ．勤務地限定特約がない雇用契約を交わしている場合、転居を伴う異動命令に正当な目的があるときは、社員は家族の介護・看病を理由に異動命令を拒否することはできない。

ウ．出向とは、現在の会社での社員の身分を維持したままで、他社の指揮命令の下で業務に従事する異動である。

エ．異動命令は、異動の必要性等の事情に照らして、人事権を濫用したと認められる場合には、その命令は無効となることがある。

解答●p.113

配置・異動管理に関する記述として適切なものは、次のうちどれか。

ア．職種を限定した職種別採用で雇用契約を締結した場合でも、就業規則で従事する職務と勤務地を任意に変更できる包括同意があり、職種変更の他は著しい不利益がなければ、個別同意なく職種を変更できる。

イ．出向に関して就業規則で周知されていた場合であっても、生活上著しく困難な転勤が伴う場合などは、その出向命令は無効となる場合がある。

ウ．転籍先が転籍元と資本関係にあり、かつ転籍の前段階として出向している期間が3年以上あった場合には、いわゆる「転籍出向」という扱いになり、就業規則で包括同意があれば、個別同意は必要としない。

エ．地域限定社員制度で、管理職任用を行わないことは、転勤という就業継続の障害を取り除き、かつ職務責任の軽減を図ることにより、女性活用を推進するダイバーシティ経営にもプラスとなっている。

解答●p.113

配置・異動に関する記述として不適切なものは、次のうちどれか。

ア．仕事に従業員を配分することを配置と呼び、従業員が他の仕事に移ることを異動又は配置転換と呼ぶ。
イ．配置・異動管理の目的は、職場の人材ニーズと現状の人員配置の不整合の改善･解消であり、「従業員の人材育成」は別途、能力開発の施策で行っていく。
ウ．企業が採用した従業員を最初に職場や仕事に配置することを初任配置というが、採用時に仕事や職場を決めていない場合は、採用面接や新入社員研修等で得られた情報を基に人事部門が決定するのが我が国では一般的である。
エ．欧米とは異なり、会社主導で配置・異動を行うことが我が国の特徴であるが、総合職等を中心として、職務と勤務地を問わない包括的な労働契約が結ばれている傾向が強いことが主な理由と思われる。

解答●p.114

(1)●雇用調整と退職・解雇の役割

テキスト第2章第4節

問題 33

R3前

退職等に関する記述として不適切なものは、次のうちどれか。

ア．解雇とは、会社側が従業員の同意の有無にかかわらず、一方的に雇用契約を解消することをいう。

イ．希望退職の募集は、雇用調整の必要から優遇条件を設定し、時限的に自発的な退職者を募集するものである。本人希望に基づくので、失業給付等は自己都合退職扱いとなる。

ウ．早期退職制度とは、定年前の退職に対して退職金の上積み等の優遇条件をつけ、早期退職を促す制度である。同制度に転職・独立開業支援制度を組み合わせ、中高年齢者のセカンドキャリアを支援する企業もある。

エ．自己都合退職は、社員が自発的に退職することであるが、形態としては、家庭の都合や、早期退職制度を利用した退職等がある。

解答●p.116

問題 34

退職･解雇と雇用調整に関する記述として不適切なものは、次のうちどれか。

ア．退職とは、被用者側の意思又は個別同意や包括同意に基づく労働契約の解消である。

イ．解雇とは、雇用者側からの労働契約の一方的な解消であり、被用者側の意思又は個別同意や包括同意を必要としない。

ウ．雇用調整とは、事業活動に要する適切な人員計画と現状の人員構成を整合させるための管理活動である。

エ．人員削減を目的とする雇用調整は、まずは、整理解雇によって行われるのが通例である。

解答 p.116

R2後

雇用調整策に関する記述として不適切なものは、次のうちどれか。

ア．景気変動等により、業務量が減少して余剰人員が生じたときは、外注業務を取り込み、内製化率を高める方策もある。
イ．内部調整策においては、配置について、会社の人事権を幅広く適用するため、仕事の内容や場所を特定しない包括的な雇用契約の締結がその基盤となる。
ウ．出口政策としては、定年制度、早期退職優遇制度、希望退職制度等を整備しておく必要がある。
エ．雇用調整策としては、極力雇用を維持するため、第１段階として残業時間削減の方法が取られる。これにより、労働投入量が調整できれば、単位時間当たり労働コストも減少する。

解答 p.117

解雇に関する記述として不適切なものは、次のうちどれか。

ア．懲戒解雇を行う場合は、所轄労働基準監督署長の認定がなくても、30日前までの予告又は解雇予告手当の支払いは不要である。
イ．普通解雇は、勤務成績が著しく悪い、健康上の理由で長期にわたり職場復帰が見込めない等の理由で就業の継続が困難な場合に行われる。
ウ．労働契約法には、「解雇は、客観的に合理的な理由を欠き、社会通念上相当であると認められない場合は、その権利を濫用したものとして、無効とする。」と定められている。

エ．２カ月以内の期間を定めて使用される労働者を解雇する際に、解雇予告は不要である。

解答●p.118

(1)●賃金の種類・内容

テキスト第3章第1節

問題 37

売上高100億円、付加価値40億円、人件費20億円とした場合、労働分配率として適切なものは、次のうちどれか。

ア．20.0％
イ．33.3％
ウ．50.0％
エ．60.0％

解答●p.120

我が国の給与制度の特徴に関する記述として不適切なものは、次のうちどれか。

ア．手当のうち、社員の生活ニーズに応えるための手当は、生活関連手当と呼ばれる。
イ．所定外給与は、社員に対する企業の評価・格付けの金銭的な指標となる。
ウ．基本給は、給与の中で最も大きな比率を占める要素である。
エ．生活給は、属人給の一形態である。

解答●p.120

給与に関する以下の記述のうち、（　　）内に当てはまる語句の組合せとして適切なものは、次のうちどれか。

（　A　）とは、「社員の職務遂行能力」を基準として決める賃金であり、社員が保有する職務遂行能力に着目し、その能力が高まれば（　A　）も上げるという形になる。通常は（　B　）制度がベースとなり、運用に際しては職務遂行能力の基準としての「（　C　）」が用いられる。一方、（　D　）とは、「社員が担当する職務の難易度・責任度」を基準に決める賃金であり、通常は（　E　）制度がベースとなり、運用に際しては個々の職務の内容・特徴・難易度をまとめた「（　F　）」が用いられる。

ア．A：職能給　B：職能資格　C：職能資格要件書
　　D：職務給　E：職務等級　F：職務記述書
イ．A：役割給　B：役割等級　C：役割基準書
　　D：職能給　E：職能等級　F：職能資格要件書
ウ．A：職務給　B：職務等級　C：職務記述書
　　D：役割給　E：役割等級　F：役割基準書
エ．A：職能給　B：職務等級　C：職務記述書
　　D：役割給　E：役割等級　F：役割基準書

解答●p.121

(2)●給与の基礎

テキスト第3章第1節

給与の支払いに関する記述として正しいものは、次のうちどれか。

ア．通勤費（定期代）の支払いを定期券の付与に代えるには、労働者の過半数を代表する者との書面による協定にその旨の定めをすることになる。

イ．労働者本人以外の者に賃金を支払うことは禁止されているが、労働者の親権者その他の法定代理人や労働者の委任を受けた任意代理人に支払うことは法令に違反しない。

ウ．給与の支払日を、「毎月第４金曜日」とすることは差し支えない。

エ．それまで月末締め当月25日払いだった給与の支払日を翌月10日に変更した場合、変更月には給与が１回も支払われないことになるが、こうした制度変更時においても、毎月１回以上の支払日を確保する措置が必要である。

解答●p.122

平均賃金に関する記述として誤っているものは、次のうちどれか。

ア．平均賃金とは、これを算定すべき事由の発生した日以前３カ月間にその労働者に対し支払われた賃金の総額を、その期間の総日数で除した金額をいうが、その間に賃金締切日がある場合は、直前の賃金締切日から起算する。

イ．解雇予告手当の算定において、「算定すべき事由の発生した日」は「労働者に解雇通告をした日」になる。

ウ．災害補償を算定する場合の平均賃金算定事由の発生日は、原則として「死傷の原因たる事故発生の日又は診断によって疾病の発生が確定した日」であるが、同一事故によって負傷して休業したのち、さらに障害が残った場合の障害補償は、負傷の日を算定事由の発生日とする。

エ．４月から始まったベースアップ交渉が７月に妥結し、７月の給与で４月まで遡及したベースアップ分を一括で支払った場合などは、平均賃金の計算においては、追加額は７月に支払われたものとして取り扱う。

解答●p.123

問題 42

R3前

基本となる賃金体系の構成内容に関する記述として不適切なものは、次のうちどれか。

ア．職務給とは、職務分析を行い、客観的な職務価値の評価に基づいて賃金を決める方式のことである。

イ．職能給は仕事給の一種であるが、職務に厳密に制約されず、能力の面から見ると属人給であるともいえる。

ウ．職能給の昇給において、同一等級内における能力の向上度に対応するものを、習熟昇給という。

エ．属人給とは、年齢、学歴、勤続年数等の個人的な要素によって決める方式のことであり、賃金は労働の対価という考え方に基づいている。

解答●p.123

問題 43

昇給に関する記述として不適切なものは、次のうちどれか。

ア．1980年～1990年代と比べて、近年の年齢別の賃金カーブは緩やかなものとなっている。

イ．定期昇給とは、生活給としての昇給を指すものであり、これには人事考課による昇給は含まれない。

ウ．昇格昇給は、昇格へのモチベーションを上げるための有効な手段である。
エ．ベースアップがなく定期昇給のみの実施であっても、賃金原資の増額となる場合がある。

解答●p.125

(3)●賞与の基礎

テキスト第3章第1節

R3後

賞与に関する記述として不適切なものは、次のうちどれか。

ア．賞与管理の目的は、賃金原資管理と労働意欲の向上である。

イ．賞与の算定式を「賞与額＝算定基礎額×評価」と表すこととすると、賞与の算定基礎額は、社員格付けから切り離して考えることが基本である。

ウ．賞与は、賃金原資管理の面から見ると、成果配分・利益配分の性格を有する。

エ．業績連動型賞与制度とは、一定のルールに従って企業業績指標から直接的に賞与原資を算定する制度である。

解答●p.126

我が国の賞与に関する記述として不適切なものは、次のうちどれか。

ア．賞与の総額（原資）の決定方法として、業績連動型賞与制度を導入する企業が増えてきた。

イ．賞与は賃金としての性格を有するので、就業規則に「入社１年未満者は支給しない」と定めることはできない。

ウ．賞与から源泉徴収する所得税は、「給与所得者の扶養控除等（異動）申告書」を提出している場合と提出していない場合で、算出率が異なる場合がある。

エ．賞与に期待される機能の１つとして、「賃金の変動費化」の機能を指摘することができる。

解答●p.127

賞与に関する記述として不適切なものは、次のうちどれか。

ア．賞与の支給日に在籍することを賞与の支給要件とする就業規則の規定は、合理的理由があり有効である。
イ．賞与は法律上支給が強制されているものではないが、賞与制度が導入されている場合は、支給条件、計算方法を就業規則に記載しなければならない。
ウ．一定のルールによって、企業業績指標から直接的に賞与原資を決定する方式を業績連動型賞与という。
エ．賞与の支給水準は、自社の業績よりも世間相場によって決定すべきである。

解答 p.127

(4)●退職金の基礎

テキスト第3章第1節

R2前

退職一時金に関する記述として不適切なものは、次のうちどれか。

ア．中小企業退職金共済制度とは、国の援助の下、中小企業事業主の相互共済により退職給付を行う制度である。

イ．退職給付には、企業が恩恵的に支給する功労報奨金説と、従業員が受け取る給与の一形態であるとする賃金後払い説とがある。

ウ．退職一時金の算定においては、職能資格、職務等級等の社員格付けにリンクする等、算定額と評価とに何らかの連動を持たせようとするポイント方式の導入率は大手企業が高くなっている。

エ．退職一時金制度改革の方向性としての確定給付企業年金制度の実施は、一種の「退職金前払い制度」の導入である。

解答●p.129

退職一時金及び退職年金の所得税に関する記述として不適切なものは、次のうちどれか。

ア．退職一時金の所得税は、給与所得とは別に分離課税が適用される。

イ．退職金前払い制度の場合、月給や賞与に上乗せして退職金を前払いで支払うが、月給や賞与と同様に所得税・住民税の課税対象となり、また社会保険料の決定の際の報酬に含まれることになる。

ウ．退職一時金の所得控除額は、勤続40年で1,000万円程度である。

エ．退職給付を退職年金よりも退職一時金で受給する労働者が多い理由の1つとして、退職一時金のほうが退職年金よりも、税制上有利であることが挙げられる。

解答●p.130

問題 49

退職給付に関する記述として不適切なものは、次のうちどれか。

ア．退職給付の機能を定年退職者の立場から捉えると、「退職後の日常生活資金」と考える割合が最も多い。
イ．退職給付の支払い制度には、退職一時金と退職年金があるが、企業規模が大きくなるほど、後者の支払い制度を採用する割合が高くなっている。
ウ．退職一時金の計算方式としては、①退職時の給与等を算定基礎額にする、②退職一時金専用の算定基礎額テーブルを用いる、③勤続年数別定額方式、④勤続期間を累積したポイント方式等の方式があるが、どの方式を採用するかについては企業規模別に有意な差は認められない。
エ．企業年金制度は、平成30年施行の改正確定給付企業年金法によるガバナンスの強化、改正確定拠出年金法による中小事業主掛金納付制度（イデコプラス）の創設等、制度強化の施策が実施されている。

解答●p.130

(5)●福利厚生の基礎

テキスト第3章第1節

R2前

福利厚生に関する記述として不適切なものは、次のうちどれか。

ア．福利厚生とは、社員とその家族の福祉向上のためにある。

イ．法定福利厚生費とは法律で定められた社会保険等の企業負担分の費用である。

ウ．法定外福利厚生は企業が独自の裁量で行うものであり、社宅は、その一例である。

エ．法定福利厚生費と法定外福利厚生費を対労働費用比率で比べるとほぼ同率である。

解答●p.132

(6)●賃金計算事務の基礎

テキスト第3章第1節

R3前

2018年12月に策定された「同一労働同一賃金ガイドライン」に照らして、正社員と非正規雇用労働者との間の不合理な待遇差の解消について、不適切なものは、次のうちどれか。

ア．昇給であって、労働者の勤続による能力の向上に応じて行うものについては、同一の能力の向上には同一の、違いがあれば違いに応じた昇給を行わなければならない。

イ．ボーナス（賞与）であって、会社の業績等への労働者の貢献に応じて支給するものについては、同一の貢献には同一の、違いがあれば違いに応じた支給を行わなければならない。

ウ．病気休職については、有期雇用労働者にも正社員と同一の付与を行わなければならず、病気休職の期間を労働契約の期間が終了する日までとすることは問題となる。

エ．教育訓練であって、現在の職務に必要な技能・知識を習得するために実施するものについては、同一の職務内容であれば同一の、違いがあれば違いに応じた実施を行わなければならない。

解答●p.133

H29後

賃金に関する記述として不適切なものは、次のうちどれか。

ア．時間外・休日労働の場合、法定の割増賃金を支払わなければならないが、この算定基礎には、「家族手当（扶養家族数による）」、「通勤手当」及び「臨時に支払われた賃金」は算入しなくてもよい。

イ．１カ月以内の期間雇用するアルバイトにも、最低賃金法は適用されることから、賃金は、都道府県ごとに制定された最低賃金を下回ることはできない。

ウ．労災保険の休業給付請求のために平均賃金を算定する場合、算定期間内に産前産後休暇による賃金カットがあったときでも、その期間内の賃金総額を対象期間の暦日数で除したものを「平均賃金」とする。

エ．退職手当の支払いは、通貨払いの原則にかかわらず、銀行振込みによる支払いが可能である。

解答●p.133

賃金の支払い実務に関する記述として適切なものは、次のうちどれか。

ア．当社には、明文化された賃金控除協定はないが、社員から「消費者金融」の借金を月例賃金から天引きして相手先へ支払うよう要請された。本人の同意書が添付され、かつ、本人へ直接確認したところ同意したため、指定先への支払いを行った。

イ．病気で休業している社員の配偶者が使者として、本人の給与・賞与の受取りのために来社した。会社は、使者であることの証明のため使者届を提出させて、支払いを行った。

ウ．当社は、給与振込制を導入しているため、会社が新入社員の口座を開設し、本人に印鑑と通帳を交付している（初回入金１万円は、入社祝いとして会社負担）。

エ．社員が社用携帯電話を私的に使用したため、月額10万円の電話代の請求があった。このため、会社は本人に通知だけして次月給与で電話代を相殺した。

解答●p.134

問題 54

R2前

賃金の支払いに関する記述として不適切なものは、次のうちどれか。

ア．賃金は、原則として、その全額を通貨で支払わなければならないが、法令で別段の定めがある社会保険料等は、賃金から控除することができる。
イ．遅刻・早退等により、所定労働時間の一部が不就労の場合には、その時間に応じた賃金を控除することができる。
ウ．法定労働時間内であっても、所定労働時間を超えた時間外労働については、２割５分以上で計算した割増賃金を支払わなければならない。
エ．家族手当の支給対象者を事実上男性に限定するような賃金規程は、その部分について無効となる。

解答 p.135

問題 55

R1後

法定の割増賃金に関する記述として誤っているものは、次のうちどれか。

ア．通勤手当として、距離に関係なく１日300円を支給する場合、この手当は、割増賃金の算定基礎の賃金から除外できる。
イ．賃貸住宅居住者には一律３万円、持ち家居住者には一律１万円を支給する住宅手当は、割増賃金の算定基礎の賃金から除外できない。
ウ．扶養義務の有無に関係なく支給される配偶者手当は、割増賃金の算定基礎の賃金から除外できない。
エ．慶弔金は、支給条件が就業規則等で定められているものであっても、割増賃金の算定基礎の賃金から除外できる。

解答 p.135

(1)●各種退職給付制度の種類と特徴

テキスト第3章第2節

問題 56

R2後

退職給付制度に関する記述として誤っているものは、次のうちどれか。

ア．退職一時金制度には、最終給与等算定基礎額を用いる方式のほか、別テーブル方式、定額方式などがある。

イ．キャッシュバランスプランは、確定拠出型の退職給付制度である。

ウ．確定給付企業年金には、規約型企業年金と基金型企業年金の２つの種類がある。

エ．確定拠出年金には、個人型と企業型がある。

解答●p.137

問題 57

確定拠出年金（企業型）に関する記述として誤っているものは次のうちどれか。

ア．事業主掛金は損金算入が可能である。

イ．本人が年金として給付を受け取った場合には雑所得となり、公的年金等控除の対象となる。

ウ．マッチング拠出の個人掛金はその全額が所得控除の適用を受けることができる。

エ．給付金を受領するまでの運用収益に対しては、毎年本人に課税される。

解答●p.138

(2)●退職給付会計の基礎

テキスト第3章第2節

問題 58

退職給付制度に関する記述として不適切なものは、次のうちどれか。

ア．ポイント方式の退職金制度は、基本給と切り離して運用されるため、ベースアップ等によって基本給が底上げされても、点数の計算方式と単価を変えない限り退職金の増額を抑えることができる。

イ．退職金前払い制度や確定拠出年金では、自己都合退職や懲戒解雇の際の支給額の減額といった給付調整機能が担保されないため、自己都合退職や不正行為等に対する抑止効果は構造上有さない。

ウ．確定給付企業年金は、運用、財政、制度ガバナンスの面で企業負担が継続するとともに、あらゆるリスクの担い手が企業側に集中するため、経営的効果はほとんど見込めないと見るべきである。

エ．企業拠出型の確定拠出年金は、企業としては掛金を拠出するだけで退職給付債務が発生しないため、企業会計上は将来的なリスクを負うことはない。

解答●p.139

問題 59

確定給付企業年金に関する記述として不適切なものは、次のうちどれか。

ア．毎事業年度の財政検証における継続基準・非継続基準による検証が義務づけられており、積立状況によっては掛金の再計算を行う必要がある。

イ．掛金計算利率（予定利率）は、積立金の運用収益の長期の予測に基づき合理的に定められるものとされており、国債の利回りを勘案して厚生労働大臣が定める利率を下回ってはならない。

ウ．2014年４月１日以降、厚生年金基金の新設は認められないこととなった。

エ．確定拠出年金と比較した場合、給付額があらかじめ確定されているため、優秀人材の定着性に対する効果という点では劣る。

解答●p.139

(1)●健康保険法

テキスト第3章第3節

R2前

公的医療保険制度に関する記述として不適切なものは、次のうちどれか。

ア．医療保険は、職域や地域によって加入する医療保険の制度は異なるが、日本国内に住所がある者は、いずれかの制度に加入することとなっている。
イ．勤労者を対象とした職域保険（被用者保険）には、健康保険、船員保険、共済等がある。
ウ．後期高齢者医療保険制度は、75歳以上の被保険者が対象であり、保険料は医療費の１割をめどに設定され、残りは公費負担となることから被用者保険から医療費を拠出することがなくなった。
エ．健康保険の被保険者であれば、70歳未満については医療費の自己負担割合は、３割である。

解答●p.141

医療保険制度に関する記述として不適切なものは、次のうちどれか。

ア．我が国の医療保険制度は、全ての国民がいずれかの公的医療保険に加入する国民皆保険制度がとられている。
イ．自営業等の勤労者以外を対象にした地域保険には、国民健康保険がある。
ウ．被用者保険には、主に中小企業の労働者を対象とした協会けんぽと、大手企業の労働者を対象にした組合管掌健康保険があり、前者の保険者は政府であり、後者の保険者は健康保険組合である。
エ．健康保険の一般保険料は、勤労者の標準報酬月額及び標準賞与額に保険料率を乗じて算出されるが、この保険料率については、保険給付との収支バランスを勘案して保険者ごとに決定される仕組みになっている。

解答 p.141

(2)●介護保険法

テキスト第3章第3節

R3前

介護保険制度に関する記述として適切なものは、次のうちどれか。

ア．介護保険制度は、40歳以上75歳未満の全ての国民が加入する強制保険で、65～74歳の第１号被保険者と40～64歳の第２号被保険者とで構成される。
イ．第１号被保険者が負担する介護保険料は、原則として65歳から支給される老齢厚生年金又は老齢共済年金から控除される。
ウ．第２号被保険者のうち、健康保険に加入している被保険者については、その保険料は原則として労使が折半負担する。
エ．第２号被保険者は、介護が必要な場合には、その原因を問わず介護サービスが受けられる。

解答●p.143

介護保険に関する記述として正しいものは、次のうちどれか。

ア．介護保険の被保険者は、40歳以上が対象となる強制保険で、65歳以上75歳未満の者を第１号被保険者、40歳以上65歳未満の者を第２号被保険者として区分している。
イ．第２号被保険者にかかる保険料は、その者が加入する医療保険の保険料（健康保険料、国民健康保険料など）と一緒に徴収する。
ウ．第１号被保険者にかかる保険料は、その者の住所地の市町村又は特別区がその者の所得にかかわらず一定額を徴収する。
エ．第１号被保険者にかかる保険料は、その者に支払われる老齢年金等から控除する特別徴収のほか、その者から直接徴収する普通徴収があるが、その者の世帯主や配偶者には納付の義務はない。

解答●p.143

(4)●厚生年金保険法

テキスト第3章第3節

遺族厚生年金に関する記述として誤っているものは、次のうちどれか。

ア．遺族厚生年金を受給できる「配偶者」には、婚姻の届出がなくても、社会通念上、婚姻関係と同様の事情にある者が含まれる。
イ．遺族厚生年金の受給権者における生計維持関係の認定については、前年の収入要件を満たす必要がある。
ウ．遺族厚生年金の受給権者は「妻、子、孫」であり、「夫」は対象とならない。
エ．「妻」が受ける遺族厚生年金には、中高齢加算が支給される場合がある。

解答●p.144

厚生年金保険等に関する記述として誤っているものは、次のうちどれか。

ア．厚生年金保険では、被保険者が受け取る給与（基本給のほか残業手当や通勤手当などを含めた税引き前の給与）を一定の幅で区分した報酬月額に当てはめて決定した標準報酬月額を、保険料や年金額の計算に用いる。
イ．厚生年金保険の適用事業所に常時勤務する者は、その者の年齢に関係なく、厚生年金保険の被保険者として保険料を納付する義務を負う。
ウ．厚生年金保険の被保険者に、年３回まで支払われる賞与についての厚生年金保険料は、標準賞与額に厚生年金保険料率を乗じた額である。
エ．厚生年金保険の被保険者に扶養される配偶者で、満20歳以上60歳未満の者は、国民年金の第３号被保険者に該当する旨の届出をすれば、国民年金保険料は納付したものとみなされ、自ら保険料を納付する必要はない。

解答●p.144

(5)●雇用保険法

テキスト第3章第3節

問題 66

H30前

雇用保険に関する記述として誤っているものは、次のうちどれか。

ア．基本手当の受給資格がある者が、一定の要件に該当する場合に支給される給付を就職促進給付という。
イ．雇用保険二事業は、雇用安定事業及び能力開発事業から構成される。
ウ．雇用保険制度は、５名未満の労働者を雇用する個人事業主には、任意に適用される保険制度である。
エ．雇用継続給付制度には、育児休業給付、介護休業給付及び高年齢雇用継続給付がある。

解答●p.146

問題 67

R2後

雇用保険に関する記述として誤っているものは、次のうちどれか。

ア．一般被保険者とは、高年齢被保険者、短期雇用特例被保険者及び日雇労働被保険者以外の被保険者をいう。
イ．高年齢被保険者とは、適用事業に65歳に達した日以後の日において雇用されている、短期雇用特例被保険者及び日雇労働被保険者以外の被保険者をいう。
ウ．一般の事業の場合の雇用保険率は9/1000であり、支払われた賃金にこれを乗じて得た額を、事業主と被保険者が折半する。
エ．失業等給付は、求職者給付、就職促進給付、教育訓練給付及び雇用継続給付の４つからなる。

解答●p.146

(6)●労働者災害補償保険法

テキスト第3章第3節

R3前

労災保険に関する記述として誤っているものは、次のうちどれか。

ア．労災保険制度は、労働者が業務上の災害や通勤途上で災害に遭った場合、被災労働者やその遺族の保護を図るために、必要な保険給付を行う制度である。

イ．労災保険の保険料は、賃金総額にその労働者の担当業務ごとに定められた労災保険率を乗じて算出する。

ウ．通勤災害の給付には、療養給付・休業給付・障害給付・介護給付・遺族給付等の法定給付のほかに「社会復帰促進等事業としての特別支給金」等がある。

エ．業務上の災害に遭い、病院で治療を受ける場合の「療養の給付請求書」は、その治療を受ける労災指定病院等を経由して、所轄の労働基準監督署長に提出しなければならない。

解答●p.148

労災保険に関する記述として誤っているものは、次のうちどれか。

ア．労災保険の適用を受ける労働者は、労働基準法第９条に定義する労働者と同義であり、労働の対償として賃金が支払われる全ての者に適用される。

イ．労災保険の保険給付は、労働基準法第８章で定める事業主の災害補償責任を政府が肩代わりする保険であることから、その給付範囲は業務上災害に限られる。

ウ．労災保険の保険率は、事業の種類ごとに現在54業種に分類されている。

エ．遺族補償年金は、受給資格者のうち最先順位者が受給権者となるが、その者が失権した場合に次順位者に受給権が移る転給制度がある。これは厚生年金保険の遺族厚生年金にはない制度である。

解答●p.148

⑴●経営方針と連動した人材開発

テキスト第4章第1節

問題 70

R2後

人材開発と社員の能力に関する記述として適切なものは、次のうちどれか。

ア．人材開発に関しては能力の捉え方が重要であるが、その場合、開発すべき代表的能力は、計画能力、意思決定能力、口頭表現力及び文章表現力の4つである。

イ．企業の行う人材開発は、仕事に必要な能力を開発することであり、その意味では、教養や一般能力を高める学校教育と基本的には共通すると考えてよい。

ウ．人材開発ニーズとは、個人の目標にかかわらず、個人の現有能力と、会社が経営上の理由から現在又は将来必要とする能力とのギャップのことである。

エ．人材の内部調達を考えた場合、能力から見た仕事と社員とのギャップを埋める活動が人材開発であり、仕事と社員とのマッチングを行うのが配置である。

解答●p.150

問題 71

能力開発にコンピテンシーの考え方を用いるメリットに関する記述として不適切なものは、次のうちどれか。

ア．知識・スキルの重要性を従業員に伝えられる。

イ．高業績者の行動がモデルとして従業員に学習される。

ウ．フィードバック面接の際に従業員の理解を得やすい。

エ．従業員が自らの能力について自己評価しやすい。

解答●p.150

問題72

R1後

D.E.スーパーの「キャリアステージ」についての考え方と、各ステージに合った人材開発の説明に関する記述として不適切なものは、次のうちどれか。

ア．キャリアの探索段階は、学校やアルバイト、就職、転職を通じて職業が選択されていく時期である。企業における選択支援の方法として、インターンシップ等がある。

イ．キャリアの確立段階は、自分の適性や能力について、仕事を通して確立していく時期である。ジョブ・ローテーション等で様々な職務を経験しながら、能力を高めていくことが望ましい。

ウ．キャリアの維持段階では、職務においてリスクを冒すような危険を避けるようになる。そのため、生涯教育やライフ・プラン等のセカンド・ライフを考えさせるような人材開発が望ましい。

エ．キャリアの解放段階は、職業世界から引退する時期である。帰属する場所がなくなるという恐怖を解消するために、これまでの職業世界以外の場所で、新しい役割を開発していくことが望ましい。

解答 p.151

問題73

R2前

人材開発の対象者、目的、手段に関する記述として不適切なものは、次のうちどれか。

ア．選ばれたコア人材の企業特殊能力を向上させるために、自己啓発のための資格取得支援金を増額した。

イ．営業担当者のコミュニケーション能力を強化するために、EQトレーニングを実施した。

ウ．新入社員の仕事上の課題を解決したり、悩みを聞いたりするために、一人ひとりに担当の先輩社員をつけて個別に支援させることとした。

エ．非正規労働者にも、その担当のプロフェッショナルとなってもらうために、各職務の専門性を高める研修を実施した。

解答●p.152

問題 74

キャリア開発を支援する施策に関する記述として不適切なものは、次のうちどれか。

ア．階層別教育は、従業員がステップアップを目指し、次の階層で必要なスキルや知識を習得するために自ら参加するもので、キャリア開発と連携させながら行うとより効果的な施策である。

イ．EAP（社員サポートプログラム）は、元々はアルコール依存などから仕事に影響を及ぼす社員を支援するプログラムであったが、近年はストレス、対人関係、キャリア開発など幅広い支援を行うプログラムとなっている。

ウ．モラールサーベイは、人事制度全体が機能しているか否かを従業員の満足度から調査するものであり、異動の仕組みや人材育成を含めたキャリア開発についても、機能しているか否かを判断できる。

エ．スキルインベントリーは、企業が顧客価値創造のために必要な能力を棚卸しし、その期待レベルを明確に定義したものであり、「求められる人材像(スキル要件)」を明確にすることでキャリア開発に生かすことができる。

解答●p.152

(1)●人材開発計画の作成

テキスト第4章第2節

問題 75

R2前

人材開発計画の推進に関する記述として適切なものは、次のうちどれか。

ア．年度計画の策定に当たっては、年度ごとのバラツキが生じないように、前年度の各施策の実施状況に沿って、人材開発計画を作成すべきである。

イ．人材開発予算も企業活動上の経費の１つであることから、業績に連動して、予算額を比例的に増減させる。

ウ．2000年以降人材開発の重要性が認識されるようになり、労働費用全体に占める教育訓練費の割合は増加し続けている。

エ．研修修了後には、実施結果報告書をコースごとに作成し、どの程度の効果があったのか、研修内容及び運営に問題はなかったかを明確にする。

解答●p.154

問題 76

R2後

CDP（キャリア・デベロップメント・プログラム）に関する記述として適切なものは、次のうちどれか。

ア．CDPを適切に運用するには、社員個人についての情報の充実が不可欠であり、自己申告制度やスキルインベントリーは、そのための有力な仕組みである。

イ．CDPの実施に当たっては、その基本は人事部門が主体となり、社員個人の能力、適性、希望に応じて、面接やカウンセリングが行われるべきである。

ウ．CDPにおけるローテーションは、会社が長期的な観点に立って、社員を育成するために行うものであることから、社内公募制度のように、個人の意思で新職務に挑戦することは、CDPには含まれない。
エ．CDPの一方策として、コア人材を重点的に選抜して育成することは、教育の機会均等原則に外れることから、人事管理上好ましくない。

解答●p.154

問題 77

R3前

昨今の教育訓練に関する記述として不適切なものは、次のうちどれか。

ア．従来型の「階層別研修」等に加えて、「コンプライアンス研修」、「コーチング研修」、「キャリア開発研修」等、多岐にわたってきている。
イ．教育訓練策を、「短期需要充足型」、「人材ストック保全型」及び「戦略投資型」の３つに分類した場合、海外留学やビジネス・スクールへの派遣は、「戦略投資型」に該当する。
ウ．企業が行うOff－JTでは、新規採用者などへの初任層研修、新規中堅社員研修、マネジメント、ビジネスマナー等のビジネス基礎知識に関する内容のものが多くなっている。
エ．Off－JTにかける総費用（総投資額）は、企業の実態として労働費用の５％程度が一般的である。

解答●p.155

問題 78

次の会話は、人材開発部門の若手スタッフであるA君とB君の会話の一部である。「経営研修ニーズとその取上げ方」に関する考え方として不適切なものは、次のうちどれか。

ア．A君：経営研修プログラムの開発は、ニーズの的確な把握からスタートしなければならないよ。ニーズの情報源は、当社の内部経営環境の他、まずマクロ経済の動向や、業界情報などの外部情報を慎重に分析する必要がある。

イ．B君：内部情報としては、当社の経営戦略、とりわけ人的資源・組織に関する方針を重視する必要があると思う。そしてオピニオン・サーベイの結果や、我々が行ったスキル・アセスメントの結果も重要な情報源となる。

ウ．A君：うん、情報が多くなれば色々なニーズが出てくることだろう。僕はできるだけ多くのニーズを盛り込んだプログラムを作るべきだと考える。そうすれば、社員による当社の問題点の共有化が進むことが期待できる。これは経営研修に託された大きな課題だよ。

エ．B君：緊急性や重要性などによってニーズを評価し、プログラムのテーマを絞り込むことも必要だと思うよ。それは、テーマの数が多くなれば焦点が分散し、研修効果を妨げることが心配されるからね。

解答 p.155

研修効果の測定方法としてのカークパトリック・モデルに関する記述として不適切なものは、次のうちどれか。

ア．レベル１は、受講者のアンケートなどから理解度や満足度を測るものである。

イ．レベル２は、人事考課における改善の度合いを測るものである。

ウ．レベル３は、職場に戻ったときの職務行動の変化を測るものである。

エ．レベル４は、組織における売上拡大、生産性増加やコスト削減などの指標から測るものである。

解答 p.156

⑴●OJTの意義・目的と特徴

テキスト第4章第3節

H28後

OJTの特徴・利点の組合せとしてA～Cの全てが適切なものは、次のうちどれか。

ア．A：部下の理解・修得状況を確認して、途中でそれをフォローアップして進めることができる。
　　B：教育担当者の個性や指導力を、十分に発揮することができる。
　　C：業務遂行に必要な知識・技能を、全員に同時に修得させることができる。

イ．A：教育の費用を、あまりかけずに実施することができる。
　　B：部下別に、計画的、重点的に継続性を持たせて進めることができる。
　　C：仕事に必要な新しい理論や先進的な技術を、いち早く修得させることができる。

ウ．A：部下の主体性を高めて、自己啓発意欲が醸成される。
　　B：上司と部下とのコミュニケーションが円滑になり、信頼関係が構築される。
　　C：多数の人との意見交換を通して、異質なものの考え方や見方を広く修得させることができる。

エ．A：部下の能力や個性に配慮して、それに合わせて進めることができる。
　　B：部下の能力を、個別のニーズに合わせて引き上げることができる。
　　C：現場の仕事に直接的に必要となる基本や知識を、修得させることができる。

解答●p.157

企業における３つの教育訓練方法であるOJT、Off－JT及び自己啓発に関する記述として適切なものは、次のうちどれか。

ア．OJTは、上司や先輩の指導の下で、職場で働きながら行われる教育訓練方法であり、経験と能力に高い相関のある企業で行う教育訓練の中心とされている。
イ．Off－JTは、仕事から離れて行う教育訓練方法であり、目的別に必要な技能や知識を集中的かつタイムリーに習得ができることから、３つの教育訓練方法の中でも中心的な位置づけとされている。
ウ．自己啓発は、必要とする知識や技能を自ら進んで学ぶもので、その行為そのものが本人の高い学習意欲に支えられており、極めて効率が良いことから、企業が行う人材開発でも最も重視されている。
エ．OJT、Off－JT及び自己啓発は、教育訓練方法としてそれぞれに特徴があり、いずれが中心ということではなく、各々均等の位置づけで用いるべきものである。

解答 p.157

OJTの特質に関する記述として不適切なものは、次のうちどれか。

ア．OJTは、業務を通じて、あるいは業務に関連させて、上司・先輩が、部下・後輩の育成を行う意図的・計画的・継続的な人材開発活動であり、企業内教育の中核をなしている。
イ．OJTは上司・先輩が体験的に培った実践的な技能・ノウハウといった暗黙知を、部下・後輩に伝える上で効果的なトレーニング法である。
ウ．OJTをより効果的、能率的なものにするためには、主要業務単位で標準的な教育・訓練マニュアルを整備し、一定の訓練を受けた上司・先輩による定型的な訓練を、戦略的に実施することが考えられる。

エ．OJTによって部下・後輩を育成しようとする上司・先輩の姿勢と熱意は、部下・後輩の上司・先輩に対する信頼感を深め、好ましい組織風土を醸成する効果がある。

解答 p.158

OJTに関する記述として適切なものは、次のうちどれか。

ア．仕事を通じて実施されるOJTは、新入社員や比較的実務経験の浅い若年層を対象とした教育訓練方法である。すでに知識や経験が豊富な管理職以上の階層には適さない。

イ．OJTは仕事の遂行に必要な専門知識や技能を、日々の業務を通じて身につける教育訓練方法である。したがって、特段の意図を持って育成に当たらなくても、経験によって学ぶことができるところが、この訓練方法の大きな特徴となっている。

ウ．OJTによる教育訓練では、育成責任を明確にするために、指導担当者と育成対象者とが１対１の専任指導体制をとることが基本である。この指導に他者が介入することは、育成方針の不統一につながることから、避けることが望ましい。

エ．OJT指導担当者に対して適切な教育がなされていないと、育成の成否が指導担当者個人の指導能力と意欲に大きく左右され、組織の要請に基づくOJT本来の目的を達成することが困難となる。

解答 p.159

OJT計画の作成に関する記述として不適切なものは、次のうちどれか。

ア．OJTは、現業務の実務能力向上が主たる目的となるので、長期計画よりは短期計画に焦点を当てた計画を作成するほうが適切である。

イ．OJTは、計画的に実施することが重要である。何を、どれだけ、いつまでに、という視点を盛り込んだ上で、指導結果を具体的に確認できる計画を作成することが必要である。

ウ．OJTを通じた能力開発が、業務目標の達成につながるように計画することが必要である。

エ．OJTは、業務遂行能力面や対人関係能力面等、幅広い視点から指導する必要があるので、特定の能力に偏らず、バランスよく育成計画を作成するとよい。

解答● p.159

Ⅳ●人材開発の概要　＞　4●Off－JT（職場外教育）の基本的考え方

(1)●Off－JTの意義・目的と特徴

テキスト第4章第4節

問題 85

R2前

Off－JTに該当しないものは、次のうちどれか。

ア．特定部門の目標達成のために会議を開いて検討し、さらに、各自が案を持ち寄って再度会議を開く。
イ．目標管理に伴う面談の有効性向上のために、ライン管理者を集めて教育を行う。
ウ．全国の営業所の営業担当者を集めて、新製品の説明を行うと同時に、参加者同士により、顧客へのアプローチ方法をロールプレイングする。
エ．経営幹部候補者への選抜教育の一環として、参加者が経営トップに対して、プレゼンテーションを行う。

解答●p.161

問題 86

研修技法に関する記述として誤っているものは、次のうちどれか。

ア．研修参加者を数グループに分け、課題を提示して討議を行わせ、さらにそれを全体で討議してまとめさせる。これらを通して研修への参加度を高め、共同思考が養われる技法がプログラム学習である。
イ．研修参加者に工場長、営業部長、人事部長、開発部長等の役割を担当させたグループ編成を行い、グループ間での経営競争を行わせて企業経営について学ばせる技法がビジネスゲームである。
ウ．より現場の実態に近い状況や場面を設定し、研修参加者は役割を演じる。演技を行うことによって、現場においても適切な行動が取れるように訓練する技法がロールプレイングである。

エ．研修参加者に限られた時間の中で多量の案件について処理をさせる演習を行う。演習を通して物事を読解する力や物事を分析したり判断する力を高めようとする技法がインバスケットである。

解答●p.161

Off－JTの種類とその運営体制に関する記述として不適切なものは、次のうちどれか。

ア．専門別研修は、それぞれの部門や職能に必要な能力を教育するもので、個々の職能部門や事業部門が計画と実施の責任を持ち、本社の教育部門が支援するのが一般的である。
イ．階層別研修を実施する場合、それぞれの階層に期待することが各部門ごとに異なるので、個々の部門が独自に設計し、進めることが一般的である。
ウ．選抜型研修は、一定基準により社員を選抜し教育するもので、通常は本社の教育部門が担当する。
エ．課題別研修は、コミュニケーション能力やリーダーシップなどの企業にとって重要な特定の課題に関連した内容を扱うため、通常は本社の教育部門が担当する。

解答●p.162

Off－JTの特長に関する記述として適切なものは、次のうちどれか。

ア．Off－JTは、社員個々人の能力の状況や個性に合わせたニーズを明確にして実施するので、個々人別の能力向上に役立つ。
イ．Off－JTは、多数の社員を一同に集めて実施するという特長があるので、他の教育方法に比べて研修コストが安く効率的である。

ウ．Off－JTは、社外の専門家を講師として起用することによって、より実務に密着させて、きめ細かく指導できるので、即効果を上げるのに適している。

エ．Off－JTは、同一の資格、階層等の社員に対して、同時に知識や技術等の教育を実施するので、能力を一定レベルまで引き上げることが期待できる。

解答●p.162

R2前

Off－JTに関する記述として不適切なものは、次のうちどれか。

ア．階層別教育とは部門や職能を超えて、新入社員から経営層に至るまで各階層を対象に横断的に行われる教育で、新入社員研修、管理者研修、役員研修などがそれに当たる。各階層に求められる普遍的なスキルやマインドを、対象者全員に身につけさせることが目標となる。

イ．専門別教育（職種別教育）とは組織を縦割りにした営業、生産、研究開発などのそれぞれの部門や職種に必要な専門的な能力を教育するもので、ソリューション営業研修、国際会計基準研修、IT人材育成研修などが代表的な例である。戦略的に企業のコアコンピタンスを強化するために本社人事教育部門主導で行われることが多い。

ウ．課題別教育とは企業にとって重要な特定の課題やテーマに関連した知識･技能を訓練するための、部門や組織を超えて横断的に行われる教育で、その内容はコンプライアンス、メンタルヘルス、リーダーシップなど多岐にわたる。その時々の経営課題や人事課題の解決に用いられることが多い。

エ．選抜型教育とは大手企業を中心に次世代リーダーの育成を目的に、一定の基準で選抜された人材に対して行われるもので、若手・中堅層向けの変革リーダー研修、管理職向けの経営幹部育成研修などがある。早期育成を目的の１つに置いているため、選抜年齢に上限を設けていることが多い。

解答●p.163

⑵●Off－JTの位置づけ

テキスト第4章第4節

問題 90

R2前

以下に示す＜中堅販売員の研修ニーズ＞と＜活用する研修技法＞の組合せとして適切なものは、次のうちどれか。

＜中堅販売員の研修ニーズ＞

A．市場の変化も急激で、顧客の要望も多岐にわたってきている。販売員の情報収集・分析力の強化が求められている。

B．業績低迷で販売員の人数が減らされている。1人当たりの業務量が増える中で、問題の本質をつかみ、優先順位をつけ、速やかな意思決定を行う力が求められている。

C．市場競争がますます激化している状況にある。販売員の新規顧客の拡大のためにも、顧客との折衝力、説得力の強化を図りたい。

D．販売方法がマンネリ化し、販売員の中にも沈滞ムードが漂っている。これからの販売活動には、既成概念にとらわれない斬新なアイデアが求められる。

＜活用する研修技法＞

1．ロールプレイング

2．ブレーン・ストーミング

3．インシデント・プロセス

4．イン・バスケット

ア．A：1　B：2　C：4　D：3

イ．A：2　B：4　C：1　D：3

ウ．A：3　B：4　C：1　D：2

エ．A：4　B：2　C：1　D：3

解答●p.164

R2後

教育訓練技法に関する記述として不適切なものは、次のうちどれか。

ア．ロール・プレイング法は、参加者がいろいろな立場からいろいろな役割を演技することによって、対人関係における望ましい行動と態度を体得させる技法である。

イ．ブレーン・ストーミング法は、複数の人が特定のテーマについて自由にアイデアを出し合い、相互に刺激し合って優れた発想を生み出そうとする技法で、創造性の開発の基本である。

ウ．講義法は、講師があるテーマに基づき知識や考え方を一方的に伝えるもので、同時に多くの対象者を相手に実施できる長所がある反面、受講者が受け身になりやすいという欠点がある。

エ．事例研究法は、複数のメンバーによって多角的な視点からあるテーマを討議し、深く掘り下げ理解を深めながら解決につなげる技法で、メンバーの参画度合いが高く結果を受け入れやすい。

解答 p.164

問題
92

教育研修の内容とその技法に関する記述として不適切なものは、次のうちどれか。

ア．新しく管理職に昇進した者に、部下の目標管理面談でフィードバックするスキルをつけさせるため、ロール・プレイング法で研修する。

イ．管理職の問題解決能力を高めるために、提示された出来事の背景を参加者自らが質問によって探ることを特徴とするインシデント・プロセス法を研修プログラムに組み入れる。

ウ．業績や雰囲気が停滞している部門の部員に、ブレーン・ストーミングの方法を教え、部を活性化させるためのアイデアを出させる。

エ．入社１～２年目の社員に、楽しみながらコミュニケーションのスキルをつけさせるため、イン・バスケット法を使用する。

解答● p.165

(1)●自己啓発支援の意義・目的と特徴

テキスト第4章第5節

問題 93

R3前

自己啓発に関する記述として不適切なものは、次のうちどれか。

ア．自己啓発とは、長期的な視点による自主的な教育訓練であり、社員自らが目指す姿（どのような能力を得たいのか）を決めることから始まる。
イ．企業が社員に対して行うことができる自己啓発支援は、①情報提供、②金銭的補助、③時間的便宜、④風土醸成、の４つに集約される。
ウ．自己啓発は、全て社員に任せる自由型、プログラムを社員に開示して社員に選ばせる選択型、特定のテーマに関する公募型、テーマを選び対象者を指名する選抜型とすることが一般的である。
エ．自己啓発に関する支援策である「学ぶ風土の醸成」に最適な場とタイミングは若年期の教育訓練と職場環境である。ここで学習習慣をしっかり身につけさせることが極めて重要である。

解答●p.166

問題 94

自己啓発に関する記述として不適切なものは、次のうちどれか。

ア．自己啓発においては、読書・自主学習等がその活動の場となるだけでなく、他人の行動を見たり、話をしたりという日常における様々な機会がその場となる。
イ．自己啓発を含む、企業における能力開発の主目的は、経営目的を効率的かつ効果的に達成するための能力の向上にある。
ウ．自己啓発の促進策には、「①外からの動機づけに関するもの」と「②内からの動機づけに関するもの」とがあるが、①の例として、キャリアカウンセリング等があり、②の例として、金銭支援等がある。

エ．自己啓発を継続的に進めるためには、単に学習する意欲に加え、「明確な目的意識」、「困難に立ち向かう気持ち」、「物事を積極的に捉える思考」等の要素も必要となる。

解答●p.166

以下に示す<想定条件>に基づいた場合、若手・中堅層に対して自己啓発を喚起し、積極的に取り組んでもらうために最も効果の高い施策は、次のうちどれか。

<想定条件>
・Ａ社は、社員1,500名規模のビルメンテナンス会社である。
・業種柄、社員の勤務形態は変則的であり、集合研修の実施が難しい状況にある。
・「社員の自己啓発による能力開発」に育成の視点を置いている。
・会社としても、自己啓発への積極的な取組みの推奨と支援を行っているが、仕事の忙しさも影響して、社員は、通信教育、研修会参加等の自己啓発への取組みには消極的である。

ア．会社が案内する「社員のための自己啓発の通信教育案内」の内容を、今までの網羅的講座一覧から実務に連動した講座一覧に刷新して、社員に配布する。

イ．現在、会社が実施している自己啓発の通信教育は、受講状況、修了率ともに低調なことから、パソコンを活用したｅラーニングの講座を主体としたものを導入する。

ウ．現在、会社が導入している目標管理制度の目標設定シートの中に、実務と連動した能力開発の目標を設定するように、目標設定シートの内容を変更する。

エ．専門性を高めるために、必要な資格取得の奨励、外部講習会・社内勉強会への参加等について、上司から部下に働きかけるように、上司を指導する。

解答●p.167

1 ●人事管理の動向

問題 96

R2後

企業における社会貢献に関する記述として適切なものは、次のうちどれか。

ア．企業の社会貢献活動には、本業を離れて寄付を行ったりする活動と、本業の技術や知識を活用して、社会の諸問題の解決にかかわっていく活動とがあるが、前者の活動を優先すべきである。

イ．個々の社員には、会社を離れた一個人として地域コミュニティ等にかかわることが望まれるが、個人的活動より会社における仕事を通じての社会貢献活動を優先すべきである。

ウ．これからの社会経済システムに求められるものに、持続可能性（サステナビリティ）があるが、この本来の意味は、社会貢献活動等に注力する企業は、社会から信頼され、その結果、発展が持続されるということである。

エ．社会的に責任ある企業経営の体制を確立することが、結果として社会から支持され、企業の評判を高めていき、積極的な社会貢献活動が、より良い企業イメージづくりに役立っていく。

解答●p.168

問題 97

効果的なインターンシップを実施するための留意点に関する記述として適切なものは、次のうちどれか。

ア．安全に配慮するとともに、損害保険等への加入が望ましい。また、万が一のときの責任を明確化するための誓約書の提出も必要である。

イ．学生にとっては数多くの企業を経験することが理想的なので、１社にかける期間は３日くらいが適当である。受け入れ企業としてもあまり長いと負担が大きい。

ウ．人的パワー不足で普段できない仕事を学生に手伝ってもらうことが、企業にとって効果的である。学生にとっても貢献したという満足感が味わえる。

エ．能力適性に優れた学生を選ぶより、公平性を第一として希望者は全て受け入れる。このことが企業イメージアップにもつながる。

解答●p.168

人事管理の動向に関する記述として不適切なものは、次のうちどれか。

ア．評価要素の組合せに関して、例えば大学で教員に期待する人材像が「立派な研究者」から「立派な教育者」にシフトしつつある。そうなると教員に対する評価基準は、研究の能力・成果から、教育の能力・成果にシフトすることとなる。

イ．従来我が国では、補完的な政策として導入されていた社内公募制度は、欧米企業では配置・異動の中心的な政策になっていることから、我が国でも中心的な政策になりつつある。

ウ．賞与の業績連動が重視される傾向にあるが、利益分配の考え方として、株主、企業、従業員に加えて社会（税金）を加えて４等分すると業績に応じた適正分配になるという主張はあるが、利益の25％を業績連動で分配する事例は多く見受けられない。

エ．年金や医療のための付加給付費用増加は、先進国企業の共通した悩みであり、従業員ニーズに沿った福利厚生メニューの充実と福利厚生費の全体総額管理を適正化する手法として、カフェテリアプランがある。

解答●p.169

グローバルな組織風土を実現するための人事部門の施策に関する記述として

不適切なものは、次のうちどれか。

ア．人口減少に歯止めがかからない国内市場にとどまることなく、広く海外に目を向け活動することの重要性を、様々な研修の場を通して幅広い階層に対して繰り返し説く。
イ．グローバル戦略に関する企業トップのコミットメントを引き出すとともに、グローバル人材に求められる人材像を明確に打ち出す。
ウ．新卒・中途の採用条件や社内における昇格条件にTOEICなどの語学力基準を設け、その基準を行動力や専門性等、その他の職務能力より優先させる。
エ．人事部門内にグローバル人材育成プロジェクトを立ち上げるなどの施策を打つ。その際にはプロジェクトメンバーに外国人を加える。

解答●p.169

パワーハラスメントに関する記述として不適切なものは、次のうちどれか。

ア．職場のパワーハラスメントとは、職場において行われる優越的な関係を背景とした言動であって、業務上必要かつ相当な範囲を超えたものにより、その雇用する労働者の就業環境が害されることをいう。
イ．「職場内での優越性」とは、上司と部下、あるいは先輩と後輩のような関係を指し、専門知識、経験などの優越性はこれに含まれない。
ウ．パワーハラスメントには、身体的な攻撃、精神的な攻撃、人間関係からの切り離し、過大な要求、過小な要求、個の侵害などがある。
エ．業務上必要な指導を、相当な範囲（表現、回数、態様等）で行うものは、相手がどう受け止めるかにかかわらずパワーハラスメントには該当しない。

解答●p.170

人事・人材開発 3級

ビジネス・キャリア®検定試験
解答・解説編

(1)●組織と管理システム

テキスト第1章第1節

解答

H28前

正 解　エ

ポイント　人事管理の経営活動での位置づけ、人事管理のサブシステムや相互関係についての理解度を問う。

解 説

ア．適切。企業の使命と人事管理の役割についての記述で正しい。

イ．適切。人事管理は経営活動の管理システムの１つとして、人にかかわる部分を担当するサブシステムである。

ウ．適切。記述にある３つの機能はそれぞれ「雇用管理」「就業条件管理」「報酬管理」と呼ばれる。

エ．不適切。人事管理の目的は、賃金等の報酬を決めることだけではない。

解答

R2後

正 解　イ

ポイント　人事管理に影響を与える環境に関連する一般的知識を確認する。

解 説

ア．不適切。企業内の環境としては、経営戦略、社員の働く意識、労使関係の３つが重要である。

イ．適切。企業外の環境条件として重要なものは、労働市場、労働関連の法律や政府の政策、社外の労使関係である。

ウ．不適切。労働力人口構成の大きな変化としては、高齢者比率の急増、高学歴化の進展、女性労働者の増加が挙げられる。

エ．不適切。「会社や仕事」「生活」の一方に偏ることなく、双方の両立を重視した人事管理を構築する必要がある。

●参考文献

・内閣府「働き方改革実行計画（概要）」（平成29年３月）

正　解　ア

ポイント　人事管理が果たすべき機能と、人事管理を構成する諸分野の関連性の全体像を理解しているかを問う。

解　説

ア．適切。記述のとおり。

イ．不適切。代表的な３つの機能は「雇用管理」「就業条件管理」「報酬管理」である。

ウ．不適切。３つの重要な要素は、「経営方針・戦略、組織等」「社員の働く意識」「労使関係」がそれに当たる。

エ．不適切。雇用関係は、雇用契約に基づいているものであるが、我が国では、この雇用契約の作成が少なく、労働条件等は就業規則に定められていることが多い。

正　解　ウ

ポイント　人事管理システムの基本的な知識を問う。

解　説

ア．適切。人事管理の基盤システムは社員区分制度と社員格付け制度から構成され、それらが変わると配置・異動、人事評価、賃金、昇格・昇進、人材開発などの他の全ての個別システムの在り方が変わるという意味で、人事管理の中で最も重要である。

イ．適切。基盤システムが決まると、それに合わせて個別システムが設計され、人事評価が基盤システムと個別システムをつなぐ連結環の役割を果たす。

ウ．不適切。個別の管理システムは、雇用管理、就業条件管理及び報酬管理の３つの分野で構成される。

エ．適切。人事管理の管理活動全体を支えるインフラとして、人事情報システムがその中心である。

⑴●経営のニーズと社員のニーズ

テキスト第1章第2節

問題 5 解答

H29後

正解　イ

ポイント　人事管理に関連するモチベーションの基礎理論の理解度を確認する。

解説

モチベーションの理論には、どのような動機づけをすればモチベーションが高められるかという「欲求説」と、動機づけのプロセスや背景に注目する「過程説」の２つのタイプがある。「欲求説」の代表的なものにA.マズローの「欲求の５段階説」とF.ハーズバーグの「動機づけ・衛生理論」がある。

ア．適切。「欲求の５段階」の欲求階層説の考え方についての記述である。
イ．不適切。「動機づけ・衛生理論」によると、賃金などの経済的報酬は衛生要因とされ、それがないと不満を感じるが、それがあっても満足になるわけではないという特性を持っている。満足度向上の動機づけ要因とは別のものである。
ウ．適切。「欲求の５段階」の社会的な欲求の説明である。
エ．適切。「欲求の５段階」の自尊の欲求についての記述である。

問題 6 解答

R3前

正解　エ

ポイント　動機づけ理論としてのハーズバーグ理論の基本的な理解度とその応用を問う。

解説

ア．不適切。時間外勤務の削減といった経営方針に関する内容は、衛生要因である。

イ．不適切。安全な労働環境といった作業条件に関する内容は、衛生要因である。

ウ．不適切。人間関係に関する内容は、衛生要因である。

エ．適切。動機づけ要因としての承認欲求の実現である。「承認する＝誉める」といえる。

問題7 解答

R2後

正　解　エ

ポイント　労働関連の法律に関する理解度を問う。

解　説

ア．正しい。労働基本権として団結権（労働者が労働組合を結成する、あるいは労働組合に参加する権利）、団体交渉権（労働者が労働組合を通して使用者と交渉する権利）、団体行動権（団体交渉などで要求が通らないときに、労働者がストライキによって使用者に対抗する権利）の労働三権を保障している（憲法第28条）。

イ．正しい。職業安定法は、会社が行う求人活動あるいはハローワークや民間の職業紹介会社が行う労働者に仕事を紹介する活動等の労働力の需給調整にかかわる法律である。職業能力開発促進法は、労働者の能力向上を支援することを目的とした法律である。

ウ．正しい。記述のとおり。

エ．誤り。労働契約法は、民事法で強行法規ではなく該当しない。労働基準法、最低賃金法のほか労働安全衛生法などが該当する。

問題8 解答

R2前

正　解　ア

ポイント　モチベーションやリーダーシップに関する基礎的な知識について問う。

解　説

ア．適切。記述のとおり。

イ．不適切。リーダーシップ論は、最初に「特性論」が展開され、その後「状況リーダーシップ論」へと移っていった。

ウ．不適切。この理論は、衛生要因はそれが充足されないと労働者の不満感となるが、充足されたからといってやる気の増大とはならない、という考えである。動機づけ要因は「達成」「承認」「仕事そのもの」「責任」「成長」等、仕事そのものにかかわる内発的な要因が充足されると大きな満足を得る。

エ．不適切。記述の「社会的な欲求」と「安全の欲求」は順番が逆である。

(1)●資格制度の基礎

テキスト第1章第3節

問題 9 解答

R3前

正　解　ウ

ポイント　職務分類制度に関連する一般的知識を確認する。

解　説

ア．適切。職務分類制度（職務等級制度）は、企業にとっての「職務の重要性」を尺度として設計される。

イ．適切。職務分析では、どの程度の責任度があるのか、解決の難しい問題がどの程度あるのか、どの程度の知識が要求されるのかなどの視点から個々の職務が分析される。

ウ．不適切。職務分類制度においては、ポストを離れると一般的には職務グレードが変わる。

エ．適切。米国のヘイ・システムでは、仕事のプロセスをインプット、スループット、アウトプットに分類し、その大きさを測る指標として、ノウハウ、問題解決、アカウンタビリティーの３要素が設定されている。

問題 10 解答

R3前

正　解　ウ

ポイント　日本型の社員格付け制度である職能資格制度についての理解度を確認する。

解　説

ア．適切。職能資格制度は、社員が配置されている仕事ではなく、その仕事に配置される上で必要な一定の資格に達するまでにストックされた「職務遂行能力」に基づいて社員の格付けを決める制度である。したがって、社員はそれぞれの資格の職能要件を満たすように能力開発を行い、その要件が全て充足されると上位の資格に昇格するのが原則である。

イ．適切。職能資格制度では、「仕事と給与の分離」のルールによって、給与が仕事と離れて安定的に決められているので、変化する仕事に人材を機動的に配置でき、組織の柔軟性を確保することができる。

ウ．不適切。職能資格制度における昇格は、「入学方式」ではなく「卒業方式」で行われる。

エ．適切。職能資格制度では、能力のレベルをある程度大くくりにして資格等級化しているので、同一の資格に対応する賃金はシングル・レートではなく、一定の幅を持ったレンジ・レートとなる。

問題11 解答

R3後

正解 イ

ポイント 社員区分制度に関する正しい理解を問う。

解説

ア．不適切。「全国社員と勤務地限定社員」は、「働き方の相違による区分例」である。

イ．適切。「期待する仕事内容（役割）の違いに基づく区分」であり、仕事内容が異なれば、求められる能力も成果の質も異なるので、それぞれに合った人事管理を適用するというものである。

ウ．不適切。「総合職と一般職」は、「期待するキャリア形成の相違による区分例」である。

エ．不適切。一般的に、豊富な経験を要する特定の領域を担当するのが専任職、また研究開発等の高度な専門能力を要するのが専門職とされる。これに対して、管理義務を担うのは管理職である。

問題12 解答

R2後

正解 エ

ポイント 人事評価制度の基本的な事項について問う。

解説

ア．正しい。人事評価には、従業員の現在の状態（能力と働きぶり）を把握し、「より適正に配置、活用する」「より公正に処遇する」「能力をより適切に開発する」という人事管理上の目的を実現する機能が期待される。

イ．正しい。人事評価の基準は、評価者（経営者や管理者）の期待の表明である。その期待は「この会社をどのようにしていくのか」についての経営者の考え方に依存しているので、市場や技術、経営戦略が変われば、経営者や管理者の社員に対する期待の内容は変化する。

ウ．正しい。情意評価は仕事に対する取り組み姿勢・意欲・態度を対象にした評価であり、労働意欲と職務行動を包括的に評価している要素と位置づけられる。

エ．誤り。これは対比誤差についての記述である。ハロー効果は、特に優れている点や劣っている点があると、それ以外の評価が影響を受けてしまうエラーのことである。

問題13 解答

正解　イ

ポイント　職能資格制度に関連する一般的知識を確認する。

解説

ア．適切。我が国の標準形ともいえる職能資格制度に組み込まれる社員区分制度は、技能職と事務・技術職のように社員を２～３程度のグループに分けるものが一般的であり、職種による違いに加えて、総合職と一般職といったキャリア見通しの違いを基準とすることが多い。

イ．不適切。我が国の社員区分制度は、ホワイトカラー、ブルーカラーにかかわらず、同一や類似の評価制度や賃金制度が適用されている場合が多く、欧米諸国に比べて単一化された制度となっている。

ウ．適切。職能資格制度から仕事基準の社員格付け制度に移行するに当たって、職務を大くくりに捉え、それを役割と呼ぶ役割等級制度が、我が国の新しい有力なモデルになりつつある。

エ．適切。潜在能力等の属人性を重視する職能資格制度は、現在の仕事にかかわらず高い潜在能力を持つ人材を高く格付けるため、昇進や賃金が仕事から離れた形で決定されてしまうなどの問題がある。

(2)●社員区分制度

テキスト第1章第3節

問題14 解答

R2後

正 解 エ

ポイント 社員区分制度の設計に当たって考慮すべき基準についての理解度を問う。

解 説

ア．適切。仕事で分けるのが最も基礎的な区分であり、「技能、事務・技術」のくくりは典型である。

イ．適切。経営の幹部層に育っていくことが期待されている層と、補助的な業務を継続して担うことが期待される層に分けることが、この区分基準の典型である。

ウ．適切。新人から管理職まで成長発展するそれぞれの過程で区分する方法である。

エ．不適切。この区分の基準は「転勤の範囲」や「労働時間の長さ」であり、典型例としては全国社員と地域限定社員等がある。

問題15 解答

R3前

正 解 エ

ポイント 正社員登用に至る雇用形態を確認する。

解 説

ア．適切。一般的には試用期間中の労働契約は、正社員として不適格であると判定した場合には解約できるという解約権留保付きの労働契約とみなされている。

イ．適切。トライアル雇用とは、労働者を短期間（原則として３カ月）試行的に雇用し、その間に企業と労働者が相互に適性を判断し、両者が合意すれば本採用するという制度である。

ウ．適切。紹介予定派遣とは職業紹介を前提とした派遣であり、経験者の採用にとどまらず新卒採用にも活用できる仕組みである。具体的には、派遣スタッフとして一定期間働き、派遣期間終了時に派遣スタッフが就職を希望し、かつ派遣先企業が採用の意思を持つ場合に、派遣元（派遣会社）が求人・求職条件を確認して職業紹介を行う。

エ．不適切。内定取り消しの適法性は解約権行使の範囲の問題となり、解約権の行使は、解約権留保の趣旨に照らして客観的に合理的と認められ、社会通念上相当と認められる場合に限ることになる。具体的には、成績不良による卒業延期、健康状態の悪化、虚偽の申告など、内定後に事情変更があったり、採用に支障を来す事実が明らかになった場合に内定の取り消しができる。

(1)●人事評価の意義

テキスト第1章第4節

問題 16 解答

H29前

正　解　ア

ポイント　評価の客観性と公平性を担保するために、評価の過誤を回避するための仕組みづくりが必要である。その前提として、評価者の行動特性についての理解度を問う。

解　説

ア．不適切。記述は寛大化傾向について。中心化傾向とは、厳しい優劣の判断を回避して評価が中央に集中してしまうエラーである。

イ．適切。論理的誤差を防ぐには、評価項目と基準を正しく理解することが有効である。

ウ．適切。近接誤差とも呼ばれる。評価実施前に評価する対象期間を確認することが重要である。

エ．適切。主観が入りにくくするためには、客観的な定量指標を導入することが望ましい。

●参考文献

・森五郎監修、岩出博著「LECTURE 人事労務管理（4訂版）」泉文堂　2007

解答

正　解　ウ

ポイント　人事評価の機能に関する理解度を問う。

解　説

人事評価とは、「従業員の現在の状態（能力と働きぶり）を把握し、人事管理に反映させる管理活動」である。

ア．適切。適切な人事管理を行うには、一人ひとりの「今の状態」を知って理解し、それに基づいて政策を立て実施することが必要であり、この「知って理解する」ことが人事評価の機能の１つである。

イ．適切。評価基準は評価者（経営者や管理者）の「従業員にこうなってほしい」という期待の表明である。従業員はより良い評価を得るために努力することになるので、人事評価は会社、あるいは評価者が「こうなってほしい」という方向に個人の行動を変える機能を持っている。

ウ．不適切。人事評価の種類は目的や方法によって多様であり、従業員を定期的に序列化するだけで、従業員の「今の状態」を適正に評価することはできない。

エ．適切。評価基準の背景には、会社の経営理念に基づく「期待する人材像」がある。個々の評価の場面では複数の基準が設定されるが、「期待する人材像」は評価基準を支える絶対的な価値としての役割を果たす。

問題18 解答

R2後

正解　エ

ポイント　人事評価要素の特性に関する基礎知識を問う。

解説

ア．適切。評価要素が業績（アウトプット）に寄るほど短期的な視点から、能力（インプット）に寄るほど長期的な視点から評価することになる。従業員の価値測定という視点に立つと、インプット寄りの要素は会社にとっての個人の長期的な価値を表し、アウトプット寄りの要素は短期的な価値を表している。

イ．適切。個人が同じ能力、労働意欲、職務行動をもって同じ仕事に取り組んでも、自分でコントロールできない社内事情や市場等の社外環境の変化で業績がいくらでも変動するため、業績は最も不安定な要素であるといえる。

ウ．適切。市場、技術、経営戦略の変化に適応できるように、企業は将来必要になるような能力と労働意欲を持った人材のプールを準備しておくことが必要である。そのためには、能力と労働意欲を高めようとする個人の意欲を刺激する長期インセンティブ効果を期待できるインプット寄りの評価要素（例えば、潜在能力）を重視する制度が有効になる。

エ．不適切。ここでの評価要素の特性は、（小さい⟷大きい）となる。業績などのアウトプット寄りの評価要素を採用すれば、短期的な業績をできる限り高めるように働いてもらう効果、つまり「成果達成意欲を刺激する短期インセンティブ効果」が大きくなることが期待できる。

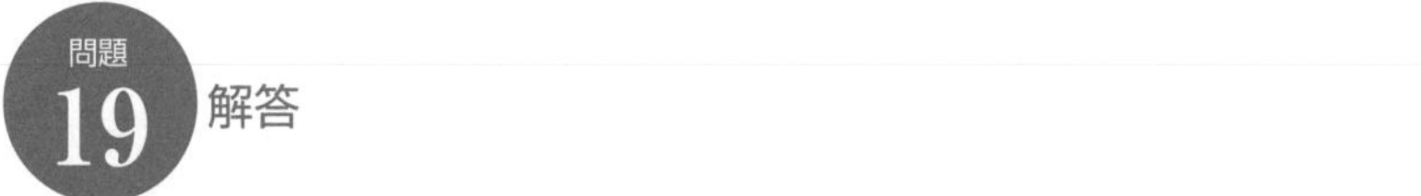

正解　イ

ポイント　人事評価基準の基本原則について問う。

解説

ア．適切。評価制度の原則は、経営理念に基づいて会社が求める人材像、つまり、「どのような人材が欲しいのか」に関する基本方針が出発点となる。

イ．不適切。公平性の原則とは、経営者の考え方、社会（あるいは社員）の価値観の変化によって評価基準は変わるとする考え方である。

ウ．適切。評価制度は、評価基準を明確にする等の方法によって、一人ひとりの行動や成果を客観的に評価できるように構築する必要がある。

エ．適切。最近では、評価手続きに関する透明性の原則が重視されている。人事評価の基準・手続き・結果などを被評価者に公開することによって、評価に対する納得性を高めることが透明性のねらいである。

正解　エ

ポイント　目標管理による評価に対する知識を問う。

解説

ア．適切。これにより、目標の連鎖によって組織の統合が図れるとともに、部下を管理統制するのではなく、部下の自主性を引き出すことによって効率的な組織が形成できると考えられている。

イ．適切。目標の難易度を判定するためには、多様な方法が考えられるが、職能資格制度をとる多くの日本企業の場合には、社員の能力水準を表示している職能資格の定義に沿って、個々の社員にとっての目標の難易度を評価する方法がとられる。

ウ．適切。目標設定の内容によって業績評価の結果が左右されるので、評価の納得性を得るためには、面談による上司と部下の双方向の目標設定が大切である。

エ．不適切。記述のエラーは遠近効果である。ハロー効果は、特に優れた点、劣った点があると、それによってそれ以外の評価が影響されてしまうエラーのことである。

(1)●労働契約の意義

テキスト第2章第1節

問題21 解答

R3前

正解　ウ

ポイント　労働基準法第14条の契約期間に関する取扱いで、専門知識・一定期間の専門業務･60歳以上の労働者など特定の場合の条件の理解度を問う。

解説

ア．不適切。原則３年まで、例外は５年までである。

イ．不適切。定年年齢は雇用可能な最長年齢ではあるが、雇用を保障したものではない。

ウ．適切。60歳以上の労働者との間に締結される労働契約の期間は、最長５年である。労働基準法第14条第１項。

エ．不適切。「労働基準法第14条の規定に基づく基準」により、専門的知識を有する者の内容として弁護士等が示されている。また、期間は最長５年である。

問題22 解答

R2後

正解　イ

ポイント　就業規則に関する一般的法的知識を問う。

解説

ア．誤り。常時10人以上には正社員のみではなく、パートタイマー、その他の非正規労働者も含まれる。労働基準法第89条第１項。

イ．正しい。過半数代表者の意見は、改定効力発効要件ではない。反対意見があっても意見書が付いていれば受理される。労働基準法第90条、昭和63年３月14日基発第150号。

ウ．誤り。相対的記載事項は、退職手当・臨時の賃金・最低賃金・労働者の負担に関する事項・安全衛生・職業訓練・災害補償・表彰・制裁等であり、一定の定めをする場合は、就業規則に記載しなければならない（労働基準法第89条第１項４）。したがって届出は必要である。

エ．誤り。労働基準法第93条の直律的効力により、就業規則の労働条件は個別に、特約による変更はできない。

H29前

正解　エ

ポイント　労働契約に関する基本的知識を問う。

解説

○労働基準法施行規則

第５条　使用者が法第15条第１項前段の規定により労働者に対して明示しなければならない労働条件は、次に掲げるものとする。ただし、第１号の２に掲げる事項については期間の定めのある労働契約であって当該労働契約の期間の満了後に当該労働契約を更新する場合があるものの締結の場合に限り、第４号の２から第11号までに掲げる事項については、使用者がこれらに関する定めをしない場合においては、この限りでない。

1　労働契約の期間に関する事項

1の2　期間の定めのある労働契約を更新する場合の基準に関する事項

1の3　就業の場所及び従事すべき業務に関する事項

2　始業及び終業の時刻、所定労働時間を超える労働の有無、休憩時間、休日、休暇並びに労働者を二組以上に分けて就業させる場合における就業時転換に関する事項

3　賃金（退職手当及び第５号に規定する賃金を除く。以下この号において同じ。）の決定、計算及び支払の方法、賃金の締切り及び支払の時期並びに昇給に関する事項

4　退職に関する事項（解雇の事由を含む。）

4の2　退職手当の定めが適用される労働者の範囲、退職手当の決定、計算及び支払の方法並びに退職手当の支払の時期に関する事項

5　臨時に支払われる賃金（退職手当を除く。）、賞与及び第８条各号に掲げる賃金並びに最低賃金額に関する事項

6　労働者に負担させるべき食費、作業用品その他に関する事項

7　安全及び衛生に関する事項
8　職業訓練に関する事項
9　災害補償及び業務外の傷病扶助に関する事項
10　表彰及び制裁に関する事項
11　休職に関する事項

解答

R2前

正解　イ

ポイント　就業規則に関する基本的知識を問う。

解説

ア．誤り。雇用される労働者は、正社員、パートタイマーなどの身分を問わず10人以上いれば届出が必要である。労働基準法第89条、同法施行規則第49条。

イ．正しい。労働基準法第89条、同法施行規則第49条。

ウ．誤り。「意見を聴く」必要はあるが「同意を得る」必要はない。労働基準法第90条。

エ．誤り。就業規則は、各作業場の見やすい場所への掲示、備え付け、または書面の交付などで周知が必要であるが、１冊の印刷物としての配布までは義務づけられていない。労働基準法第106条、同法施行規則第52条の２。

問題 25 解答

R3前

正解　イ

ポイント　就業規則に記載すべき事項についての正しい知識を問う。

解説

ア．該当しない。昇給に関する事項は、絶対的必要記載事項である。

イ．該当する。退職手当に関する事項は、相対的必要記載事項である。

ウ．該当しない。交替制勤務がある場合における就業時転換に関する事項は、絶対的必要記載事項である。

エ．該当しない。休暇に関する事項は、絶対的必要記載事項である。

(1)●採用の管理活動

テキスト第2章第2節

問題26 解答

R3前

正解 ア

ポイント 雇用管理、人員計画についての基本的知識を問う。

解説

ア．適切。多様な労働者をいかに組み合わせるかは人事戦略上の重要な決定であり、企業は近年、雇用のスリム化と柔軟性を図るために組合せを変えつつある。この人材の組合せを雇用ポートフォリオと呼ぶ。

イ．不適切。パートタイマーとアルバイトの間に法律上の差異はあまりない。アルバイトにも有給休暇の付与は義務づけられている。

ウ．不適切。正しくは記述の逆で、正社員の比重を小さくするのが合理的である。

エ．不適切。希望退職の成立には「双方の合意」が求められるため、優秀者を適用除外とするなどの引き止め策も認められている。その場合に強引に退職した場合は、会社都合ではなく自己都合の退職となるケースもある。

問題27 解答

R2前

正解 イ

ポイント 多様な労働者グループの就業ニーズを的確に把握するための社員区分の考え方を問う。

解説

ア．適切。「業務の内外区分」は、社員区分制度の重要なスタート地点である。

イ．不適切。「企業から直接指揮命令を受けて働く労働者」にも直用の労働者（正社員とパートタイマー、アルバイト、嘱託などの非正規社員）と非直用の派遣社員がいる。派遣社員は、派遣元と雇用契約を結んでいるが、仕事の指揮命令は派遣先企業から受ける。

ウ．適切。請負労働は「場内外注」とも呼ばれ、業務は委託を受けている会社内で行うが、業務の指揮命令は受けない。

エ．適切。企業ニーズと従業員ニーズの組合せで、長期蓄積能力活用型従業員、高度専門能力活用型従業員、雇用柔軟型従業員の３つのモデルを提案している。

Ⅱ●雇用管理の概要 ＞ 2●採用管理の基礎

(2)●採用の基本方針

テキスト第2章第2節

問題28 解答

R2前

正解　ア

ポイント　これまでの主要な採用方法は、面接、試験などの「仕事から離れた場」で選考することを前提としてきたが、最近は一定期間の働きを通して採用する方法が出てきている。ここでは紹介予定派遣、インターンシップ、トライアル雇用などについてその特徴を問う。

解説

ア．不適切。紹介予定派遣を利用している職種が特に専門的な知識を必要とするということはない。

イ．適切。平成15（2003）年4月から厚生労働省が開始した施策である。

ウ．適切。インターンシップは、学生が在学中に自らの専攻、将来のキャリアに関連した就業体験を行うことである。学生が自己の職業適性や将来設計について考える機会となり、主体的な職業選択や高い職業意識の育成が図られる。

エ．適切。記述のとおりであり、従来の新卒一括採用は変化を余儀なくされている。

●参考文献

・森五郎監修、岩出博著「LECTURE 人事労務管理」泉文堂

問題29 解答

H30後

正解　イ

ポイント　募集活動において「男女雇用機会均等法」の内容についての理解度を問う。

解　説

ア．誤り。女性のみの募集は、それがポジティブアクションとなる場合は例外的に違法とはならないが、この例は、男性より女性が多い会社なのでポジティブアクションではなく、違法となる。

イ．正しい。性別によって異なる取扱いをすることは基本的に違法だが、例外として「守衛・警備員のうち防犯上の要請から、男性に従事させることが必要である職務」の場合は違法とはならない。「労働者に対する性別を理由とする差別の禁止等に関する規定に定める事項に関し、事業主が適切に対処するための指針」（平成18年厚生労働省告示第614号）第２－14－(2)イ参照。

ウ．誤り。２週間の短期間であれ、アルバイトであれ、男女雇用機会均等法が適用されるので違法である。

エ．誤り。イと類似しているが、「力仕事なので男性のみ」というのは合理的な理由とはいえず違法となる。

(1)●配置・異動の管理のしくみ

テキスト第2章第3節

問題30 解答

H30後

正解 イ

ポイント 人事・異動配置に伴う基本事項に関して問う。

解説

ア．適切。日本の雇用契約は、総合職を中心にして職務と勤務地を問わない包括的契約の傾向が強いため、異動は会社主導型になり、社員は原則として会社の異動命令に従う必要がある。

イ．不適切。設問のような状況での配転命令は、通常甘受すべき程度を著しく超える不利益を負わせるもので、配転命令権の濫用に当たり、無効となる。「ネスレ日本事件」（大阪高裁 平成18年４月14日）参照。平成13（2001）年に成立した改正育児・介護休業法では、転勤命令について、「子の養育又は家族の介護を行うことが困難となることとなる労働者がいるときは、当該労働者の子の養育又は家族の介護の状況に配慮しなければならない」（第26条）としている。家族や本人に健康上の問題がある場合、転勤命令が無効になるケースは以前からあったが、この法改正で、企業側に求められる配慮義務のハードルが一層高くなったことを先の判例が示している。

ウ．適切。出向には、出向元に戻ることを予定している一時出向と、一定期間の出向後に転籍する出向の２つのタイプがある。

エ．適切。人事権の濫用は禁止されており、労働者が甘受できる程度を超える不利益を被る場合には、会社の権限は制限される。

問題31 解答

R2後

正解 イ

ポイント 配置・異動管理の理解度を問う。

解　説

ア．不適切。職種別採用の場合、包括同意とは別に職種変更の合理的事由と本人の同意などがなければ、職種変更は困難である。「西日本鉄道事件」(福岡高裁 平成27年１月15日）参照。

イ．適切。出向命令を行う際には、本人に対する事前の打診や面談が重要である。

ウ．不適切。転籍は、新たな雇用契約の締結となるので、原則として個別同意が必要となる。

エ．不適切。女性の活用を図るという意味では、能力ある女性には責任あるポストにつける一方で、転勤という就業継続の障害を取り除く「管理職になれる地域限定社員制度」であるほうが望ましい。

問題32 解答

R3前

正　解　イ

ポイント　配置・異動管理に関する基礎的理解度を問う。

解　説

ア．適切。「仕事に社員を配分すること」を配置、「社員が他の仕事に移動すること」を異動又は配置転換と呼び、それらにかかわる管理活動が配置・異動の管理である。異動の管理は配置の管理の一部であるが、外部から採用されていったん職務に配置されると、社員は異動を介して次の職務に配置されるので、配置と異動は一体となって運営される。

イ．不適切。異動・配置管理の目的は「職場の人材ニーズと現状の人員配置の不整合の改善・解消」と「従業員の人材育成」の２つが主なものである。知識や技術・技能を付与する教育訓練と多様な仕事を経験させるキャリア開発の２つが人材育成には重要であり、効果的なキャリア開発を行うには、人材育成を目的とする配置・異動管理が必要となる。

ウ．適切。企業が外部労働市場から採用した社員を最初に職場や仕事に配置することが初任配置である。経験者の中途採用の場合には、特定の職場・仕事に配置されることを前提に採用されるので、人事管理上問題になるのは新規学卒者の採用の場合である。

エ．適切。日本の雇用契約は、総合職を中心にして職務と勤務地を問わない包括的契約の傾向が強いため、異動は会社主導型になり、社員は原則として会社の異動命令に従う必要がある。

(1)●雇用調整と退職・解雇の役割

テキスト第2章第4節

問題33 解答

R3前

正解　イ

ポイント　退職の形態や名称、制度的特徴等の基礎的なことを問う。

解説

ア．適切。解雇とは、使用者が、一方的に労働契約を解除し雇用を終了させることをいう。解雇には、普通解雇及び整理解雇と、重大な規律違反を犯したことへの制裁として労働者に課される懲戒解雇とがある。

イ．不適切。時限的な希望退職募集の場合は、失業給付等は会社都合として扱われる。恒常的な早期退職制度では自己都合として扱われる。

ウ．適切。早期退職優遇制度に転職・独立開業支援制度を組み合わせて、高齢者のセカンドキャリアを支援する企業は多い。また大手企業ほど対象者の若年化が確実に進んでおり、5,000人以上の企業では、40歳代の社員を適用開始年齢にする企業が半数以上に達している。

エ．適切。より良い条件を求めて転職する、家庭の都合で退職するなどは自己都合退職の典型であるが、希望退職募集に応じて退職（希望退職）する場合や、早期退職優遇制度に沿って自発的に退職（早期退職）する場合も、名目上は自己都合退職になる。

問題34 解答

R2前

正解　エ

ポイント　退職と解雇の違い、雇用調整の目的と手段に関する基本的な理解度を問う。

解説

ア．適切。

イ．適切。

ウ．適切。雇用調整とは、事業活動に要する適正な雇用量を確保するために既存の雇用量を調整することである。雇用量を増やす方向で調整することも減らす方向で調整することもあるが、現実には、適正な雇用量の縮小に合わせて既存の雇用量を調整することを雇用調整と呼んでいる。

エ．不適切。整理解雇の前に、希望退職を行うのが通例であり、整理解雇の４要件（４要素）的に適切である。

＜整理解雇の４要件（４要素）＞

①倒産の恐れがあるなどの経済的な必要性があること（経済的必要性の存在）。

②解雇を回避するために残業規制、配置転換、希望退職募集などの努力を尽くすこと（解雇回避義務）。

③客観的・合理的な基準に基づいて被解雇者を選定すること（客観的・合理的な選定基準）。

④解雇の必要性、実施方法などについて労働組合、社員に対して説明・協議すること（説明・協議の必要性）。

問題35 解答

R2後

正　解　エ

ポイント　雇用調整策の基本的な知識を問う。

解　説

ア．適切。人材需要が縮小して余剰人員が発生したとき、企業は短期的に外注に出していた仕事を内部に取り込み（内製化率調整策）、社内の仕事量を増やして余剰人員を吸収する業務量調整の政策か、雇用量を減少させる雇用量調整の政策をとる。

イ．適切。内部調整政策については、我が国では会社の人事権を広く認める体制が整備されており、仕事の内容や勤務場所を特定しない包括的な雇用契約の締結がその基盤にある。

ウ．適切。出口政策には、定年制度、早期退職優遇制度、希望退職制度に加えて、雇用形態戦略が挙げられる。雇用形態戦略とは正社員、パートタイマー等の非正社員、派遣社員などの異なる雇用形態の労働者をどのように組み合わせるかにかかわる戦略である。非正社員を多く雇用するほうが人員調整が容易になるなど、雇用形態戦略の在り方によって出口政策の強度が左右される。

エ．不適切。労務費には基本給や手当、福利厚生費等の固定費部分があるため時間当たり労働コストはアップしてしまうことに留意する必要がある。

問題36 解答

R3前

正　解　ア

ポイント　解雇についての理解度を問う。

解　説

ア．不適切。懲戒解雇の場合、実務上解雇予告手当を支払わないケースが多いと思われる。しかし、懲戒解雇であれば、解雇予告手当を支払う必要がないという法律上の根拠があるわけではない。労働基準法（第20条第１項）は、労働者を解雇する場合には、少なくとも30日前の予告か、30日分以上の平均賃金の支払いが必要と定めており、この規定は懲戒解雇であっても適用される。一方で労働基準法（第20条１項但書）は、「天災事変その他やむを得ない事由のために事業の継続が不可能となった場合」や、「労働者の責に帰すべき事由に基づく」解雇については、一定の手続きを前提に解雇予告を不要としている。この一定の手続きが、「所轄労働基準監督署長の解雇予告除外認定」である。結局、懲戒解雇であったとしても、上記の「解雇予告除外認定」を受けない限り、解雇予告（または解雇予告手当の支払い）が必要である。労働者が極めて悪質な規律違反を行った場合であっても、解雇予告手続きなしに解雇するためには、所轄労働基準監督署長の解雇予告除外認定が必要である。労働基準法第20条第１項・第３項、同法施行規則第７条。

イ．適切。記述のとおり。

ウ．適切。労働契約法第16条では、解雇は、客観的に合理的な理由を欠き、社会通念上相当であると認められない場合は、その権利を濫用したものとして、無効とすると定めている。

エ．適切。労働基準法第21条に、解雇予告等を行わずに解雇することができる者として、日々雇い入れられる者、2カ月以内の期間を定めて使用される者、季節的業務に4カ月以内の期間を定めて使用される者、試の使用期間中の者などが定められている。

「解雇予告の適用除外」として、労働基準法第21条では、下記のように定めている。

<本文>

前条の規定は、左の各号の一に該当する労働者については適用しない。但し、第1号に該当する者が1箇月を超えて引き続き使用されるに至つた場合、第2号若しくは第3号に該当する者が所定の期間を超えて引き続き使用されるに至つた場合又は第4号に該当する者が14日を超えて引き続き使用されるに至つた場合においては、この限りでない。

1　日日雇い入れられる者

2　2箇月以内の期間を定めて使用される者

3　季節的業務に4箇月以内の期間を定めて使用される者

4　試の使用期間中の者

(1)●賃金の種類・内容

テキスト第3章第1節

問題37 解答

R2前

正解　ウ

ポイント　労働分配率に対する正確な知識を問う。

解説

ア．不適切。

イ．不適切。

ウ．適切。「労働分配率（%）＝人件費÷付加価値×100」である。20億円÷40億円×100＝50%となる。

エ．不適切。

問題38 解答

R2後

正解　イ

ポイント　賃金に関する一般的な知識を問う。

解説

ア．適切。手当とは基本給では対応できない、従業員の生活ニーズに応えるための賃金要素（生活関連手当）、あるいは労働の特殊性に応えるための賃金要素（職務関連手当）としてつくられた賃金である。

イ．不適切。所定外給与ではなく基本給の性質である。

ウ．適切。基本給は、①賃金の中で最も大きな比率を占める要素であること、②社員の生活の基礎になる最も安定的な賃金部分であること、③社員に対する企業の評価・格付けの金銭的指標であること、④賞与、退職金、手当等の算定基礎になっていること、といった理由から、最も重要な賃金要素である。

エ．適切。属人給の一形態である生活給は文字どおり生計費を重視した給与であり、社員のライフステージを表現する年齢（あるいは勤続年数）や家族構成などに対応して決められる。

問題39 解答

R3前

正解　ア

ポイント　職能給と職務給の基本的な定義の理解度を問う。

解説

職能給と職務給はそれぞれ利点と欠点を持っている。例えば職能給は能力から見た社員の構成が変化すると賃金が変わるために賃金管理が難しいという欠点がある。一方で賃金と仕事が厳密にはリンクしていないため、人員配置の柔軟性を実現しやすいという利点を持つ。職務給の場合は、これらの利点と欠点が逆転する。

ア．適切。

イ．不適切。

ウ．不適切。

エ．不適切。

●参考文献

・和田人事企画事務所ホームページ「賃金制度改革の目的と検討項目―目的を明確に。職能給か、職務給か、役割給か」

(2)●給与の基礎

テキスト第3章第1節

解答

正 解 エ

ポイント 賃金支払いの原則及び例外についての理解度を問う。

解 説

ア．誤り。労働基準法第24条第１項「通貨払いの原則」。労働協約があるときは、その労働協約の適用を受ける労働者に限り通貨以外で支払うことが認められているが、ここでいう「労働協約」とは労働組合法上のものであり、労働組合のない場合に労働者の過半数を代表する者と使用者と書面により協定した場合は、労働協約とみなすことはできないとされている（昭和63年３月14日基発第150号）。

イ．誤り。労働基準法第24条第１項「直接払いの原則」。労働者の親権者その他の法定代理人や労働者の委任を受けた任意代理人に支払うことも「直接払いの原則」違反となる。ただし、使者に支払うことは差し支えないとされている（昭和63年３月14日基発第150号）。

ウ．誤り。労働基準法第24条第２項「一定期日払いの原則」。「一定期日」を月給における「月末日」、週給における「土曜日」とすることは差し支えないが、「毎月20日から25日までの間」などのように日が特定しない定めをすることや、あるいは設問のように、「毎月第４金曜日」のように月７日の範囲内で変動するような期日の定めをすることは許されない。

エ．正しい。労働基準法第24条第２項「毎月１回以上払いの原則」。

問題41 解答

R1前

正解 エ

ポイント 平均賃金について、起算日、算定事由発生日、算定の基礎となる賃金の理解度を問う。

解説

ア．正しい。労働基準法第12条第１項・第２項。

イ．正しい。昭和39年６月12日基収第2316号。

ウ．正しい。昭和25年10月19日基収第2908号。これは、同一人物の同一事故についての平均賃金は、補償事由によって左右するべきものではないという考えに基づくものである。

エ．誤り。昭和22年11月５日基発第233号。平均賃金の算定基礎となる「支払われた賃金」には、算定期間中に支払われる賃金の全てが含まれ、現実に支払われた賃金だけでなく、算定事由発生日以前に賃金債権として確定した未払賃金も含めて計算される。

問題42 解答

R3前

正解 エ

ポイント 日本の企業で運用されている賃金の基本についての正しい理解を問う。

解説

ア．適切。このような観点から現実に採用されている長期給（基本給）について見ると、決め方には大きく３つのタイプがあり、それらは以下のような内部公平性の基準に対応している。なお日本では、仕事、能力、属人要素を総合的に勘案して決めている給与を総合決定給と称している。

①職務給：職務の重要度・困難度・責任度などによって決まる「職務の価値」

②職能給：職務遂行能力によって決まる「能力の価値」

③属人給：年齢・学歴・勤続年数等の属人的要素で決まる「人材の価値」
こうした基本給のタイプはそれぞれ利点と欠点を持っており、それを整理すると図のとおりになる。

イ．適切。なお、近年の分類傾向として、職務給や業績給は「属職給」であるが、職能給（能力給）は、身につけた能力のレベルによって決まる賃金であるため、年功給と同様に職能給も「属人給」とする捉え方もある（図参照）。

ウ．適切。職能給の昇給は、同じ資格内での習熟による能力向上に対応する習熟昇給と呼ばれる昇給であり、人事評価によって格差が設けられている。

エ．不適切。属人給は、賃金が労働の対価という性格が薄い。

＜基本給タイプの特質＞

	仕事給		属人給
	職務給	職能給	
決め方	仕事関連要素に対応して決める方法 職務の重要度・困難度・責任度などによって決まる職務の価値に基づいて決める	職務遂行能力に基づいて決める	年齢・学歴・勤続年数等の属人的要素によって決める
職務との関係から見た特徴	同じ職務なら誰が行っても同じ賃金（同一職務・同一賃金）⇒上級職務に昇進しない限り昇給なし	職務内容にある程度対応、しかし職務に厳密に制約されない（能力から見た属人給）	賃金が労働の対価という性格が薄い
賃金管理面から見た利点	賃金管理が容易	(a) 職務内容が曖昧、配置が機動的・流動的であるという日本的管理方法に適合的 (b) 能力向上努力に応えるインセンティブ効果が大きい	職務内容が曖昧、配置が機動的・流動的であるという日本的管理方法に適合的
同欠点	(a) 仕事と配置の変化への適応力が小さい (b) 能力向上努力、労働意欲高揚へのインセンティブ効果が小さい	賃金管理が難しい	賃金管理が難しい

問題43 解答

R2後

正解 イ

ポイント 昇給に関する基本的な知識を問う。

解説

ア．適切。記述のとおり。

イ．不適切。日本の多くの企業で行われてきた定期昇給をみると、生活給としての昇給部分と人事考課による個別格差のある習熟昇給部分とに分けられている。

ウ．適切。記述のとおり。

エ．適切。記述のとおり。

●参考文献

・荻野登「JILPT調査から見た賃金制度・体系とアベノミクス以降の賃上げの動向」(独立行政法人労働政策研究・研修機構 第17回日韓ワークショップ報告書) 2017

(3)●賞与の基礎

テキスト第3章第1節

解答

R3後

正　解　イ

ポイント　賞与に関する理解度を問う。

解　説

ア．適切。賞与は短期給（変動給）であり、会社業績に基づいて原資を決定できるため、人件費を変動費化でき、利益の安定性を高めることができる。企業業績が良ければ賞与が増え、悪ければ減ることから、企業業績向上に対する従業員の労働意欲が高まる。また、個人の業績貢献度による配分格差をつけることで、自らの職責を果たし、貢献度を高めようとする意識が働く。

イ．不適切。算定基礎額は基本的には社員格付けの考え方に従うべきである。基本給の高さが社員格付けによって決まり、賞与が基本給をベースに算定されるのであれば、賞与も社員格付けの考え方を反映することになる。

ウ．適切。賞与・一時金は、賃金管理の面から見ると、①経営業績に合わせた全社あるいは部門別の原資決定、②業績に沿った個人別配分、③総労働費用の節約効果という機能を持つ。基本給を上げると、基本給を算定基礎とする所定外給与、退職金等が上がって労働費用が膨らむが、賞与・一時金を上げる限り波及効果は小さくて済む。

エ．適切。ルールを一定化することで賞与原資を変動費化できる、そのつど賞与交渉をする労使双方のコストを節約できる、最低額を保障することで従業員に安心感を与えられる、ルールが明確になることで会社の業績向上に向けた従業員の労働意欲を引き出すことができる、などのメリットが考えられる。

問題45 解答

R2前

正解 イ

ポイント 賞与に関する理解度を問う。

解説

ア．適切。賞与は現実的に、企業が危機的な状況に陥らない限りは最低限の賞与月数は支払われ、一方で、企業業績が非常に良いときでも一定の上限が設けられている。これは、長年の企業と労働組合との交渉過程において形成された結果であり、また、従業員は賞与を見込んでローンを組むといった生活習慣が一般化しているためである。こうした硬直的な状況を打開するために、一定のルールによって企業業績指標から直接的に賞与原資を算定する方式（業績連動型賞与制度）を導入する企業が増えてきた。

イ．不適切。賞与は、労働基準法上は、必ず支給しなければならないものではない。したがって支給基準は就業規則等の定めによることとなる。また「臨時の賃金」に該当し、就業規則の相対的必要記載事項になる（絶対的記載事項には該当しない任意規定、労働基準法第89条）。

ウ．適切。国税庁ホームページ「源泉徴収税額表」参照。

エ．適切。賞与は会社業績に基づいて原資を決めることができるため、人件費を変動費化することができる。このことは企業にとって好都合であるだけでなく、この賃金原資の変動費化機能によって企業業績が不振なときでも雇用調整をしないで済むため、従業員にとっても雇用維持機能を享受することができる。

問題46 解答

H30後

正解 エ

ポイント 賞与についての基本的知識を問う。

解説

ア．適切。一般に、「支給日に在籍すること」といった支給日在籍要件は不合理といえないと解されている。

イ．適切。労働基準法第89条に定められている。

ウ．適切。業績指標としては、全社的に重視している指標の中から社員の理解・納得を得られやすいものを選ぶ必要がある。一般的には、売上高、付加価値、営業利益、経常利益、営業キャッシュフローなどが用いられる。

エ．不適切。もちろん世間相場は重要な参考指標であるが、最終的には自社の業績によって決定すべきである。

●参考文献

・独立行政法人労働政策研究・研修機構「雇用関係紛争判例集 5.労働条件（31）【賞与】支給日在籍要件」（ウェブサイト）

・厚生労働省労働基準局編「平成22年版 労働基準法 下巻（労働法コンメンタール No. 3）」労務行政 2011

(4)●退職金の基礎

テキスト第3章第1節

問題47 解答

R2前

正解　エ

ポイント　退職一時金に関する知識を問う。

解説

ア．適切。中小企業退職金共済制度は中小企業を対象として、独立行政法人勤労者退職金共済機構によって運営されている。事業主は社員を被保険者として同機構と退職金共済契約を締結し、毎月掛金を機構に納付する。社員が退職するときには、退職金が原則一時金として機構から社員に直接支払われる。

イ．適切。退職給付は、退職する社員に対して会社が恩恵的に支給する功労金であるとする功労報奨金説と、賃金の一部を積み立てて退職時に一括して受け取る、つまり社員が権利として当然受け取れる給与の一形態であるとする賃金後払い説の２つの考え方がある。

ウ．適切。点数（ポイント）方式は、社員格付け制度上の資格や役職、あるいは給与等に対して点数（ポイント）を定めた上で、勤続期間を通して獲得した点数（ポイント）の累積に単価を乗じて算出する方式である。

エ．不適切。退職一時金制度から他の制度に移行する改革の１つとして、退職金の賃金化がある。これは、退職一時金のために会社が積み立てておかなければならない資金を賃金としてそのつど前払いするという、一種の「退職金の前払い制度」である。

●参考文献

・独立行政法人勤労者退職金共済機構・中小企業退職金共済事業本部ホームページ「制度について」

問題48 解答

R2後

正解 ウ

ポイント 退職制度設計に当たっては所得税制を理解しておく必要がある。退職一時金に対する優遇は厚く、退職年金はそれより不利である。こうした状況等についての理解度を問う。

解説

ア．適切。記述のとおり。

イ．適切。本制度の運用上のポイントは、税制上の優遇措置がないデメリットの周知・対応をどのように図るかにある。

ウ．不適切。退職一時金の所得控除額は、勤続40年で2,200万円程度であり、中小企業も含めたほとんどの労働者は退職一時金が退職所得控除額を下回り、所得税を支払う必要がない。

エ．適切。記述のとおり。

●参考文献

・全国健康保険協会ホームページ「標準報酬月額の決め方」

問題49 解答

R3前

正解 ウ

ポイント

・退職金の性格（賃金の後払い、功労報償等）と退職後の生活保障や人材の確保についてその意義・目的を理解できる。

・代表的な退職金制度の仕組みや退職年金との関係について基本的な事項を理解できる。

解説

ア．適切。定年到達者にとって、退職給付の主要な使途は「日常生活資金」「病気やケガのときの医療費」「公的年金支給開始までのつなぎ資金」などであり、社員にとって退職給付は老後の生活保障のための重要な所得としての機能を持っている。

イ．適切。「退職一時金制度のみ」という企業は小規模企業では多いが大企業では少なく、逆に退職年金制度の導入比率は、退職一時金との併用も含め企業規模が大きくなるにつれて高くなっている。

ウ．不適切。企業規模が大きくなるほど④ポイント方式の導入率が高くなり、①退職時の給与等を算定基礎額にする方式は漸減傾向にある。

エ．適切。記述のとおり。

●参考文献

・人事院ホームページ「平成28年民間企業の勤務条件制度等調査（民間企業退職給付調査）退職一時金・企業年金制度の状況」

・厚生労働省ホームページ「確定給付企業年金制度の主な改正（平成30年４月１日施行）」

・厚生労働省ホームページ「確定拠出年金制度等の一部を改正する法律の主な概要（平成30年５月１日施行）」

(5)●福利厚生の基礎

テキスト第3章第1節

解答

R2前

正 解 エ

ポイント 福利厚生の基礎を学ぶ。

解 説

ア．適切。福利厚生とは、社員及びその家族の福祉の向上のために、現金給与以外の形で企業が給付する報酬の総称である。

イ．適切。現金給与以外の労働費用は、退職金、法定福利費、法定外福利費、その他費用（募集費・教育訓練費など）から構成されている。法定福利費は法律で定められた社会保険（厚生年金保険、健康保険、雇用保険、労災保険等）の企業負担分の費用である。

ウ．適切。法定外福利費は、社宅などの企業独自の福利厚生のために負担している費用である。

エ．不適切。法定福利費の割合が、かなり高い。

(6)●賃金計算事務の基礎

テキスト第3章第1節

問題51 解答

R3前

正解 ウ

ポイント 「同一労働同一賃金ガイドライン」についての理解度を問う。

解説

ア．適切。記述のとおり。

イ．適切。記述のとおり。

ウ．不適切。病気休職については、無期雇用の短時間労働者には正社員と同一の付与を行わなければならないが、有期雇用労働者には「労働契約が終了するまでの期間を踏まえて同一の付与を行わなければならない」とされている。したがって、病気休職の期間を労働契約の期間が終了する日までとすることは問題にならない。

エ．適切。記述のとおり。「同一労働同一賃金ガイドライン」においては、その対象が賃金全般に加えて、福利厚生や教育訓練をも含む広い範囲となっている点に注意が必要である。

●参考文献

・厚生労働省「同一労働同一賃金ガイドライン」

問題52 解答

H29後

正解 ウ

ポイント 賃金支払いの法的一般原則の理解促進を図る。

解説

ア．適切。除外できる賃金は、労働基準法第37条第５項（家族手当、通勤手当）及び同法施行規則第21条に定めるもの（別居手当、子女教育手当、住宅手当、臨時に支払われた賃金、１カ月を超える期間ごとに支払われる賃金）である。なお、個々の要件があり、名称によるものではない。

イ．適切。地域別最低賃金は、職種や雇用形態にかかわらず、都道府県内の事業場で働く全ての労働者とその使用者に適用される。なお、次の労働者については、使用者が都道府県労働局長の許可を受けることを条件として、個別に最低賃金の減額の特例が認められている。

①精神又は身体の障害により著しく労働能力の低い者

②試の使用期間中の者

③基礎的な技能等を内容とする認定職業訓練を受けている者のうち厚生労働省令で定める者

④軽易な業務に従事する者

⑤断続的労働に従事する者

ウ．不適切。平均賃金が非常に低下することを避けるため、労災休業や産休期間等の法定除外期間は算定期間には入れず、その賃金も含めないこととする。労働基準法第12条第３項。

エ．適切。労働基準法第24条第１項。

●参考文献

・厚生労働省ホームページ「最低賃金の適用される労働者の範囲」

問題53 解答

H30前

正 解　イ

ポイント　賃金支払い原則や賃金控除協定に関する取扱い実務の理解を図る。

解 説

ア．不適切。賃金控除協定がない場合は、本人の依頼による天引きも認められない。

イ．適切。労働基準法第24条の「直接払いの原則」による正しい措置である。ただし、「使者への支払い」は許容される。

ウ．不適切。給与振込制度は、通貨払いの例外として本人の同意がある場合に実施できる。設問の事例は、会社の強制であり、許されない。

エ．不適切。賃金からの相殺（民法第505条）は、全額払いの原則（労働基準法第24条）に抵触するため禁止されている。

【参考】

通知では不可⇒全額払いの原則は、それによって労働者の生活の保障を図る趣旨に基づくものであるから、仮に使用者に何らかの債権があったとしても、賃金債権との一方的な相殺は禁止される。労働者と合意していた場合の相殺についても、「同意が労働者の自由な意思に基づいてなされたものであると認めるに足りる合理的な理由が客観的に存在するとき」のみ相殺が可能とされる（「日新製鋼事件」最高裁二小 平成２年11月26日民集第44巻８号1085頁参照）。

問題54 解答

R2前

正 解 ウ

ポイント 賃金支払いに関する法的理解度を問う。

解 説

ア．適切。労働基準法第24条により正しい（賃金控除に関する労使協定がある場合には法令で定めるもの以外でも控除できる）。

イ．適切。労働基準法には規定はないが、給与規定等で賃金控除の規定を定めておく必要がある。

ウ．不適切。法定労働時間内であれば、所定内賃金から算出した時間当たり単価で支払えばよい。労働基準法第32・36・37条、同法施行規則第19条。

エ．適切。男女同一賃金の原則に基づき、支給対象者を事実上男性に限定するような内容の賃金規定は、その部分については無効となる。労働基準法第４条。

問題55 解答

R1後

正 解 ア

ポイント 割増賃金の算定基礎から除外が可能とされる賃金について学ぶ。

解　説

ア．誤り。「距離に係らず一律の部分は算入しなければならない」（昭和23年２月20日基発第297号）。

イ．正しい。「住宅に要する費用以外の費用に応じて算定される手当や、住宅に要する費用にかかわらず一律に定額で支給される手当は本条の住宅手当にあたらない」（平成11年３月31日基発第170号）。

ウ．正しい。「家族手当とは扶養家族数又は、これを基礎とする家族手当額を基準として算出した手当」（昭和23年11月５日基発第231号、昭和22年12月26日基発第572号）。

エ．正しい。臨時に支払われる賃金に該当する（昭和23年９月13日発基第170号）。割増賃金の基礎となる賃金から除外できるのは、法定７種類（①家族手当、②通勤手当、③別居手当、④子女教育手当、⑤住宅手当、⑥臨時に支払われた賃金、⑦１カ月を超える期間ごとに支払われる賃金）の賃金項目のみである。労働基準法第37条、同法施行規則第21条。

●参考文献

・厚生労働省労働基準局編「平成22年版 労働基準法 上巻（労働法コンメンタールNo. ３）」労務行政　2011

(1)●各種退職給付制度の種類と特徴

テキスト第３章第２節

問題 56 解答

R2後

正解 イ

ポイント 退職給付制度に関する理解度を問う。

解説

ア．正しい。退職一時金制度の具体的な計算方式としては次の４点が挙げられる。①最終給与等算定基礎額を用いる方式、②別テーブル方式、③定額方式、④点数（ポイント）方式である。

イ．誤り。キャッシュバランスプランは、確定給付型と確定拠出型双方の特徴を持つハイブリッド型制度である。企業にとっては、市場の運用環境の変動と給付額の増加分を連動させることができるため、給付に責任を持ちつつ経済環境の変化に柔軟に対応できる。従業員にとっても、年金財政の安定化と客観的指標を通じた給付水準の確保が図られるというメリットがある。

ウ．正しい。確定給付企業年金には、労使合意による年金規約に基づき、信託銀行や生命保険会社などの外部機関に積み立てる規約型企業年金と、厚生年金の代行部分のない基金による基金型企業年金の２つが設定されている。

エ．正しい。確定拠出年金には個人型と企業型があり、個人または企業が拠出した資金を、個人が自己の責任において運用の指図を行い、高齢期においてその結果に基づいた給付を受ける制度である。

●参考文献

・企業年金連合会ホームページ「キャッシュバランスプラン（CBプラン）」

問題57 解答

R2前

正解　エ

ポイント　確定拠出年金（企業型）は、令和２（2020）年末で723.1万人の加入者数となり、右肩上がりに増加している。一方で確定給付型は基金の解散問題もあり、加入者数は平成31（2019）年３月末で940万人と横ばいとなっている。相対的に確定拠出年金の割合は増加傾向にある。

解説

ア．正しい。事業主掛金は損金算入が可能である。

イ．正しい。老齢給付金を年金で受け取った場合は雑所得として公的年金等控除が適用され、一時金の場合は退職所得として退職所得控除が適用される。障害給付金は非課税となるが、遺族給付金は相続税課税の対象となる。

ウ．正しい。マッチング拠出の個人掛金はその全額が所得控除の適用を受けることができる。

エ．誤り。預金利息や配当などの運用収益は、給付金を受領するまでの間は本人には帰属していないものとみなし、課税されない取扱いとなっている。

●参考文献

・企業年金連合会「企業年金の現況（令和２年６月１日）」（ウェブサイト）

(2) ●退職給付会計の基礎

テキスト第３章第２節

問題58 解答

R3前

正　解　ウ

ポイント　様々な退職給付制度についての基本的理解度を問う。

解　説

ア．適切。また、ポイント方式をとることによって、より高い成果を上げてきた（つまり、より高い資格により長く格付けされてきた）社員により多くの退職金を支払うことができるので、退職一時金を成果対応型に改革できる。

イ．適切。記述のとおり。

ウ．不適切。運用リスク、財政リスク、会計上のリスクなど重いリスクを企業は担うことになるが、一方で従業員の受給権は保護され、老後生活設計の安定性や定着性は高まることから、人的資源管理上の経営的効果が期待できる。

エ．適切。記述のとおり。

問題59 解答

正　解　エ

ポイント　確定給付企業年金を導入する場合の企業側のリスクについて問う。

解　説

ア．適切。これにより、基本的には事業主の掛金負担が増加する可能性が高く、これは企業にとってのリスクである。

イ．適切。これにより、年金資産の期待運用収益率に応じて、計算利率を見直す必要があるケースが想定され、これは企業にとってのリスクである。「確定給付企業年金法施行規則第43条第２項第１号に規定する予定利率の

下限」（平成14年厚生労働省告示第58号）、確定給付企業年金法施行規則第43条第２項第１号（平成14年３月５日省令第22号）及び「確定給付企業年金法法令解釈通達」。

ウ．適切。公的年金制度の健全性及び信頼性の確保のための厚生年金保険法等の一部を改正する法律（平成25年法律第63号）。

エ．不適切。最近、制度変更等がなされたばかりで証明できる段階ではなく、定着性が劣るとは一概にいえない。

(1)●健康保険法

テキスト第3章第3節

問題 60 解答

R2前

正解 ウ

ポイント 健康保険をはじめとする医療保険制度について、基本的枠組みが理解できているかどうかを問う。

解説

ア．適切。我が国では全ての国民が公的医療保険制度に加入する国民皆保険制度がとられている。

イ．適切。職域保険（被用者保険）には、健康保険以外に、船員を対象とする船員保険、国家公務員・地方公務員・私立学校教職員等を対象とする共済組合制度がある。

ウ．不適切。後期高齢者医療保険の財源は、保険料１割、公費５割、後期高齢者支援金として現役世代の保険者４割となっており、健康保険組合などの負担が重くなっている。

エ．適切。医療保険が給付する割合は、制度にかかわらず年齢別に以下のように統一されている。

①義務教育就学前…８割（自己負担２割）

②義務教育就学後～ 69歳…７割（自己負担３割）

③70 ～ 74歳…８割（自己負担２割）。ただし、一定以上の所得者は７割（自己負担３割）

④75歳以上後期高齢者医療制度対象者…９割（自己負担１割）。ただし、一定以上の所得者は７割（自己負担３割）

問題 61 解答

R2後

正解 ウ

ポイント 我が国の医療保険制度に関する基本的理解度を問う。

解　説

ア．適切。記述のとおり。

イ．適切。記述のとおり。

ウ．不適切。保険者は、全国健康保険協会である。非公務員型の組織で民間の法人とされる。かつて政府管掌健康保険は、国（社会保険庁）が運営していたが、平成20（2008）年10月１日、新たに全国健康保険協会が設立され、協会が運営することとなった。

エ．適切。全国健康保険協会の場合は、都道府県の地域ごとに保険者が保険料率を決定できることになっている。健康保険法第160条第９項より適切。

(2)●介護保険法

テキスト第3章第3節

問題62 解答

R3前

正解 ウ

ポイント 介護保険制度に関する仕組みの理解度を問う。

解説

ア．不適切。65歳以上は全て第１号被保険者となる。

イ．不適切。第１号被保険者が負担する介護保険料は、原則として老齢基礎年金から控除されるが、年金額が年額18万円未満の場合は年金からの天引きはせず、市区町村が個別に徴収する。

ウ．適切。記述のとおり。

エ．不適切。第２号被保険者の場合は、「老化に起因する特定疾病」によって介護が必要な場合のみ介護サービスの対象となる。

問題63 解答

R2後

正解 イ

ポイント 介護保険制度についての基本的な理解度を問う。

解説

ア．誤り。第１号被保険者は65歳以上の者で、年齢の上限はない。介護保険法第９条。

イ．正しい。第２号被保険者にかかる保険料は、その者が加入する医療保険者が一般の医療保険料と一緒に徴収する。

ウ．誤り。第１号被保険者にかかる介護保険料は、所得区分に応じた応能制である。介護保険法第129条。

エ．誤り。第１号被保険者にかかる介護保険料については、世帯主や配偶者は連帯して納付の義務を負う。介護保険法第132条第２項。

(4)●厚生年金保険法

テキスト第3章第3節

問題64 解答

H30後

正 解 ウ

ポイント 遺族厚生年金に関する知識を問う。

解 説

ア．正しい。厚生年金保険法第３条第２項。「生計維持・生計同一関係等に係る認定基準及びその取扱いについて」（平成23年３月23日年発0323第１号）参照。

イ．正しい。所得の場合は655.5万円未満とされている（収入の場合は850万円未満）。厚生年金保険法第59条第４項、同法施行令第３条の10。「生計維持・生計同一関係等に係る認定基準及びその取扱いについて」（平成23年３月23日年発0323第１号）参照。

ウ．誤り。厚生年金保険法第59条第１項及び第65条の２。配偶者でも夫の場合は55歳以上（支給は60歳から）という年齢要件がある。

エ．正しい。中高齢加算は「40歳以上65歳未満で、生計を同じくしている子がいない妻」への加算である（遺族基礎年金のもらえない妻への救済措置）。

問題65 解答

正 解 イ

ポイント 厚生年金保険等の適用についての理解度を問う。

解 説

ア．正しい。日本年金機構ホームページ参照。

イ．誤り。厚生年金保険の被保険者は、適用事業所に常時使用される70歳未満の者で、保険料の納付義務は事業主にある。

ウ．正しい。

エ．正しい。

●参考文献

・日本年金機構ホームページ「厚生年金保険の保険料」

(5)●雇用保険法

テキスト第3章第3節

問題66 解答

H30前

正　解　ウ

ポイント　雇用保険の基本知識を問う。

解　説

ア．正しい。失業等給付の事業は、失業した場合の給付である求職者給付と就職促進給付に加えて、教育訓練給付と雇用継続給付から構成されている。

イ．正しい。雇用保険制度の目的の１つとして、雇用安定事業（失業の予防・雇用機会の増大）及び能力開発事業（労働者の能力開発等に資する雇用対策）が実施され、これらの事業は雇用保険二事業と呼ばれている。

ウ．誤り。原則全ての事業主に適用される強制保険である。

エ．正しい。労働者の雇用継続を支援するための雇用継続給付制度には、育児休業給付、介護休業給付、高年齢雇用継続給付がある。高年齢雇用継続給付は、高年齢雇用継続基本給付金と高年齢再就職給付金からなる。

問題67 解答

R2後

正　解　ウ

ポイント　雇用保険ついての基本的な理解度を問う。

解　説

ア．正しい。一般の事業では、前二者に該当する者が大部分である。

イ．正しい。65歳以上の従業員が下記の適用要件を満たす場合、高年齢被保険者となる。

・週の所定労働時間が20時間以上

・31日以上の雇用見込みがあること

ウ．誤り。一般の事業の場合の雇用保険率は、令和４（2022）年３月31日までは9/1000であり、事業主負担率は6/1000、被保険者負担率は3/1000であった。事業主は失業等給付・育児休業給付の保険料率3/1000のほかに、雇用保険二事業の保険料率3/1000を負担していた。

その後、令和4（2022）年4月1日及び同年10月1日施行の改正により、令和5（2023）年3月31日までの雇用保険率は13.5/1000、事業主負担率は8.5/1000（失業等給付・育児休業給付の保険料率5/1000、雇用保険二事業の保険料率3.5/1000）、被保険者負担率5/1000（失業等給付・育児休業給付の保険料率のみ）となった。雇用保険二事業の保険料は事業主のみの負担であるため、事業主の負担率が被保険者の負担率よりも高い。

エ．正しい。従来は、「失業等給付」の中の「雇用継続給付」として、「教育訓練給付」「高年齢雇用継続給付」「育児休業給付」「介護休業給付」が位置づけられていたが、令和2（2020）年4月1日施行の改正により、「育児休業給付」が「失業等給付」から分離された。

したがって、雇用保険法の給付は、「失業等給付等＝失業等給付＋育児休業給付」となっている（ただし、失業等給付が、求職者給付、就職促進給付、教育訓練給付の及び雇用継続給付の4つからなること自体は変わっていない）。

(6)●労働者災害補償保険法

テキスト第3章第3節

問題68 解答

R3前

正解 イ

ポイント 労災保険制度に関する基本的理解度を問う。

解説

ア．正しい。業務上外の判断や通勤の定義に関する理解が実務上欠かせない。

イ．誤り。労災保険率は業務の種類ごとではなく、その事業場に適用される事業（事業の種類が複数ある場合には主たる事業）の種類により事業場ごとに決定される。

ウ．正しい。社会復帰促進等事業では、被災労働者の社会復帰と、被災労働者とその家族の援護と福祉の増進を図るために多様な事業が行われている。

エ．正しい。療養の給付を請求する場合は、所定の「療養の給付請求書」を、療養を受けている労災病院や労災保険指定医療機関等を経由して、所轄の労働基準監督署長に提出しなければならない。

●参考文献

・厚生労働省ホームページ「労災保険　療養（補償）等給付の請求手続」

問題69 解答

R2後

正解 イ

ポイント 労災保険ついての基本的な理解度を問う。

解説

ア．正しい。労災保険の適用を受ける労働者は、労働基準法における労働者と同義であり、労働の対償として賃金を受ける全ての者が適用対象となる。

イ．誤り。業務上災害だけでなく通勤途上災害についても保険給付がなされる。また、その給付内容は労働基準法を上回る。労働者災害補償保険法第1条、第２条の２、第12条の８など。

ウ．正しい。労働保険の保険料の徴収等に関する法律施行規則別表第１。

エ．正しい。労働者災害補償保険法第16条の４。

(1)●経営方針と連動した人材開発

テキスト第4章第1節

問題70 解答

R2後

正解 エ

ポイント 社員が開発すべき能力についての基本的理解度を問う。

解説

ア．不適切。「課題設定能力」「課題解決能力」「職務遂行能力」「対人能力」の４つが代表的である。

イ．不適切。企業での教育と学校教育は重なるところもあるが、「職業能力を養う」か「教養を養う」かという点で、基本的には異なる。

ウ．不適切。人材開発は、会社が必要とするニーズだけでなく、個人の目標も配慮しつつ進めるべきである。昨今のキャリア重視の時代の流れでもある。

エ．適切。経営戦略の中で、人材（能力）ギャップをどう埋めるかが重要であるが、内部調達方法として、人材開発と異動・配置の２つに分類される。

問題71 解答

R3前

正解 ア

ポイント コンピテンシーが行動として発揮されている顕在能力であることを理解しているかを問う。

解説

ア．不適切。一般的に知識・スキルなどの潜在能力はコンピテンシーとは異なるため、これらの重要性を伝えることはコンピテンシーを用いるメリットとならない。

イ．適切。一般的に高業績者の行動がコンピテンシー・ディクショナリーなどに具体的に例示されており、手本として真似しやすい。

ウ．適切。フィードバック面接の際に、上司から部下へ伸ばすべき能力を行動レベルで伝えることができるので、部下も理解しやすい。

エ．適切。リーダーシップ、チームワークといった能力について、それぞれどのような行動が求められているかが明らかにされており、自分ができている行動、足りない行動を認識しやすい。

●参考文献

・太田隆次「アメリカを救った人事革命コンピテンシー」経営書院　1999

問題72 解答

R1後

正解　ウ

ポイント　D.E.スーパーのキャリアステージを基に、それぞれの年代に合った人材開発の方法についての基本的理解度を問う。

解説

ア．適切。キャリアの成長段階は0～14歳までで、15～24歳はキャリアの探索段階である。また、ブラザー・シスター制度は新入社員に対するOJTとして有効である。

イ．適切。25～44歳はキャリアの確立段階である。キャリア相談を行う制度としてはメンター制度がふさわしい。

ウ．不適切。45～64歳はキャリアの維持段階である。キャリアのプラトーを迎えるので、アイデンティティの探求や市場価値の再認識等の人材開発が望ましい。

エ．適切。65歳以上とされるキャリアの解放段階においては、家庭や地域等における役割が重要となるが、職業継続の選択肢も増えてきている。

●参考文献

・Super, D. E.「The Psychology of Career」Harper & Row　1957

・平野光俊「キャリア・デベロップメント」文眞堂　1994

・田尾雅夫「組織の心理学（新版）」有斐閣ブックス　1999

問題73 解答

R2前

正解 ア

ポイント 人材開発の対象者、目的、手段に関する基礎知識を問う。

解説

ア．不適切。資格取得支援は外部にも通ずる能力となるため、企業特殊能力というよりも、一般能力を高めるための手段である。

イ．適切。IQ（知能指数）に対して、EQは心の知能指数といわれており、感情の識別、感情の利用、感情の理解、感情の調整の４つの能力から構成されている。自分と他者の感情に気づき、行動することは営業担当者のコミュニケーション能力向上に役立つとされる。EQトレーニングとは、単なる対人マナーやスキルを学ばせるのではなく、自分の行動特性や相手の感情に気づき、それにふさわしい行動を選択できるようなトレーニングである。

ウ．適切。豊富な知識と職業経験を有した社内の先輩社員（指導役、メンター）が、後輩社員（被指導役、メンティ）に対して、仕事上の課題の解決を援助してキャリア開発を支援すると同時に、精神的な悩みや相談に乗る役割を果たす。制度としてはメンター制度とエルダー制度（ブラザー・シスター制度）がよく知られている。

エ．適切。これからの人材育成は、全ての職場、全ての職務におけるプロフェッショナルの育成に主眼を置き、人材ポートフォリオ上の全ての人材に対する教育訓練とキャリア開発が必要である。

問題74 解答

H29前

正解 ア

ポイント キャリア開発及びそれに関連する施策についての理解度を問う。

解説

ア．不適切。階層別教育は、職務に必要なスキルや知識を企業側が、適宜与えるものであり、従業員一人ひとりが自らのキャリアを能動的に考えて行うキャリア開発とは異なるものである。

イ．適切。EAPとはEmployee Assistance Programの略であり、1960年代の米国企業で､職場や職務への不適応者に対応する心理的カウンセリング・プログラムとして始まった仕組みである。社員の職場におけるストレス、対人関係、キャリア問題、夫婦家族問題といった、あらゆる個人的問題の解決支援に対応している。

ウ．適切。モラールサーベイ（従業員満足度調査）を行って、異動の仕組みや評価制度も含めた人事制度全体が機能しているかを確認することが重要である。

エ．適切。キャリア開発のための計画をCDP（キャリア･デベロップメント･プログラム）と呼ぶ。CDPを適切に設定するには、社員個人の意向と、これまで蓄積してきた能力と経験が人材開発計画の中に活用される必要がある。そのためには情報収集が不可欠であり、自己申告制度やスキルインベントリーはそのための有力な仕組みである。

(1)●人材開発計画の作成

テキスト第4章第2節

問題 75 解答

R2前

正解　エ

ポイント　人材開発計画の推進についての基本的な理解度を問う。

解説

ア．不適切。年度計画の策定に当たっては、前年度の各施策の実施状況も1つの参考とはなるが、今年度の経営方針・人事方針と連動した重点施策を踏まえて人材開発計画を作成しなければいけない。

イ．不適切。人材開発予算は企業活動上の経費であるとともに投資でもあり、業績とのゆるやかな連動はあるが、業績低迷により極端に削減すべきではない。

ウ．不適切。厚生労働省の「就労条件総合調査」をみると、労働費用全体に占める教育訓練費の割合（教育訓練投資比率）は0.3%前後で推移しており、増加傾向にあるとはいえない。

エ．適切。この実施結果報告書の結果を、次期の計画に役立ててマネジメントサイクルを回すことをねらいとする。

問題 76 解答

R2後

正解　ア

ポイント　人材開発のオーソドックスな施策であるCDPについての実務的知識を問う。

解説

ア．適切。CDPにおいては、能力・経験など個人の情報を蓄積・活用するこれらの仕組みが必要不可欠である。

イ．不適切。人事部門はCDP活動の支援はすべきだが、実施の主体はあくまでも当該所属部門である。

ウ．不適切。社員のキャリアは、会社の経営上のニーズと社員自身の希望や目標の双方によって組み立てられなくてはならない。

エ．不適切。かつての一律的な人材開発の考え方から、昨今では選抜による人材開発へ変わってきている。入口の機会均等より、出口の業績を重視している。

解答

R3前

正解　エ

ポイント　教育訓練に関する昨今の潮流、傾向についての基本的知識を問う。

解説

ア．適切。まさにこれらの研修が最近各企業で取り入れられている。

イ．適切。海外留学などは、将来の中核人材について中長期のレンジで効果を期待する戦略投資型の教育訓練である。

ウ．適切。厚生労働省「令和元年度能力開発基本調査」による。

エ．不適切。厚生労働省の「就労条件総合調査」によれば、企業が教育訓練にかける総費用は労働費用の１％に満たない程度である。

問題78 解答

R1前

正解　ウ

ポイント　教育プログラムの開発のベースになる教育訓練ニーズの情報源とその評価についての基本的な考え方を問う。

解説

ア．適切。経営研修のニーズは企業の内部環境だけに求めるのは不十分であり、企業を取り巻く外部環境にも目を向けなければならない。

イ．適切。内部情報は、事業計画関連のものと人的資源・組織にかかわるものに大別できる。

ウ．不適切。収集された情報に優先順位をつけ、トップ・マネジメントのレビューを受けて取り上げるべきニーズ／テーマを決定するのが一般的である。

エ．適切。研修期間の長さにもよるが、経営戦略上、緊急度・重要度の高いニーズを絞り込んだプログラムのほうが研修効果は高いと考えられる。

問題79 解答

R2前

正解　イ

ポイント　研修効果を測定するカークパトリックの4段階評価法についての理解度を問う。

解説

カークパトリック・モデル（Kirkpatrick Model）は、評価を以下の4つのレベルに分けている。

①レベル1…反応（受講者の感想、意見による評価）
②レベル2…学習（学習した理論、事実、技術による評価）
③レベル3…行動（研修による職務行動の変容からの評価）
④レベル4…結果（コスト削減、品質向上等の結果に基づく評価）

ア．適切。

イ．不適切。レベル2は、学習した内容についてのテストや実技試験を通じての成果を測るものである。

ウ．適切。

エ．適切。

(1)●OJTの意義・目的と特徴

テキスト第4章第3節

問題80 解答

H28後

正解 エ

ポイント OJTに関する特長・利点を確認することを通してOJTについての理解度を問う。

解説

ア．不適切。Ｃの全員同時に修得は、Off－JTの特長・利点である。

イ．不適切。Ｃの新しい理論や先進的な技術の修得はOff－JTのセミナー・研修の特長・利点である。

ウ．不適切。Ａの啓発意欲の醸成は自己啓発の特長・利点である。Ｃの多数の人との意見交換や異質の体験は異業種手法などのOff－JTの特長・利点である。

エ．適切。全て該当する。

問題81 解答

R2後

正解 ア

ポイント 企業における３つの教育訓練方法の位置づけを問う。

解説

ア．適切。OJTは、企業内で行われる重要な企業内教育・教育訓練手法である。職場の上司・先輩が部下・後輩に対し具体的な仕事を通じて、仕事に必要な知識・技術・技能・態度などを意図的・計画的・継続的に指導し、修得させることによって全体的な業務処理能力や力量を育成する。

イ．不適切。内容、特徴は記述のとおりであるが、教育そのものには実践を伴わず、そこで得られた知識や考え方をその後業務で実践することによって初めて確固たる力にすることができる。その観点からOJTを補完するものと位置づけられている。

ウ．不適切。内容、特徴は記述のとおりである。１人の人間が業務中に得られる経験や知識には限りがある。その不足を補うのが自己啓発を中心とする自助努力である。ここで先達の英知を含めた周辺知識や行動の裏付けとなる考え方を獲得し、実践に応用することで大きな自己成長につなげることができる。しかしながら、学習の主体はあくまで社員自身であり、企業はそれをサポートする立場であって企業が行う教育訓練の中心とはなり得ない。

エ．不適切。企業が行う教育訓練の中心はOJTであり、Off－JTと自己啓発はそれを補完する役割を担っている。これら３つを適切に組み合わせることが重要である。

問題82 解答

R3前

正　解　ウ

ポイント　OJTは身近な人材開発行動であるがゆえに、その特質を認識することなく惰性的に行われている場合が少なくない。OJTの特質を認識して実施することにより、より大きなOJT効果が期待できるという視点から、その特質に関する知識を問う。

解　説

ア．適切。OJTの特質を一般的にいえば、記述のようになる。

イ．適切。OJTの大きな特徴として暗黙知／実践知のトランスファーに優れている点が挙げられる。

ウ．不適切。マニュアルに基づいて訓練されたトレーナーがリードする定型的訓練は、TWI（Training Within Industry）に組み込まれているJIT（Job Instruction Training）であり、OJTとは異質の教育訓練方法として位置づけられる。

エ．適切。上司・先輩によるマンツーマン教育であるOJTに接したとき、部下・後輩が抱く「育成されている」という充実感が両者間の良好な人間関係を醸成する。こうした意味でOJTは広義の組織開発機能を持つといえる。

問題83 解答

R2前

正解　エ

ポイント　OJTに関する基本的な理解度を問う。

解説

ア．不適切。OJTは若年層に対してよく用いられる教育訓練方法であるが、あらゆる階層に有効な手法である。また、期待役割が大きくなる上位層が、若年層に比べて学ぶべきものが少ないということは決してない。

イ．不適切。明確な目標とその達成手段を持たない業務経験は、育成行為とはいいがたい。育成対象者の現状のレベルと組織が必要とする能力の差を明確にし、計画的に行われるべきものである。

ウ．不適切。記述のようにOJTはマンツーマンで実施されることが多いが、育成目標を組織で共有し、組織全体でバックアップすることで、指導者の過度の負担や指導能力の差による育成効果のバラツキを抑えることにつながる。

エ．適切。特に経験の少ない若手社員に指導を担当させる場合は、指導者教育は必須といっても差し支えない。

問題84 解答

R1前

正解　ア

ポイント　OJT計画作成の仕方の理解度を問う。

解説

ア．不適切。OJTによる能力開発の対象は短期に修得できる知識や技能にとどまらない。育成に時間を要するヒューマンスキルなどもその育成対象であり、計画は短期、長期それぞれ育成内容に即して作成すべきである。

イ．適切。OJTも部下の態度や能力の変化度合いをみることが必要なので、計画は具体的に作成すると効果がみられる。

ウ．適切。OJTは、一過性ではなく継続性がポイントとなるので、目標達成状況を見て分析し、次の計画に結びつけると効果が高まる。

エ. 適切。短期に特定の能力の向上が求められるケースもあるが、一般的にはOJTは総合的な能力の開発が期待できる手法である。

(1)●Off－JTの意義・目的と特徴

テキスト第4章第4節

問題85 解答

R2前

正解 ア

ポイント 集合教育Off－JTに関する基本的理解度を問う。

解説

ア．該当しない。部門目標達成のためのミーティングであるため仕事そのものであり、しかも通常の仕事場で行うため、Off－JTとはいえない。

イ．該当する。目標管理については、公式の面談だけでも目標設定面談・中間面談・最終評価面談などがあり、面談を通じて部下の参画意識や目標・評価への受容度を向上することは、公平感やモチベーション向上に重要である。面談方法を学び、さらにロールプレイングなどを通して面談スキルの向上を図る評価者訓練は、Off－JTの代表例である。

ウ．該当する。全国から営業担当者を集めて日常の業務から解放し、新製品への理解を向上させ、さらに営業方法の討議を通じて営業力を強化することは、その訓練形態に照らしてOff－JTといえる。

エ．該当する。経営幹部候補への長期選抜教育は、1990年代以降注目を集めるOff－JTの１つであり、参加者が経営トップに対して、プレゼンテーションを行うことはその延長線上にあると考えてよい。

問題86 解答

R1前

正解 ア

ポイント 研修技法の理解度を問う。

解説

ア．誤り。プログラム学習はプログラム化された指示に沿って段階的に進む方式である。記述内容は、バズセッションのことである。

イ．正しい。ビジネスゲームとは、企業経営について直接的・間接的に疑似体験で学ぶシミュレーションゲームである。

ウ．正しい。ロールプレイングとは、職場や現場で経験する場面を想定した役割を演じることによってスキルアップを図る技法である。

エ．正しい。インバスケットとは未処理の案件が入っている箱を意味し、実務を的確かつ迅速に行う技法である。

問題87 解答

R2後

正解 イ

ポイント Off－JTの種類とその望ましい運営体制についての理解度を問う。

解説

ア．適切。専門別研修とは、部門特有の専門能力習得などのために行われるOff－JTを指し、当然研修の企画･設計･実施にも専門性が必要であるため、一般的には本社教育部門が主体となって運営することは難しい。

イ．不適切。階層別研修は、各階層に属する社員に共通的に求められる知識･スキルを育成するものであり、本社教育部門の業務とすることが一般的である。

ウ．適切。選抜型研修は、次世代リーダー育成研修などがその代表的なものであり、近年は本社教育部門の役割の中でも重視されるようになってきている。

エ．適切。課題別研修は、マーケティング研修、コミュニケーション研修、リーダーシップ研修など、企業として重要かつ共通的課題を扱うものであり、その共通性から通常は本社教育部門の役割と見なされている。

問題88 解答

R3前

正解 エ

ポイント Off－JTのねらい、特長についての理解度を問う。

解　説

ア．不適切。Off－JTは、集団に対して働きかける集合研修という性質上、社員個々人の能力状況や個々人に合わせた実施は難しい。

イ．不適切。Off－JTは、時間コスト、研修直接コストを入れると、OJTや自己啓発より高コストである。なお、同様の教育を個別に行う場合と比較して時間と費用を大幅に節約することが可能である。

ウ．不適切。職務から離れて実施されるOff－JTでは、実務密着で即効果を出すところまでは難しい。

エ．適切。同一資格、階層の社員を一定レベルまで高めることができる。

解答

R2前

正　解　イ

ポイント　Off－JTの体系に関する基本的な理解度を問う。

解　説

ア．適切。階層別教育は、部門や職能を超えて、当該の階層に属する社員に共通的に求められる知識・技能が訓練されるものである。

イ．不適切。専門的な知識・技能を前提として実施されるものなので各専門部門主導で行われるのが一般的である。

ウ．適切。階層別教育や部門別教育が計画的に実施される教育であるのに対し、課題別教育は課題対応の教育であり、会社の重要かつ緊急な課題解決に結びつけることを目的としている。

エ．適切。ハイポテンシャル人材には早期から経営視点を培い、研修にアクションラーニングと組み合わせたり、サクセッションプランと連動させるなど長期的、組織的な育成を心掛けることが望ましい。

(2)●Off－JTの位置づけ

テキスト第4章第4節

問題90 解答

R2前

正解 ウ

ポイント 教育ニーズと研修技法に関する問題で、教育ニーズに基づいた適切な研修技法の選択を考える問題である。

解説

A．情報収集・分析力や対応力を向上させるためには、インシデント・プロセスや事例研究等が選択される。

B．限られた時間内に状況を把握し、問題を処理していく研修技法で、日常の意思決定の訓練であるイン・バスケットが適している。

C．顧客との折衝や説得力の向上についてであり、事例研究やロールプレイングが選択される。直接的にはロールプレイングの技法が効果的である。

D．ここでは新たなアイデアが求められており、発想法の１つであるブレーン・ストーミングが選択される。

以上によってウが選択される。

問題91 解答

R2後

正解 エ

ポイント 代表的な教育研修技法に関する基本的な理解度を問う。

解説

ア．適切。参加者がいろいろな立場からいろいろな役割を演技し、対人関係における望ましい行動と態度を体得することが訓練の目的であり、接遇訓練、セールス話法訓練、対人理解訓練などに用いられることが多い。

イ．適切。集団（小グループ）によるアイデア発想法の１つであり、参加メンバーが自由にアイデアを出し合い、互いの発想の異質さを利用して、連想を行うことによってさらに多数のアイデアを生み出そうという集団思考法・発想法である。

ウ．適切。講師が知識や考え方を一方的に伝達する方法。最も一般的なスタイルであり、主に知識のインプットを目指すものである。正しいと認識された知識、いわゆる正解のある知識あるいは客観的な情報を一方向的に転移する方法といえる。

エ．不適切。これは討議法に関する記述で、事例研究法は職場などで現実に起きそうな問題や実際に起きた事例を研修の場で研究し、実践に役立つ原理原則を修得させる技法で、問題解決能力の向上に適している。

問題92 解答

R3前

正解 エ

ポイント 教育研修の代表的な技法についての基本的理解度を問う。

解説

ア．適切。記述のような場面において、役割の疑似体験を通じて自己の行動特徴を知るとともに現場での実践力を高めるのも効果的である。

イ．適切。その他に、情報収集分析力、判断力、職務遂行能力の向上が期待できるとされている。

ウ．適切。ブレーン・ストーミング法は、複数の人が自由にアイデアを出し合い、相互に刺激し合って優れた発想を生み出そうという方式である。

エ．不適切。イン・バスケット法は、未決裁の書類を大量に与え、一定時間内にどのように処理するかを見るもので、管理者登用の際の能力評価にも用いられる方法である。またこの手法は個人作業なのでコミュニケーションの訓練には向かない。

(1)●自己啓発支援の意義・目的と特徴

テキスト第4章第5節

問題93 解答

R3前

正 解　ウ

ポイント　自己啓発、並びに自己啓発支援に関する基本的理解度を問う。

解 説

ア．適切。「社内のこの部門でこの仕事をしたい。そのために必要な能力は何なのか」といった長期的な視点を持つことで、そのために必要な能力と現在の能力とのギャップを明確にし、自己啓発の目標を設定する。

イ．適切。会社として自己啓発を支援する策として、①情報及び場の提供、②金銭的補助、③時間的便宜の供与、④学ぶ風土の醸成があり、中でも全ての従業員が学習し続ける組織づくりが重要である。

ウ．不適切。自己啓発は社員の自主性に任せることから、テーマの指定や対象者の選抜はその趣旨にそぐわない。

エ．適切。企業が行う最も重要な支援策は個人、職場、全社で学ぶという風土の醸成であるが、中でも効果的なタイミングは極めて高いモチベーションが期待できる若年期である。

問題94 解答

R2前

正 解　ウ

ポイント　自己啓発の意義、方法等についての基本的理解度を問う。

解 説

ア．適切。学習的視点をもっての人間観察など、自己啓発の機会や方法は、日常のあらゆることが該当する。

イ．適切。学校と企業とでは教育の目的は異なる。企業の能力開発はあくまでも仕事に関する能力開発である。

ウ．不適切。キャリアカウンセリングは、「②内からの動機づけ」の例であり、反対に仕事での上司の評価や金銭支援は、「①外からの動機づけ」の例である。

エ．適切。自己啓発がうまくいくためには、単に学習する意欲だけでなく、ここに羅列したような他の要素も必要である。

解答

R2後

正解　ウ

ポイント　自己啓発支援の促進を図るための効果的施策を問う問題である。

解説

ア．効果が低い。従来の総花的講座から、実務に連動させた講座に刷新しても、業務多忙が主原因なので効果は弱い。

イ．効果が低い。通信教育への取組みが業務多忙で低調なのに、eラーニング主体に切り換えても受講の活発化にはつながりにくい。

ウ．効果が高い。能力開発の目標を設定することによって、具体的な取組みにつながることが期待できる。

エ．効果が低い。上司による具体的な能力開発への指導は一定の効果はあるが、上司による働きかけ程度では効果は弱い。

V●人事・人材開発をめぐる社会的動向

1 ●人事管理の動向

問題 96 解答

R2後

正 解　エ

ポイント　企業の社会貢献の意義についての理解度を問う。

解 説

ア．不適切。本業を離れての寄付などと、本業を通しての社会貢献のどちらが重要であるとは一概にはいえない。

イ．不適切。一個人としての活動のほうが価値があることもある。会社を通じてのほうを優先すべきとはいえない。

ウ．不適切。サステナビリティとは、社会全体の持続可能性のことであり、一企業の発展や存続性のことではない。

エ．適切。近年、企業の社会的責任（CSR：Corporate Social Responsibility）に関する取組みは、社会の持続可能性を保持していく上で重要性が高まっている。

問題 97 解答

R3前

正 解　ア

ポイント　インターンシップについての実務上の理解度を問う。

解 説

ア．適切。記述のとおり、安全対策には万全を期すべきである。

イ．不適切。3日間では短すぎる。最短でも1週間、できれば2～3週間はとりたい。ある調査では、学生の希望は1週間、企業側の理想は2週間が一番多い。

ウ．不適切。インターンシップを単なる人手不足の解消、実質的アルバイトに終わらせることがないように配慮すべきである。

エ．不適切。やる気のある優秀な人材に出会えることもインターンシップの効果であり、企業側の負担も考慮すると、できれば対象者は選びたい。

問題 98 解答

H29前

正解 イ

ポイント 最近の人事管理の動向についての理解度を問う。

解説

ア．適切。記述のとおり。

イ．不適切。我が国では､社内公募は依然として補完的な政策として思われ、記述にあるような事実を示す論文や統計データなども見受けられない。

ウ．適切。記述のとおり。

エ．適切。福利厚生費の削減や従業員の満足度向上が求められる中、多様化する従業員のニーズに対応できる福利厚生制度としてカフェテリアプランが注目されている。

問題 99 解答

R2前

正解 ウ

ポイント グローバル化に対応する組織風土を実現するために人事部門に求められる要件に関する基本的な理解度を問う。

解説

ア．適切。従業員に企業を取り巻く環境の変化を理解させ、将来の安定的な成長のためにはグローバルな場で活躍できる人材となることが不可欠であると認識させることが重要である。

イ．適切。組織風土の改革には企業トップの明確なビジョンに基づくグローバル戦略と、それを実現するために求められる人材像や行動指針を明確にすることによって、明るい未来とそこに至る道筋を示すことが極めて重要である。

ウ．不適切。語学力は重要ではあるが、ビジネス上の一手段にすぎない。まず職務能力があって初めてその手段が有効に機能するということを忘れてはならない。

エ．適切。多様な考え方を理解し、受け入れ、各地域に根差したサービスや製品を提供できるグローバルな組織風土を実現するためには、それを主導する人事部門が先頭を切ってグローバルな考え方を持った組織とならなくてはならない。

問題100 解答 R2後

正解　イ

ポイント　パワーハラスメントに関する基本的な理解度を問う。

解説

ア．適切。記述のとおり。

イ．不適切。「職場内の優越性」とは、相手に対して実質的に影響力のある者を指し、同僚であってもキャリアや技能に差があるような場合や、雇用形態の違いによる優越性も含まれる。

ウ．適切。これらの行為はパワハラの6類型と呼ばれているが、職場のパワーハラスメントに当たりうる行為の全てを網羅するものではなく、これ以外は問題ないということではないことに留意する必要がある。

エ．適切。これらの行為は「業務上の適正な範囲」と見なされる。

●参考文献

・厚生労働省ホームページ「職場におけるハラスメントの防止のために」

・厚生労働省パンフレット「職場におけるパワーハラスメント対策が事業主の義務になりました！」

・厚生労働省リーフレット（詳細版・簡略版）「2020年（令和２年）６月１日から、職場におけるハラスメント防止対策が強化されました！」

ビジネス・キャリア®検定試験過去問題集 解説付き

BUSINESS CAREER

人事・人材開発 2級

問題及び解説文中、次の法令等は略称で記載されています。

（五十音順）

・育児休業、介護休業等育児又は家族介護を行う労働者の福祉に関する法律→育児・介護休業法
・高年齢者等の雇用の安定等に関する法律→高年齢者雇用安定法
・雇用の分野における男女の均等な機会及び待遇の確保等に関する法律→男女雇用機会均等法
・障害者の雇用の促進等に関する法律→障害者雇用促進法
・短時間労働者及び有期雇用労働者の雇用管理の改善等に関する法律→パートタイム・有期雇用労働法
・働き方改革を推進するための関係法律の整備に関する法律→働き方改革関連法
・労働施策の総合的な推進並びに労働者の雇用の安定及び職業生活の充実等に関する法律→労働施策総合推進法
・労働者派遣事業の適正な運営の確保及び派遣労働者の保護等に関する法律→労働者派遣法

なお、問題文及び解説文に適用されている法令等の名称や規定は、出題時以降に改正され、それに伴い正解や解説の内容も変わる場合があります。

人事・人材開発 2級

ビジネス・キャリア® 検定試験
過去問題編

(1)●人と組織の理解

テキスト第1章第1節

R3前

職務設計に関する記述として適切なものは、次のうちどれか。

ア．アダム・スミスは、18世紀のイギリスに出現した分業に注目した。彼は分業のメリットとして、多能工による生産高の増加、準備及び切替え時間の減少、専門化による機械の発明を挙げ、ピン製造を詳述して職務設計の例を示した。

イ．フレデリック・テーラーは、科学的管理法のパイオニアである。彼は経営の役割について、なされるべきタスクを科学的に分析し、時間と無駄な動作を取り除くように職務を設計することであると考え、労働者が意思決定することを認めた。

ウ．ヘンリー・フォードは、組立て作業における流れ作業の原理を確立した。フォーディズムと呼ばれるこの手法は、標準化された商品を低コストで大量生産する長期的な方法を生み出し、その結果として労働者は退屈と職務不満足から解放された。

エ．エルトン・メイヨーは、ホーソン実験から単に経済的なインセンティブや労働環境が労働者を動機づけるわけではないことを示した。労働者の社会的欲求を満たす職場形成を重視した彼の理論は、「人間関係論」と呼ばれている。

オ．フレデリック・ハーズバーグは、職務満足は行っている職務を遂行する条件や環境に関連する要因（衛生要因）によってもたらされ、職務不満足は職務そのものに関連する要因（動機づけ要因）によることを見いだした。

解答●p.278

問題 2

R2前

経営理論に関する記述として適切なものは、次のうちどれか。

ア．フレデリック・テーラーは、怠業は、管理方法や制度の不備が原因であると考え、それを防止するために「科学的管理法」を提唱した。その最大の業績は、差別的出来高払い制によって、労働者が能力の出し惜しみをすることがなくなったことにある。

イ．有名なホーソン工場の実験においては、科学的管理法による物理的な環境条件のほうが、労働者の心理的・情緒的な要因よりも、生産性に大きな影響を与えることが報告された。

ウ．ダグラス・マグレガーは、テーラー的な人間観をＹ理論と呼び、これに対して、自発性や目的達成に対する意欲などを重視した人間観をＸ理論と呼んだ。そして、Ｙ理論に基づく命令や統制による人事管理に対して、Ｘ理論による人事管理を主張した。

エ．レンシス・リッカートは、社会調査研究所における一連の調査データに基づいて、仕事の満足度と生産性の高さには相関関係が見られないが、欠勤率と転職率の低さに結びついているという結論を出している。

オ．フレデリック・ハーズバーグの二要因理論によれば、達成すること、承認されること、仕事そのもの、責任、昇進などは仕事の満足にかかわる要因であり、会社の政策と管理方式、監督、対人関係、作業条件などは仕事の不満足にかかわる要因となる。ここでは、給与は、仕事の満足にかかわる要因とされている。

解答●p.279

⑵●変化する個人と組織の関係

テキスト第1章第1節

R2後

組織管理に関する記述として不適切なものは、次のうちどれか。

ア．エージェンシー理論は、組織を主たる経済主体とその代理人との契約関係として分析するものであり、上司が部下に命じた仕事を遂行させるための報酬の効果性についてもエージェンシー費用として説明することができる。

イ．バーナードは、組織の要素を共通目的、貢献意欲及びコミュニケーションの３つの要素から成り立つものとし、これを公式組織と定義づけたが、一方で組織の人間関係的側面にも注目した。

ウ．シェアドサービスは、アウトソーシングの形態によって間接部門を統合して分社化を図るものであり、業務管理コストを削減する効果がある。

エ．事業部制は、企業を自主独立的な組織単位に区分し、それぞれの組織で独自に意思決定と業務遂行を行うもので、企業内競争と企業外競争を直結させ、大企業が陥りやすい硬直化を打破する効果がある。

オ．マトリックス組織は、事業部門と職能部門を縦と横の格子で捉えたもので、個人の目標達成行動を明確にし、コミュニケーションを密にする効果がある。

解答●p.280

(5)●組織と管理

テキスト第1章第1節

チェスター・I.バーナードが『経営者の役割』で述べている組織論に関する記述として誤っているものは、次のうちどれか。

ア．バーナードは、組織を「意識的に調整された人間の活動や諸力のシステム」と定義し、組織の合理的側面である機能構造を明らかにした。

イ．バーナードは、「公式組織」の成立のための3要素として、共通目的（組織目的）・協働意志（貢献意欲）・コミュニケーションを示した。

ウ．バーナードは、「非公式組織」について「個人的な接触や相互作用の総合、及び人々の集団の連結を意味する」とした。

エ．バーナードは、人的なネットワークである「非公式組織」に共通の意図や目標が与えられたとしてもそれが公式組織に転化することはなく、公式組織が形成されるためには非公式組織の存在を必要としないとした。

オ．バーナードは、非公式組織の機能として、コミュニケーション機能、貢献意欲と客観的権威の安定とを調整することによって公式組織の凝集性を維持する機能、自律的人格保持の感覚、自尊心及び自主的選択力の維持等とした。

解答●p.281

I●人事企画 ＞ 1●人と組織の理解

(6)●組織戦略と人事管理

テキスト第1章第1節

R2前

組織戦略と人事管理に関する記述として不適切なものは、次のうちどれか。

ア．企業を取り巻く環境が比較的安定している場合には、職能別組織が適しており、環境変化の不確実性が高い場合には、事業部制や分社化が適している。

イ．マトリックス組織は、スキル・ノウハウの共有・蓄積と、迅速な環境変化への適合性とを両立することを意図している。

ウ．シェアドサービスとは、アウトソーシングの形態により、新規学卒者を採用する業務を請け負う会社のことであり、年度ごとの採用計画を基に、業務量の変動負荷を外部委託することにより、社内業務の平準化を図ろうとするものである。

エ．成果主義は、結果の平等よりも、業績と報酬の公正さを志向するものであり、1990年代以降の経済のグローバル化に伴い、結果重視と個人尊重への対応を目指したものである。

オ．人事制度は、個人と組織とを統合する媒介要素であり、「自分が働いた結果がどう報われるのか」について、その因果関係を制度として明示している。

解答●p.282

組織構造に関する記述として不適切なものは、次のうちどれか。

ア．職能別組織は、職能単位で形成する組織であり、この組織構造には、市場での競争が激しくなり、顧客ニーズが多様化したような場合に、全社的な統合がとりやすいというメリットがある反面、企業の競争能力（コア・コンピタンス）を蓄積しにくいという弊害が伴う。

イ．事業部制は、企業が直面する市場の不確実性が高いときに有効であるが、分化が一定限度を超えると、社内の他部門とのシナジーを達成できない、共通資源の蓄積を困難にするといった弊害が伴う。

ウ．マトリックス組織は、従来の職能別組織におけるタテ割りの機能組織に、プロジェクトチームや事業部などヨコ串を通した格子状の組織であり、外部環境への対応の早さが求められ、かつ部門間が有機的に連動しないと成功しない状況などで有効な組織である。

エ．マトリックス組織は、一般的に担当者１人に２人の上司がいる「ツー・ボス・システム」であるため、担当者は２人の上司の間で微妙な利益衡量をしながら仕事を進めなくてはならず、それが個人と組織の負担となる場合がある。

オ．分社化の一種としてのシェアドサービスとは、会社が持っている部門（経理、総務、人事等）を切り離して、共同センター型の新会社を設立し、そこで業務を請け負うことをいい、これらの業務の社内専門家を豊富に抱える大企業などの場合、グループ間のシナジーを高めることが期待される。

解答●p.283

(1)●社員の多様化と人事管理

テキスト第1章第2節

問題 7　R2前

非正規労働者に関する記述として不適切なものは、次のうちどれか。

ア．大規模事業所よりも中堅事業所のほうが、また、正社員比率がより高いほど、正社員への登用制度が定められている割合が高い傾向がある。

イ．　正社員への登用条件としては、「職場の上司の推薦」、「職務遂行能力・スキル」、「一定以上の職務評価実績」が多くなっている。

ウ．以前と比較すると、正社員比率が低い事業所では、非正規労働者の仕事の範囲はより広く、内容はより高度に、量は増加する傾向が見られる。

エ．キャリア開発の実施割合は、①契約社員、②パートタイマー・アルバイト、③派遣社員の順となっている。

オ．飲食料品小売業では、正社員比率が著しく低い企業が半数を超え、非正規雇用の活用が進んでいる。

解答●p.284

問題 8　H30後

コース別人事管理に関する記述として不適切なものは、次のうちどれか。

ア．ライン管理者と非ライン管理者を異なる職群として明確に区分する「管理職層の複線型人事管理」は、団塊の世代のポスト不足対策と職群別の役割の明確化による社員の効率的活用の両立策として普及した。

イ．主に非管理職層を対象として、性別にかかわらず職務範囲と勤務態様に応じて、非定型業務主体の総合職と定型業務主体の一般職を区分する「仕事要件に基づくコース別人事管理」は、男女雇用機会均等法の施行を契機として多く導入されたが、今後は、一般職として入社した女性が総合職に転じて活躍できる仕組みをより充実させることが求められている。

ウ．主に非管理職を対象として、異動の範囲・可能性や転居を伴う異動の有無などにより勤務地非限定社員と勤務地限定社員を区分する「勤務地要件に基づくコース別人事管理」は、ワーク・ライフ・バランスへの対応策の１つである。

エ．都道府県労働局雇用均等室が実施した調査によれば、コース別人事管理制度導入企業における総合職に占める女性割合は、2010年代中盤には４割近くにまでなっている。

オ．コース別人事管理における職群間の賃金格差は、職務内容や職務範囲、職務要件や期待役割に配慮した合理性が求められる。

解答●p.285

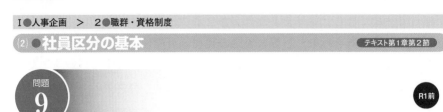

問題 9

R1前

1995年に日本経営者団体連盟（現 日本経団連）が提案した「雇用ポートフォリオ」に関する記述として正しいものは、次のうちどれか。

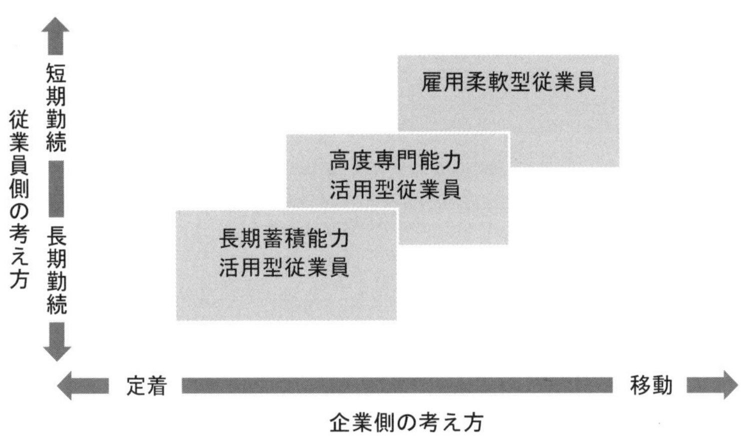

出所：新・日本的経営システム等研究プロジェクト編著「新時代の『日本的経営』：挑戦すべき方向とその具体策」日本経営者団体連盟　1995

ア．この提案は、さらなる経済成長を見据えた労働力不足への対応、円安による輸出拡大、政府による規制強化といった環境変化への対応として、それまでの雇用慣行を使用者側から変革するための主張であった。

イ．「長期蓄積能力活用型従業員」とは、定着と長期勤続を前提とした、職務に応じて定型的業務から専門的業務をこなす人材を意味しており、職務給による処遇が中心となる。

ウ．「高度専門能力活用型従業員」は、長期的に企業の基幹的職務に従事するプロフェッショナル人材であり、期間の定めのない雇用を前提とした職能給による処遇が適切である。

エ．「雇用柔軟型従業員」は、移動と短期勤続を前提とする、専門的熟練と能力によって企業の課題解決に取り組む人材であり、必ずしも長期雇用を前提としない層である。その処遇は業績給であることが望ましい。

オ．この提案の結果として、長期蓄積能力活用型の拘束度の高い働き方、高度専門能力活用型の量的な伸び悩み、雇用柔軟型の処遇改善と能力開発などが指摘されており、結果的に正社員と非正社員の二極化が進むこととなった。

解答 p.287

社員区分制度に関する記述として不適切なものは、次のうちどれか。

ア．社員区分とは、同一の評価・報酬・配置・育成などの人事管理を適用する対象社員の区分のことであり、企業ニーズと従業員ニーズの組合せなどで、多様な区分があり、必ずしも正社員だけを対象としない。

イ．社員区分制度設計の要点の１つに区分間の公平性がある。区分間の公平性とは、雇用形態が同じであれば、区分は異なっても処遇の公平性を保つことは重要であり、例えば正社員であれば管理職と専門職と区分は異なっても処遇差は小さくする。

ウ．社員区分の基準設定に関しては、多様な働き方を希望する優秀な人材を柔軟に受け入れ、活躍する場を作る方向に転換することが望ましい。

エ．多様な就業ニーズに対応する社員区分制度を設計・運用する上で、法的要件の充足は重要である。区分ごとに雇用形態や就業上の制約条件などが異なることから、区分ごとにコンプライアンス対応の在り方を検討することが望まれる。

オ．雇用のポートフォリオとは、社員区分制度の設計の際に、いくつかの視点の組合せによって、基準づくりなどを効果的に行うものである。例えば、コア人材か、非コア人材か、社外調達可能か、社外調達困難かなどである。

解答 p.288

(4) ●職能資格制度

テキスト第1章第2節

R2後

社員格付け制度に関する記述として不適切なものは、次のうちどれか。

ア．最近まで最も一般的な格付け制度であった職能資格制度は、第二次世界大戦後の占領下においてGHQの指示によって導入が試みられた職務等級制度に替わるものとして、多くの企業で取り入れられたものである。

イ．職能資格制度は、職務遂行能力に基づいて序列を決定するものであり、多様な仕事に就く社員を共通の基準で格付けでき、仕事内容が変わらなくても能力を高めれば資格と給与が上がるため給与が安定し、人材の機能的な配置が可能になるなどのメリットがあった。

ウ．職能資格制度は、その運用において、能力そのものの序列が困難であること、役割・仕事が明確に定められていないことから、実質的には年功制と大差ないものとなってしまったという問題を抱え、1990年代以降、より仕事にリンクした方向で社員格付け制度を再編する動きが強まった。

エ．職務分類制度（職務等級制度）は、米国における Pay for Job を参考にしたもので、職務記述書をベースに職務評価を行い、それに基づいて職務等級を決定するものであり、職務評価のメンテナンスが簡単であること、配置の流動性が促進されることなどの理由から、我が国の多くの企業において、広く導入が進んだ。

オ．役割等級制度は、職務を大くくりに捉え、それを役割と称し、役割を評価するに当たっても簡略化した方法がとられているため、コストがかからず容易にメンテナンスができ、職能資格制度から仕事基準の社員格付け制度に移行するに当たって、我が国の有力なモデルになりつつある。

解答●p.289

R2前

職能資格制度を職務分類制度（職務等級制度）と比較した際のデメリットに関する記述として不適切なものは、次のうちどれか。

ア．等級や報酬が高止まりする傾向が強く、総人件費の管理が難しい。
イ．職責や成果と報酬のミスマッチが起こりやすく、年功的な運用に陥りやすい。
ウ．組織が固定的になりやすく、戦略や環境の変化に応じた柔軟な人事異動が難しくなる。
エ．人材の獲得競争の激化、60歳以降の雇用の長期化、同一労働同一賃金の実現などの今日的な課題に対応しにくい面がある。
オ．社員を能力によって格付けする仕組みでありながら、その能力を正しく判定することは難しい。

解答●p.290

(5)●成果主義型人事制度

テキスト第1章第2節

成果主義賃金制度に関する記述として不適切なものは、次のうちどれか。

ア．バブル経済の崩壊以降、企業を取り巻く経営環境の変化により賃金制度を改める必要性が高まり、従来の年齢・勤続年数を基軸とした人事・賃金制度から、成果を重視した制度への転換が図られて「成果主義」という言葉が急速に普及した。

イ．成果主義人事・賃金制度と一体となって多くの企業で導入された目標管理制度の下では、成果を過度に重視した制度を導入したことにより、短期間で成果が出る仕事のみ目標を掲げ、それに注力する傾向が強くなってしまった。

ウ．人材育成面でも成果を急ぐ短期志向が強まり、結果が出るまでに時間のかかる仕事や部下・後輩の育成は敬遠されるようになった。さらに、新しい仕事ではすぐに成果を出すことが難しいため、人材育成を目的とした横断的な異動が行いにくくなった。

エ．評価において、定量的成果を重視した制度に改定したことにより、評価者は評価結果をきちんとフィードバックすることが求められるようになり、評価の納得性が高まった。

オ．個人の成果が重視されるようになったことから、従業員間のコミュニケーションや人間関係が希薄になり、周囲との連携、意思疎通に支障を来すといった問題が生じた。

解答●p.291

(6)●雇用管理制度

テキスト第1章第2節

1970年代初めから1980年代半ばにかけて、主として大企業で導入された専門職制度を「第一世代の専門職制度」とし、近年になって見直された専門職制度を「第二世代の専門職制度」と位置づけた場合、それらに関する記述として不適切なものは、次のうちどれか。

ア.「第一世代の専門職制度」の主たる導入目的は、管理職のポスト不足に伴い、管理職になれなかった社員のモラールの低下を回避することにあった。

イ.「第一世代の専門職制度」がうまくいかなかった理由として、専門職に期待される職務要件や目指すべきキャリアプランが明確化されず、専門職に就いた者は「管理職不適格者」であるという意識が社員に定着してしまったことが考えられる。

ウ. 専門職制度が見直された背景には、社員のキャリア意識の高まりや職務の細分化・高度化により、企業側も真のスペシャリスト、プロフェッショナルをより強く求めるようになってきていることが考えられる。

エ.「第二世代の専門職制度」においては、専門職に期待される職能要件は全社一律のものであることが望ましく、職能ごとに異なる評価尺度を用いることは、専門職社員の間に不公平感を醸成することになるため、できるだけ避けるべきである。

オ.「第二世代の専門職制度」の下では、マネジメントに長けたほんの一握りの管理職と、それぞれの専門分野に精通した圧倒的多数のプロフェッショナルで構成される組織のほうが望ましいとの見方も成り立つ。

解答●p.293

I●人事企画 ＞ 3●人事評価

(1)●人事評価制度の意義・目的・種類

テキスト第1章第3節

以下に示す＜事例＞を踏まえ、B社におけるプロジェクト評価の導入方法に関する記述として不適切なものは、次のうちどれか。

＜事例＞

B社では、プロジェクト・チーム等による組織運営が常態化しており、所属する職場の上司や同僚以外の社員とかかわって仕事をする比率がかなり高い。また、１人が複数のプロジェクト・チームに所属することも少なくないため、上司以外の視点から評価するプロジェクト評価の導入を検討している。

ア．重要なプロジェクト案件は目標として設定し、プロジェクト目標の一次評価は上司ではなく、プロジェクトリーダーが行う。
イ．評価視点の多様性を確保するために、評価者として、職場の上司、所属するプロジェクトリーダー以外に、プロジェクトのメンバーも加える。
ウ．評価経験のない者に評価をさせる場合には、十分な考課者訓練を施すこととし、それまでは、被評価者へのフィードバックは行わないこととする。
エ．被評価者への評価結果のフィードバックは、所属する職場の上司ではなく、プロジェクトリーダーが行う。
オ．職場の上司とプロジェクトリーダーとの評価に著しい隔たりがある場合には、最終評価者が状況を把握して調整を図る。

解答●p.295

以下に示す＜事例＞を踏まえた場合、相談内容と対応に関する記述として不適切なものは、次のうちどれか。

<事例>

社員数1,500名のメーカーA社の人事係長aは、評価制度の運用に関する社内の相談窓口を担当している。最近aは5つの社内相談に対応した。

ア．技術部門のbは、本業の設計業務以外に複数の社内プロジェクトのメンバーになっている。目標のウエイト配分に関して相談を受けた。bに確認したところ、概ね各プロジェクトでの時間配分が決まっている。b自身は、それぞれの目標の軽重を計りかねていたので、aはbの上司に連絡をとり、各プロジェクトリーダーと協議するよう依頼した。

イ．評価期間中の異動で担当顧客が変わったcは、前任者の目標設定を引き継ぎ、目標を上回る達成度となった。cは目標達成度に見合った業績評価でないことに不満を申し入れてきた。上司に確認したところ、異動前の段階で前任者がかなりの結果を出していて、cの異動後の貢献度はさして高くないことが確認された。A社の規程では目標の達成度とプロセスを加味して上司が判定する仕組みとなっている。そこでcに対して、業績評価の仕組みを説明するとともに、上司に対してcに業績評価の説明を行うように依頼した。

ウ．本人の希望で社内の職群転換制度を利用して技術から営業へ異動したdは、営業パーソンとしての成績が上がらない。職群転換後の評価猶予期間1年が経過した段階で、評価が大きく下がり、賞与が大幅減額となった。そのことに不満を申し入れてきたdに対して、営業パーソンとして努力して評価を上げるか、職群転換制度を利用して技術者として再スタートするか検討するよう助言した。

エ．製造部門のe課長から、製造子会社に在籍出向している社員の評価に関して不服の申入れがあった。仕事ぶりの分からない部下の評価はできないというものであった。A社のルールとして、出向している社員に対して出向元であるA社基準で評価すること、出向社員に対しては出向先の上司に評価コメントをもらうこと、その旨を出向先に伝えてあること、加えて出向社員は少なくとも四半期単位で出向元の上司に業務報告を行うことを人事部門から出向者に徹底してあることなどを説明して理解を求めた。

オ．営業部門のf課長から、私傷病で休職している営業パーソンgの休職前の期中の評価に関して相談があった。以前と比べると仕事ぶりが著しく低下し、医師の診断で傷病確定後すぐに傷病扱いで休職した。休職以前の勤務期間に対する評価に関して、配慮すべき点はあるのかという相談であった。「不可抗力で個人業績が下がった場合には、業績評価で救済可」という社内規定を説明し、ｇの業績評価に救済配慮を求めた。

解答●p.295

(2)●制度設計にあたっての留意点

テキスト第1章第3節

R1前

以下に示す＜事例＞を踏まえた場合、A社のコンピテンシー見直しのポイントに関する記述として不適切なものは、次のうちどれか。

＜事例＞

A社では、コンピテンシーを評価制度の1つとして導入し、5年が経過した。導入後5年を経て、様々な問題点が生じてきており、コンピテンシーの見直しを行うこととした。主な問題点は以下のようなものである。

・多大な労力と時間を費やしたコンピテンシーモデルであるが、5年の間にあった組織・職務の編成の変化に対応できず、メンテナンスができていない。
・仕事によっては、業界内の人的ネットワークや現場における職人技的スキルが高業績達成のために重要な要素となるが、該当するコンピテンシー項目が見当たらない。
・コンピテンシーモデルとなった5年前の高業績者の思考特性、行動特性が今後も会社の成長を約束するモデルとは限らない。

ア．過度の具体性を改め、適度の抽象性を持たせ、社員の裁量や独自性が発揮され、適切に評価できるようにする。
イ．これまでの運用経過を踏まえて、職群・職種ごとのコンピテンシー項目の優先順位づけを行い、項目の絞り込みを行う。
ウ．コンピテンシーは、高業績者の思考特性や行動特性を評価するものであり、人的ネットワークや職人技的スキルは評価項目としない。
エ．会社の中期経営計画で示された当社の競争環境を踏まえて、今後社員に期待する未来志向的なコンピテンシー項目を追加する。
オ．コンピテンシーモデルとなった高業績者の行動変化を追跡調査して、その結果をコンピテンシー見直しの参考とする。

解答●p.297

(3)●制度運用にあたっての留意点

テキスト第1章第3節

問題18

R2前

職能資格制度と成果主義に関する記述として不適切なものは、次のうちどれか。

ア．成果主義導入の動きは、1990年代以降の低成長による人件費コントロールの必要性の高まりが大きな契機として挙げられる。すなわち、それまで主流であった職能資格制度は、成果に対して評価が曖昧(あいまい)であったり、能力は知識や経験の増大とともに向上する前提であることから、賃金が自然増の右肩上がりの傾向になる弱点を包含していた。

イ．1990年代以降の低成長下における企業業績の悪化に対して、我が国の企業の多くは、短期的に総額人件費をコントロールするために、「(企業業績と連動する)成果ベースの賃金の拡大」を目的とする成果主義の導入と、「正規社員から非正規社員へ」の雇用形態のシフトとを、国内において行ってきた。

ウ．職能資格制度は、採用・評価・育成・配置・処遇等の人事管理の基本的な各機能に整合性を持たせる総合的な人事システムを目指したものであった。職務価値の異なる仕事に就いても賃金は能力ベースであるために直接変動せず、会社都合を含めた広範な人事異動やローテーションを可能にして、育成面のメリットももたらした。

エ．成果主義的な人事制度の見直しは、仕事をした結果である成果の評価と処遇を結びつけることに重きを置いた仕組みの変化であった。一方で、高い成果を出すためには能力開発と動機づけという前工程が必要であるが、成果主義的改革と合わせて、前工程の強化を同時に推進できた企業は少なかった。

オ．固定費として重石であった団塊の世代が退職し、非正規社員の雇用比率も上昇して固定費の変動費化が進んだ今日では、企業の競争力強化を図るために、能力開発や育成に重きを置いた職能資格制度への回帰が、人事制度再構築の主要テーマである。

解答 p.298

以下に示す<事例>を踏まえた場合、B社の業績評価の見直し案として不適切なものは、次のうちどれか。

<事例>

B社は社員数800名の電機設備会社で、業績評価の見直しを検討している。数年前に業績が悪化したことを契機に、年功的な職能資格制度を廃止して、成果主義人事制度を導入しており、評価制度は目標管理による業績評価のみで運用している。

ア．ここ数年、目標管理による業績評価だけで運用していたが、結果重視になってきた反省がある。そこで、かつて職能資格制度の評価要素であった能力の評価要素を基にして、当社独自の評価要素を加えたプロセス評価を行うこととする。

イ．個人目標優先の言動が社内で目立つことになったことを反省し、目標設定は部や課単位による職場ぐるみのミーティングで大枠を決めることとする。上司立会いの下で部署ごとに管理者がリードし、部署の目標と課題を共有した上で、各自の役割に応じた目標設定と全体整合を図ることとする。

ウ．上司評価の偏向を緩和し、評価の客観性と公正さを確保するために多面評価を導入し、その結果を処遇に反映する。また、多面評価の結果は、人事部から直接本人にフィードバックする。

エ．B社は、売上げ、利益、要員数等の重要な経営管理数値主体で業績評価を行ってきたが、絶対数値に気を取られ、生産性が損なわれた面が反省としてある。そこでヒト、モノ、カネ等の経営資源に関する生産性指標を部門別に設定して、それらの維持・向上も併せて業績評価の対象とする。

オ．プロセス評価の導入や業績評価の見直しに併せて、評価者研修の見直しを行う。職務特性に応じた目標設定、プロセス管理、業績評価の一連の流れの理解を促進するために、職種別の評価事例を併せて開発する。

解答 p.299

人事評価の活用に関する記述として不適切なものは、次のうちどれか。

ア．A社は、管理職を対象に360度評価を導入し、評価結果を管理職研修の際にフィードバックすることで、マネジメント能力の向上を図る材料として活用することとし、昇給、賞与、昇格等の人事処遇とは切り離して運用する方針である。

イ．B社は、目標管理制度と連動した業績評価を導入しているが、設定目標のレベルにバラツキがあり、評価の妥当性・公平性に課題を残しているため、評価者研修に加えて被評価者研修を実施し、人事評価制度の仕組みの理解と、自身の等級に見合った目標設定の方法について徹底的に訓練することとした。

ウ．C社は、役割等級制度を採用する管理職層に対し、コンピテンシーモデルを基準とした行動評価を導入しているが、評価結果は著しい寛大化傾向を示しているため、部門ごとに正規分布枠に収まるよう調整を図るとともに、評価者研修を見直し評定エラーの防止に重点を置いた内容に改めた。

エ．D社は、業績評価と能力評価で構成される人事評価制度に加え、人材アセスメントを実施しているが、職能資格制度上の昇格判断に当たっては、業績評価結果を７割、アセスメント結果を３割のウエイトでそれぞれ点数換算した上で判定の根拠として活用し、能力評価結果は能力開発課題の抽出に活かしている。

オ．E社は、管理職の任用判断ツールとして人材アセスメントを活用しているが、全社の属性分析の結果、「課題解決」に係る特性が際立って低い値を示したため、これを改善するための研修を実施することとした。

解答 p.300

(1)●職務分析・職務評価の基本と課題

テキスト第1章第4節

以下に示す<事例>を踏まえ、職務分析・職務評価を進めていく上での注意事項に関する発言として不適切なものは、次のうちどれか。

<事例>

従業員数約500名の商社であるＺ社は、管理職層を対象にこれまでの「職能資格制度」を廃止し、全社プロジェクトによる「職務等級制度」を導入することにした。以下は、仕事基準の人事制度導入に伴い、職務分析・職務評価の立案・実行を命じられた人事部の中堅社員Ｋ氏とＭ氏の会話の内容である。

ア．Ｋ氏：今回は外部コンサルタントに指導を仰ぐ形で職務分析・職務評価を実施するが、この作業は１回やれば終わりではないので、将来のメンテナンス作業を社内で完結できるよう人事スタッフがノウハウを習得する必要があるよね。

イ．Ｍ氏：人事スタッフだけではなく、プロジェクトに参加するメンバー全員が、調査の手法にとどまらず、人事制度の中でなぜこのような分析・評価が必要となるのかという背景、理由も含めて理解してもらう必要があるよ。

ウ．Ｋ氏：ところで、今回は管理職層が対象となるので、作業上の負荷や課業遂行の難易度よりも、業績責任の大きさや管理スパンの広さなど管理職に求められる職責に着眼して分析・評価することになるわけだ。

エ．Ｍ氏：問題はその人が実際に遂行できている職務だけを見るのか、それとも現状はできていないが本来やらなければならないことまで考慮して職務記述書を作るのか、ということだね。仮に誰が人事課長であっても職務等級は同じという前提に立てば、あるべき姿で分析・評価を行う必要があるよ。

オ．Ｋ氏：例えば、Ａ営業課長は能力が高く前向きな問題意識が固有の職務を生み出し、職務拡大を実現できる蓋然性が高いのに対し、Ｂ営業課長では経験が浅く職務スパンが限定される。この場合、同じ営業課長でも職務分析結果は大きく異なることになるので、公平性を保つ観点からも現に担っている職務に基づいて分析・評価すべきだと思うよ。

解答●p.302

職務開発に関する記述として不適切なものは、次のうちどれか。

ア．職務拡大とは、担当職務の責任や権限を含めて、仕事そのものを質的に充実させる垂直的な職務開発のことをいう。

イ．CDP（キャリア・ディベロップメント・プログラム）による能力開発の方法は、研修と職務経験との組合せで考えられ、特に職務経験に重点が置かれる。

ウ．職務開発を行う方法としては、「配置転換」、「出向」、「キャリア・パス」、「社内公募制」、「プロジェクト・チーム制」等が挙げられる。

エ．職務開発に当たっては、「安定雇用」、「高年齢者雇用」、「ダイバーシティ・マネジメント」等の環境要件を踏まえて進めていかなければならない。

オ．職務開発に当たっては、従来の職務を基に、これを再編成するものと、新たな職務を創出するものとの双方からのアプローチがある。

解答●p.303

(2)●職務分析・職務評価の方法と手順

テキスト第1章第4節

R2後

職務評価に関する記述として不適切なものは、次のうちどれか。

ア．職務評価の手法の１つである定義分類法では、職務評価に先立って職務等級を設定し、各等級の基準を定義する。簡潔で分かりやすく、調査コストも比較的低く抑えられるが、評価結果に恣意的な判断が入る余地がある。

イ．職務評価には、企業の内部基準により職務価値を判定するという考え方ではなく、当該職務についての労働市場の需給関係から職務価値を判定する方法もある。

ウ．職務評価の手法の１つであるポイントファクター法では、職務の評価項目を設定し、その評価項目ごとに定量的な評価を行い、それらの結果を積み上げて合計点を算出し、各職務の合計点を基に、等級区分を決定する。

エ．職務評価は、職務分析によって得られた情報を基に作成された職務記述書により行われ、組織内の職務や役割の序列化、同程度の価値の職務をグループ化して分類するものである。

オ．職務評価の手法の１つである序列法では、組織内の職務に通じた者により、数名でプロジェクト・チームを組み、一定の評価軸に基づいて職務を相対評価し、順位づけを行うことから、客観評価としての結果に高い納得性を得ることができる。

解答●p.304

Ｉ●人事企画　＞　５●モチベーションとモラール向上・企業文化改革

(1)●人事管理の評価の必要性と従業員満足度調査

テキスト第1章第5節

R2前

モラール・サーベイに関する記述として不適切なものは、次のうちどれか。

ア．モラール・サーベイは、社員意識調査や従業員満足度調査とも呼ばれ、企業や組織の業績を向上させることを目的としたマネジメント・ツールであり、その結果は経営指標の１つといってよい。

イ．調査に当たっては、経営陣のコミットメントに基づき、人事、総務、企画部門等が事務局となり、必要に応じて、社外の調査・コンサルタント機関や労働組合と連携することが望ましい。

ウ．モラール・サーベイを行うことは、従業員を株主や顧客と同様のステークホルダー（利害関係者）と位置づけ、対話を行うことを意味している。

エ．調査の対象は目的によって異なるが、正社員を対象とし、調査の頻度としては毎年行うことが望ましい。

オ．調査結果は、従業員に対して速やかにフィードバックされなければならないが、その場合には、過去の結果との比較、部署間の比較、個人属性による比較、自由回答の分析を踏まえた課題抽出等を行い、施策立案に結びつけていかなければならない。

解答●p.305

以下に示す＜事例＞を踏まえた場合、Ｃ社が実施する従業員満足度調査の実効性を上げる方策として不適切なものは、次のうちどれか。

＜事例＞

Ｃ社は、創業50年、従業員数約500名の化学製品卸売業である。東京都心に本社を置くが、在宅勤務や時差出勤など働き方の多様化に伴い社員相互のコミュニケーション機会が減少し、情報共有や集団凝集性の低下とともに人材育成の停滞やモチベーションへの悪影響が懸念されている。そこでC社としては初めての従業員満足度調査を行い、課題の抽出と対策の立案に取り組むことにした。

ア．社長をリーダーとする実行チームを組成し、回答者属性の設定、設問内容、回答方法など調査票の設計全般にわたり社長の意思を反映させる。
イ．社員に責任ある回答を促し、当該調査が社員による公式な意見表明の機会であることを明確化するため、あえて調査は記名式で行う。
ウ．C社として初の調査であることから、ノウハウ等を学ぶために外部コンサルティング・ファームを起用する。
エ．調査内容は、多様な働き方の浸透、コミュニケーションや人材育成機会の減少による業務への影響等、今回の調査目的に直接関係する設問だけでなく、人事評価や給与・待遇など、C社の人事管理に関する設問も併せて設定する。
オ．設問は５件法による選択式をメインに構成するが、集計や分析が煩雑にはなるものの、潜在的な課題を発掘していくために自由記述欄を複数設ける。

解答 p.305

Ⅱ●雇用管理　＞　1●人員計画の種類・内容

⑴●長期・中期・短期別の人員計画

テキスト第2章第1節

問題 26

R2前

人員計画に関する記述として不適切なものは、次のうちどれか。

ア．目標要員決定方式（総枠方式）とは、人件費、付加価値額、売上高等による労働分配率や売上高人件費比率などから許容可能な人員枠を算定する方式のことである。
イ．積み上げ方式とは、現在人員をベースとし、業務量の変化・退職・異動等を勘案して部門ごとに必要となる人員を積み上げていく方式のことである。
ウ．目標要員決定方式と積み上げ方式との間に、人員計画数の違いが出た場合には、目標要員決定方式の人員を調整することになる。
エ．一般に、長期人員計画は目標要員決定方式をベースとし、短期人員計画は積み上げ方式をベースとする。
オ．人員計画を策定するに当たっては、正社員や非正規労働者に加えて社内の業務委託・派遣社員の状況等も踏まえた調整が必要である。

解答●p.307

問題 27

人員計画に関する記述として適切なものは、次のうちどれか。

ア．環境変化が激しい今日において、採用に関しては中長期的な視点で計画を策定することが難しくなっている。リストラや自然減による人員の減少は、残業やパートタイマーの補充によって景気に応じた調整を行うことが望ましい。
イ．人員計画を策定する際には、まず全体の人材戦略を構築し、次に必要とされる人材像を明確にした上で経営戦略を策定する。その上で短期、中期、長期の順に人員計画を練り上げていくことが有効である。

ウ．パートタイマーやアルバイトに加えて派遣社員や業務委託社員といった非正規労働者が増加した今日においては、全従業員を対象とした人員計画の重要性が高まっている。

エ．労働市場の変化は企業の人員計画に大きな影響を及ぼすが、雇用の流動化に関しては入職率、離職率とも2010年代は下降傾向であった。

オ．今後のさらなる高齢者の増加と若年人口の減少といった社会構造の変化を鑑みると、従来の均質的な労働力だけで日本社会を支えることは困難である。企業において優先すべきことは、海外からの労働力を積極的に受け入れることである。

解答●p.308

(1)●採用の基本と課題

テキスト第2章第2節

募集・採用に関する記述として不適切なものは、次のうちどれか。

ア．人員計画は、会社のあるべき姿の実現に向けて、必要人材の質と量を明確にするべきものである。一方で、採用計画は、労働需給を加味した現実的な設定が望ましいため、会社全体の人員計画と採用計画は必ずしも連動する必要はない。

イ．採用を行うに当たって、人材要件と選考基準を整理する必要がある。会社の理念、方針に加えて、職種や職務で求められる思考特性、行動特性、専門知識、必要資格や実務経験などがある。

ウ．募集に際しては、必要な人材要件を採用条件として明示する一方で、労働条件を明示することが必要となる。その上で採用媒体として、公的や民間の職業紹介機関、大学・高校・専門学校への求人、会社説明会、新聞や雑誌の募集広告、インターネットなどの手段を費用や効果を勘案し、適宜選択する。

エ．試験・面接は、候補者が必要とされる人材要件を満たす人物かどうかを審査・選考するプロセスである。人間は過去にとった行動を繰り返す傾向があるため、過去の行動から今後の可能性を把握できる行動特性面接が有効なプロセスの１つである。

オ．採用にかかわる法規制は大きく３つあり、①採用対象者、②雇用契約、③募集・職業紹介に関する分野である。ダイバーシティ・マネジメントとコンプライアンスの観点から、男女雇用機会均等法、障害者雇用促進法、出入国管理及び難民認定法などへの規制対応は重要な経営課題の１つである。

解答●p.309

(2)●採用の方法・手続の設計

テキスト第2章第2節

R2後

採用に関する記述として不適切なものは、次のうちどれか。

ア．新卒採用を職種別採用とする場合、専攻分野が当該職種と異なる学生でも、学習意欲と熱意を評価できれば採用することがあってもよい。

イ．中途採用では、入社後の人事異動の可能性も勘案し、専門スキルだけではなく、コミュニケーション能力等の社会的スキルや企業文化との適合性も選考基準とすべきである。

ウ．新卒採用では、訓練可能性の観点から、専攻分野と専門知識、熱意・意欲、理解力・判断力、一般常識・教養、行動力・実行力等を評価する。

エ．「人間は過去にとった行動を繰り返す可能性が高いため、過去の行動から今後の可能性を把握できる」という考え方に基づいた面接手法を「行動特性面接」という。

オ．選考基準の策定検討委員会を設置する場合、選考基準原案は採用業務を担う人事スタッフが策定し、各ラインの代表者は確認・検証を通じて関与すべきである。

解答●p.310

正社員の副業・兼業に関する記述として不適切なものは、次のうちどれか。

ア．副業・兼業を認めない企業の理由としては、社員に対する安全配慮義務や社内機密情報の保全などが挙げられる。職業選択の自由とは入職の際に適用される考え方であり、副業や兼業は原則として禁ずることが適当である。

イ．2016年９月に発足した内閣府による「働き方改革実現会議」において、働き方改革９項目の１つに「時間外労働の上限規制のあり方など長時間労働の是正」などと並んで「テレワークや副業・兼業など柔軟な働き方」が掲げられた。

ウ．どれだけの人々が副業・兼業を行っており、どのような仕事がその対象となっているかを把握することは難しい。2017年の就業構造基本調査では、全業種で合計268万人（4.0％）の人が副業を持ち、424万人（6.4％）が副業を希望している。

エ．副業・兼業が企業にもたらすメリットは、①イノベーションの創造、②人材の育成、③労働生産性の向上、④離職率の低減などであり、個人に対しても、①起業に向けた準備、②収入の確保、③自己実現と成長実感などを提供できる、などである。

オ．「パラレルキャリア」（あるいは複線的キャリア）とは、経営学者であるP.F.ドラッカーが提起した概念であり、彼は「知識労働者が働き続けるにはパラレルキャリア（第２の仕事）、すなわちもう１つの世界を持つことが必要である。」と指摘した。

解答●p.311

(3)●各種採用・雇用形態別の留意点、関係法令等

テキスト第2章第2節

R2後

各種の雇用等の形態に関する記述として不適切なものは、次のうちどれか。

ア．パートタイム・有期雇用労働法に規定される「短時間労働者」とは、1週間の所定労働時間が、同一の事業主に雇用される通常の労働者に比べて短い労働者のことをいう。

イ．製造請負会社へ技術指導の名目で社員を出向させ、その請負会社の労働者に対し、当該出向社員から直接指揮命令させることは好ましくない。

ウ．障害者雇用促進法では、企業は一定割合以上の障害者を雇用しなければならないと規定されているが、法定雇用率を達成できない事業主であっても、常用労働者数が200人を超えなければ、障害者雇用納付金を納める必要はない。

エ．外国人社員を雇用するには、ダイバーシティ・マネジメントが必要になる。ダイバーシティが意図することは、外見上の違いや内面的な違いにかかわりなく、全ての人が持てる力をフルに発揮して、組織に貢献できる環境を作ることである。

オ．期間を定めて雇用されるいわゆる契約社員については、契約期間が満了すれば退職となる。ただし労働契約法が改正され、2013年4月から「有期労働契約が反復更新されて通算5年を超えたときは、労働者の申込みにより、期間の定めのない労働契約（無期労働契約）に転換する」ことが、企業に義務づけられた。

解答●p.312

募集・採用に関する記述として不適切なものは、次のうちどれか。

ア．いわゆる学生のインターンシップについて、企業の理解を深め、就業体験の機会を提供することが目的であっても、雇用契約に該当する。

イ．採用面接時に、人生観や尊敬する人物、愛読書などに関しては、就職差別につながる恐れがあるので尋ねるべきではないとされている。

ウ．民間企業における障害者の法定雇用率は2.2％となっており、従業員45.5人以上の事業主は障害者を雇用しなければならないこととなっている。

エ．厚生労働大臣が定めた指針には、新卒採用に当たって、少なくとも卒業後３年間は応募できるよう努力することが明記されている。

オ．男女間の格差を是正する目的で女性を優先的に採用することは認められている。

解答●p.313

(1)●配置と昇進

テキスト第2章第3節

R2後

人事異動に関する記述として不適切なものは、次のうちどれか。

ア．転勤命令を発令するに当たり、複数の候補者があった場合には、なぜ最終的に当人を選んだのか、その理由を明確にしておく必要がある。

イ．転勤命令に従わなくてはならない旨の規定が就業規則に明記されている場合、転勤命令を拒否したときに懲戒解雇を行うことは原則的に認められる。

ウ．看護師や運転手などの限定された職種で採用された社員に職種転換を発令する場合には、本人の同意が必要となる。

エ．養育や介護すべき子・家族を持つ社員を転勤させる必要がある場合、転勤によって特に不利益にならないように配慮する義務が求められる。

オ．深夜業務が多い部署への配置転換に当たって、男性のみに限定することは男女雇用機会均等法の趣旨に反する。

解答●p.314

人事異動に関する記述として不適切なものは、次のうちどれか。

ア．成果主義人事制度の普及、社員の価値観の変容に伴い、会社主導による従来型の配置・異動政策は大きな転換期を迎えているといえる。

イ．社員のキャリアマインドが醸成されていない場合には、キャリア研修の体系を構築し、ライフステージの節目ごとに実施するなど、キャリアの考え方を少しずつ浸透させていく取組みが有効である。

ウ．人事異動における社員の納得性を高めるためには、たとえ会社主導による一方的な異動命令であっても、そのねらい、期待役割、必要性等について、十分に説明する必要がある。

エ．社員の希望を尊重することは重要であるが、十分なキャリアマインドを有していない社員に対しては､会社主導によりキャリアデザインを例示し、長期的視点に立った配置政策を展開することが、結果として社員の成長につながるものと考えられる。

オ．ポスティング政策とは、社内における人材公募制度のことであり、定期型、不定期型に加え、自己申告制度に分類されるが、社員の自己実現を促進し、人的資源の最適活用を図るという労使双方のニーズから、現在では定期型のポスティング政策が主流となっている。

解答●p.314

(2)●運用にあたっての留意点

テキスト第2章第3節

問題35

R1前

人材登用に関する記述として不適切なものは、次のうちどれか。

ア．ポスティングとは、欠員、増員、交代等が必要な場合に広く社内に公募を行い、本人の意思と実績とを確認し、戦略に基づいた異動の重要なデータとする仕組みのことをいう。

イ．配置・昇進における指名型とは、上司の推薦に基づいて行う会社主導型の施策のことである。

ウ．配置・昇進は、全社員を対象とする社内公募を主に、指名型の人事異動を必要に応じて組み込むことが本来は望ましいといえる。

エ．求人部門のトップが、主体的に人事部門に働きかけて社内公募を行う場合であっても、配置に関する面接は、人事部門のトップが行うべきである。

オ．男女雇用機会均等法の改正により、女性に対する優遇は原則として禁止されたが、均等な機会と待遇とを確保するに当たって、支障となる事情を改善する目的として行う措置（ポジティブ・アクション）は、特例として認められている。

解答●p.316

問題36

R2前

人事異動に関する記述として不適切なものは、次のうちどれか。

ア．社員（職種限定、勤務地限定等の制限のある労働契約を締結している者を除く）の配置転換について就業規則に定めがある場合には、原則としてやむを得ない事由がない限り拒否することはできず、転勤を拒否した場合は業務命令違反となる。

イ．企業内の配置転換とは、職種や職務内容、勤務地等が変更になる人事異動のことである。

ウ．出向とは、出向元企業との間の労働契約上の地位を保持したまま、命令により出向先企業との間にも労働契約を成立させ、出向先での労務を提供することをいう。

エ．労働契約法では、出向の命令が、その必要性、対象労働者の選定に係る事情その他の事情に照らして、その権利を濫用したものと認められる場合には、当該命令は無効とする、と定めている。

オ．休職とは、私傷病や出向といった一定の事由がある場合、会社には在籍するものの一定期間の就労義務や賃金請求権等の行使が保留される関係のことをいい、就業規則の絶対的必要記載事項である。

解答●p.316

問題 37

就業規則に転勤命令に従う旨が定められており、広域に展開する支店・営業所を有し、多くの総合職社員に、実態として転居を伴う転勤を課している企業において、転勤命令を発する場合の記述として不適切なものは、次のうちどれか。

ア．業務上の必要性が高い定期異動において、同居する老親の介護のため、やむなく転勤を拒否した男性総合職社員に代わり、同種の業務を担当する他の女性総合職社員に転勤命令を発した。

イ．この企業では、将来有望と目される総合職社員に対して、計画的に転勤命令を発しているが、これは従来から慣行により課長に昇進する条件として、転勤経験を一律に求めているからである。

ウ．明確な理由なしに転勤命令を拒否した男性社員に対し、１カ月以上にわたり新職場での就労を受諾するように説得を続け、共働きの妻の転勤先での就職を斡旋（あっせん）する等を行った結果、最終的には本人が受諾した。

エ．既婚で、大学生の子を持つ女性労働者に、定期異動により転勤を命じたところ、通勤時間が転勤前の30分から１時間に延びることになったが、これは労働者が通常甘受すべき程度の不利益であり、女性労働者に対する差別的取扱いには当たらないと判断した。

オ．労働力の適正配置、当該労働者の能力開発、業務運営の円滑化等の人事の活性化を企図した定期異動については、当該労働者が被る不利益との比較衡量によって判断されることから、その妥当性を確認した上で、転勤対象者を選定している。

解答●p.317

(3)●実施にあたっての留意点

テキスト第2章第4節

問題 38

R3前

出向・転籍に関する記述として不適切なものは、次のうちどれか。

ア．出向者と団体交渉を行う使用者は、出向と同時に出向先の使用者に変わるため、労働条件の変更と併せて出向者へ事前に周知する必要がある。

イ．出向の目的は、関連会社等への経営･技術指導、従業員のキャリア形成、雇用調整、高齢者の処遇など、多様である。

ウ．従業員を関連会社の取締役として出向させる場合には、出向元との労働契約と、出向先との会社法に則った委任契約が併存して成立することになるため、出向者の同意を得る必要がある。

エ．労働者派遣は、派遣元のみと労働契約が成立するのに対し、出向は、出向元及び出向先双方との労働契約が成立する点で区別される。

オ．転籍は、現行の転籍元との労働契約を解約し、転籍先と新規の労働契約を締結する契約であり、解約と締結の双方について転籍者の同意が必要となる。

解答●p.319

問題 39

R2前

出向・転籍に関連する記述として不適切なものは、次のうちどれか。

ア．日本企業の人事異動は社員区分制度と密接に対応している。パートタイマー等の非正社員は主に異動が職場内に限定され、異動が事業所内である一般職、特定エリア内の勤務地限定社員、さらに国内各地・海外・関係会社へ異動する総合職まで、一連の対応関係があることが特徴である。

イ．社員の高学歴化、高齢化、ホワイトカラー化が進展する中で、会社と社員の間の「異動範囲は企業内」という暗黙の契約は崩れつつある。資本関係の有無にかかわらず、社外に異動することは珍しくなくなっている。

ウ．社外で勤務する場合は出向あるいは転籍という異動形態を伴うが、社内を内部労働市場と考えるならば、異動範囲は内部労働市場から準内部労働市場へと拡大したことを意味する。

エ．社員を出向あるいは転籍させる場合には、会社の包括的な人事権を認めた就業規則上の規定が必要であり、人事権の行使が権利の濫用に当たらない場合において、企業は自由に社員を出向・転籍させることができる。

オ．IT業界などでは、出向・転籍という異動形態を伴わずに得意先で働く常駐勤務（客先常駐）がある。契約形態には請負と派遣があり、業務請負にもかかわらず発注側が仕事の内容や進め方について直接指示を行っている場合は違法行為となる。

解答● p.320

(1)●表彰・懲戒の基本と課題

テキスト第2章第5節

問題40

R2前

表彰制度に関する記述として不適切なものは、次のうちどれか。

ア．表彰制度は、会社が社員の貢献に公式に感謝の念を表明する制度であり、社員のモチベーション・帰属意識・リテンションの向上などの効果が期待できる。

イ．表彰対象を決定するに当たっては、企業理念やミッションに照らして何が会社にとって社員の価値ある行動・業績であるかという観点が肝要である。

ウ．社員グループも表彰対象者とすることができるが、この場合、代表者を明らかにし、当該代表者は形式的な上位職位者に限定せず、実質的な最大貢献者とすることが重要である。

エ．野心的な取組みをしたものの結果として失敗した社員に「チャレンジャー賞」を付与することは、挑戦を奨励する社内風土を醸成する目的であっても、本来の表彰制度の趣旨からは逸脱する。

オ．表彰を処遇に直接結びつけないほうが望ましく、処遇に結びつける場合であっても対象者を公平かつ客観的基準に基づき選考することが大事である。

解答●p.321

(2)●制度設計にあたっての留意点

テキスト第2章第5節

懲戒処分に関する記述として不適切なものは、次のうちどれか。

ア．自己都合退職後、懲戒処分に該当する非違行為が発覚した場合、在職時に遡って懲戒処分を行うことは、就業規則にその旨を規定すれば可能である。

イ．就業規則において「出勤停止期間中は、就業規則の定めに基づき賃金は支払われない」とした場合、出勤停止期間が必要以上に長いと、民法に定める公序良俗違反や労働契約法に定める懲戒権濫用に抵触する恐れがある。

ウ．減給処分は、労働基準法第91条で制限されており、１回の額では平均賃金１日分の半額を、総額では１賃金支払期における賃金の総額の10分の１を超えてはならない。

エ．「降格処分」は、懲戒処分による制裁としての降格であることから、社員格付け制度における昇格・降格基準に該当したことに伴う人事考課としての降格とは、性質が異なる。

オ．「諭旨(ゆし)退職処分」とは、退職届を提出しない場合には、懲戒解雇に切り替えるという含みを持つ非常に重い制裁処分である。

解答●p.323

(3)●運用にあたっての留意点

テキスト第2章第5節

懲戒制度の運用に関する記述として不適切なものは、次のうちどれか。

ア．懲戒処分により５日間の出勤停止処分を受けた社員に対し、所定労働日数が20日であることから、就業規則の定めに基づき25％を減額して賃金を支払った。

イ．大手自動車販売会社の店長である社員が、休日に自家用車を運転中、飲酒運転を行い死傷事故を起こした。会社はこの社員に弁明の機会を与え、解雇事由を明確に告知した上で、就業規則の規定に基づき懲戒解雇処分とした。

ウ．平均賃金の１日分が１万円、当該月の賃金総額が35万円の社員に減給の制裁を行う場合、１回の懲戒事案に対する減給の限度は５千円、複数の事案が重なる場合の当該月の減給限度額は３万５千円となる。

エ．２カ月前に無断欠勤を繰り返した社員に対し、懲戒処分（減給）を施していたが、今月に入って同じ社員が再び無断欠勤を繰り返した。前回の懲戒歴も考慮し、処分内容を加重する形で出勤停止５日間の懲戒処分に付すことも検討したが、過去の減給処分を二重に懲戒することとなるため、減給にとどめた。

オ．非違行為を理由に、人事考課が著しく低下した社員の賞与が、算定基準に基づくと前年同期比30％の減額となる場合であっても、当該措置は労働基準法の減給の制裁の制限に抵触しない。

解答●p.324

懲戒制度の運用に関する記述として適切なものは、次のうちどれか。

ア．懲戒として出勤停止処分を行った後において、再調査によりその行為が当初の想定よりも悪質であったことが判明した場合、より重い降格処分をすることができる。

イ．業務上横領を理由に懲戒解雇を行った後において、経歴詐称の事実も判明した場合、経歴詐称についても懲戒解雇が有効であるとする根拠に加えることができる。

ウ．就業規則に「懲戒に当たり懲戒委員会を設置する」旨の規定がない場合、本人に弁明の機会を与えないで懲戒処分を行うことができる。

エ．懲戒に該当する行為から長期間経過した場合であっても、懲戒権は消滅時効にかかることはないため、相応の懲戒処分を行うことができる。

オ．重大な非違行為があった場合、退職勧告を行い、「退職届を提出したときは自己都合退職とするが、退職届を提出しないときは懲戒解雇を行う」とすることは許される。

解答●p.325

(1)●退職・解雇の基本と課題

テキスト第2章第6節

有期労働契約に関する記述として不適切なものは、次のうちどれか。

ア．一定の高度な専門的知識等を有しこれを必要とする業務に就く者、及び満60歳以上の者については、上限５年の労働契約を締結することができる。
イ．１年を超える期間の労働契約を締結している労働者に対し、契約期間満了後、更新しないこととするときには、少なくとも契約期間の満了する日の30日前までに、その予告をしなければならない。
ウ．有期労働契約者を契約期間の途中で解雇する場合には、当該解雇後から当該契約期間満了までの賃金支払いが使用者に義務づけられている。
エ．使用者は、契約更新条項のある有期労働契約を締結する場合には、更新しないときの判断基準をあらかじめ明示しておかなければならない。
オ．有期労働契約者が契約更新を期待することに合理的理由がある場合において、当該契約者が契約満了前又は満了日以後遅滞なくその更新の申込みをしたときは、使用者は、更新拒否につき客観的に合理的で社会通念上相当な理由がある場合を除き、その申込みを承諾したものとみなす。

解答●p.326

労働契約の終了に関する記述として不適切なものは、次のうちどれか。

ア．労働者が私傷病による休職を命じられ、その休職期間が満了した場合には、労働契約は原則として終了するが、休職期間満了時に当該労働者本来の業務に就く程度には回復していなくても、程なくそのような状態に回復すると見込まれるときには、使用者は可能な限り軽減業務に就かせる義務がある。
イ．労働契約は、労働者が死亡した場合、終了する。
ウ．労働契約は、定年年齢の到来によって原則として終了するが、定年年齢を定める場合には60歳を下回ってはならない。
エ．労働者が失踪した場合、利害関係人の請求により家庭裁判所が失踪宣告を行い法定期間が満了したときは、労働契約は終了する。
オ．労働者が有期労働契約の満了日までに更新の申込みを行い、その労働契約が更新されるものと期待することについて合理的理由がある場合であっても、使用者はその申込みを拒絶することができる。

解答 p.326

問題 46

H30後

有期労働契約の更新・解雇に関する記述として不適切なものは、次のうちどれか。

ア．有期労働契約（当該契約を３回以上更新し、又は雇入れの日から起算して１年を超えて継続勤務した者に係るものに限り、あらかじめ更新しないことを明示されているものを除く。）が更新されなかった場合において、労働者が更新しなかった理由について証明書を請求したときは、使用者は遅滞なくこれを交付しなければならない。
イ．「解雇権濫用法理」は、各裁判における個別事案の解雇相当性を判断する過程で適用されるものであり、法律の条文として明文化されていない。
ウ．労働者を解雇しようとする場合、少なくとも30日前に予告するか、解雇予告手当を支払わなければならないが、解雇予告手当として、１日当たりの平均賃金を支払えば、その支払った日数分だけ、予告日数を短縮できる。
エ．試用期間中の者が、14日を超えて引き続き使用されるに至った場合は、解雇予告義務の規定が適用される。
オ．使用者は、有期労働契約について、やむを得ない事由がある場合でなければ、その契約期間が満了するまでの間において、労働者を解雇することができない。

解答 p.327

(2)●退職・解雇制度の設計

テキスト第2章第6節

解雇予告に関する記述として誤っているものは、次のうちどれか。

ア．労働基準法第20条によれば、労働者を解雇しようとする場合、少なくとも30日前に予告するか、解雇予告手当を支払わなければならない。

イ．解雇予告手当を支払った日数だけ、解雇予告日数を短縮することができる。したがって、30日分の解雇予告手当を支払えば、予告なしに即時解雇ができる。

ウ．「天災等のやむを得ない事情によって事業継続が困難になった場合」や「懲戒解雇」においては、労働基準監督署長の認定がなくても、解雇予告手当を支給せずに、即時解雇ができる。

エ．日々雇い入れられる者が、1カ月を超えて引き続き使用されるに至った場合には、解雇予告の適用除外とならない。

オ．入社10日目の試用期間中の者は、解雇予告の適用除外となるが、14日を超えて引き続き使用されるに至った場合には、適用除外とならない。

解答●p.329

(1)●雇用調整の基本と課題

テキスト第2章第7節

雇用調整における法的な問題に関する記述として不適切なものは、次のうちどれか。

ア．労働協約の締結により賃金額を引き下げる場合、事業所内に組合員と同じ業務に従事する非組合員である労働者の数が４分の１未満であるときには、当該非組合員には例外なく当該労働協約が拡張適用されるため、非組合員の不利益性は考慮しなくてもよい。

イ．整理解雇を行う場合、①整理解雇の必要性があるか、②解雇回避努力義務を尽くしたか、③解雇対象者の選定が合理的か、④手続きが妥当であるかが問題とされる。

ウ．希望退職を募集する場合において退職勧奨を行うときは、説得のための手段・方法が社会通念上相当と認められる範囲内であれば適法である。

エ．就業規則の変更により賃金額を引き下げる場合、労働者の受ける不利益の程度、賃金額を引き下げる必要性・相当性、労働組合等との交渉状況、その他の事情に照らして合理的であることが求められる。

オ．操業短縮を行う場合、操業短縮日に支払われる賃金は、平均賃金の60％以上でなければならない。

解答●p.330

(2)●雇用調整の方法

テキスト第２章第７節

R2前

整理解雇に関する記述として不適切なものは、次のうちどれか。

ア．整理解雇を行う場合には、事業主はあらかじめ整理解雇計画を所轄労働基準監督署長に届け出なければならない。

イ．整理解雇は、企業の合理的な運営上やむを得ない措置と認められることが必要であるが、必ずしも倒産等の経営危機が具体的に急迫していることまでは必要としない。

ウ．整理解雇は、解雇回避のための人員削減対策として、新規採用の抑制、配置転換・出向、希望退職の募集等の整理解雇を回避する努力を尽くした後でなければ、実施することはできない。

エ．整理解雇といえども、対象者を会社の都合で指名することはできず、合理的な解雇基準が必要である。

オ．整理解雇を実施するためには、その必要性、再建計画等を労働組合や対象労働者に十分に説明し、協議を行わなければならない。

解答●p.331

雇用調整に関する記述として不適切なものは、次のうちどれか。

ア．採用抑制は、新規採用を抑制し、欠員の補充も行わないで、退職による総人員の自然減を期待する政策で、既存従業員の雇用に直接影響はなく、従業員の理解を得られやすい。

イ．労働者派遣契約の派遣先による中途解約は、雇用調整策の１つであるが、派遣先は派遣元に損害賠償をする義務が発生する。

ウ．経営上の理由により解雇等の対象者を選定する際に、通常の労働者と同視すべき有期雇用労働者を労働契約に期間の定めがあることのみを理由として解雇等をすることは、差別的取扱いとして法律上禁止される。

エ．希望退職は、任意退職の１つである合意退職の一形態で、年齢や勤続等の一定応募条件の下に、退職優遇条件を提示して、期間を定めて自発的退職者を募集する雇用調整策である。

オ．整理解雇を実施するに当たっては、整理解雇の必要性、解雇回避努力措置、対象者選定の合理性及び再建計画の提示の４要件（４要素）が具備されているかを検証しながら進めるべきである。

解答●p.331

(3)●雇用調整計画の策定

テキスト第2章第7節

問題 51

R2前

雇用調整に関する法規制等の記述として不適切なものは、次のうちどれか。

ア．企業の業績が急速に悪化し、新規学卒者の内定を取り消そうとする場合、事業主は当該新規学卒者の学校長及び所轄公共職業安定所長に事前に届け出なければならない。

イ．経営上の理由により解雇を行う場合、正社員と職務内容・責任及びそれらの変更の範囲がその雇用期間中は同一である有期雇用労働者を、雇用期間の定めがあることを理由として正社員より先に雇用期間中に解雇したとしても、法違反とはならない。

ウ．経営の失敗により従業員の一時帰休を実施する場合、事業主は平均賃金の60％以上を休業手当として支払う義務がある。

エ．黒字経営の中で経営合理化や競争力強化の目的で整理解雇と新規採用とを同時並行して行ういわゆる「攻めのリストラ」は、整理解雇の必要性につき問題があるとされることが多い。

オ．事業主が景気の変動により事業所の生産活動の縮小を余儀なくされ、従業員を他の事業主に在籍出向させてその賃金の一部を負担した場合、当該事業主は雇用保険制度から雇用調整助成金を支給されることがある。

解答●p.333

(2) ●働きやすい職場環境の整備

テキスト第2章第8節

問題 52

ワーク・ライフ・バランス（仕事と生活の調和）については、政労使がワーク・ライフ・バランス憲章及び行動指針を平成19年12月18日に制定し公表されている。企業の人事管理の取組みに関する記述として上記憲章や行動指針には含まれていないものは、次のうちどれか。

ア．就職困難者等を一定期間試行雇用するトライアル雇用などを活用しつつ、人物本位による正当な評価に基づく採用を行うこと。
イ．男性の子育てへのかかわりを支援・促進するため、男性の育児休業等の取得促進に向けた環境整備を行うこと。
ウ．子育て中の親、家族を介護中の者などが、雇用を中断することなく多様で柔軟な働き方ができるよう環境整備を行うこと。
エ．社員のプライバシーを尊重して仕事に関係しない私生活に属する事項には立ち入らないよう配慮するほか、個人情報の適正な取扱いを行うこと。
オ．社員の生活時間を確保するため、労働時間･休暇を適正に管理すること。

解答●p.334

問題 53

高年齢者の雇用管理と法律に関する記述として不適切なものは、次のうちどれか。

ア．高年齢者は労働災害に被災する割合が高いため、法律でも「事業者は労働災害防止上特に配慮を必要とする者として心身の条件に応じて適正な配置に努めなければならない」旨を規定している。
イ．法律は、「65歳未満の定年の定めをしている事業主は、当該定年に到達した労働者が再雇用を希望した場合は、原則として、希望者全員を65歳まで再雇用しなければならない」旨を規定している。

ウ．68歳である老齢厚生年金及び老齢基礎年金の受給者が厚生年金の適用事業に雇用された場合、賃金と年金額の合計額が一定額を超えたときには、法律により受給中の老齢厚生年金額を減額調整するが、受給中の老齢基礎年金を減額調整するとの法律の規定は設けられていない。

エ．事業主が68歳の者を週所定労働時間が40時間である業務に従事する労働者として雇用した場合、当該労働者は法律の規定により雇用保険の高年齢被保険者となる。

オ．法律は、「65歳以上70歳未満の定年の定めをしている事業主は、当該定年に到達した労働者を70歳まで、当該定年の延長、当該定年の廃止、65歳以上継続雇用制度又は創業支援等措置のいずれかにより、雇用・就業を確保しなければならない」旨を規定している。

解答●p.334

(1)●賃金管理および総額人件費管理の意義

テキスト第３章第１節

総額人件費管理に関する記述として適切なものは、次のうちどれか。

ア. 総額人件費管理とは、給与・賞与に加え、社会保険料事業主負担、退職給付費用等の総労働費用が、企業活動を通して獲得した付加価値に対して、どの程度の比率を占めているのかを検証するために、事後的に集計して確認するプロセス全般のことをいう。

イ. 労働分配率は、自社の総労働費用の水準を判断する上で重要な指標となるが、減価償却費を含む粗付加価値に対する総労働費用の割合で算出した場合には、非製造業よりも製造業において、また、小規模企業よりも大規模企業において、比率が小さくなるという特性がある。

ウ. 社会保険料事業主負担等の法定福利費用は、企業にこれを統制する余地はなく、政府の政策によって負担額が決定されるが、退職給付費用は、割引率や長期期待運用収益率を企業独自の判断でコントロールできることから、短期的周期で費用を統制できる。

エ. 退職正社員の代替として派遣社員を活用する方法は、１人当たりの人件費を下げるにとどまらず、従来人件費として計上されていた費用が削減されることから、総額人件費削減の重要なポイントとなる。

オ. 職務・役割基準の社員格付け制度や、業績連動型賞与等の成果主義人事制度の導入は、これら制度の健全な運用を前提にすれば、企業業績に連動した人件費のビルトイン・スタビライザー機能が期待できることから、総額人件費管理を行う上での有効な手法となる。

解答●p.336

R3前

労働分配率に関する記述として不適切なものは、次のうちどれか。

ア．総額人件費管理においては、適正労働分配率は許容される範囲を定めた上で、経済変動や企業業績に応じて、運用上の弾力性を持たせるべきである。

イ．労働分配率と経済成長の相関については、低労働分配率は資本蓄積率を大きくし、成長率を高めるという原因論と、投資率の先行に応じて高成長率が生じ、その結果として資本所得の高分配及び労働分配率の相対的低下が生じるという結果論とがある。

ウ．総額人件費管理に労働分配率を用いる意義は、付加価値や利益に見合った人件費管理を実現しているか否かの検証にあることから、業界標準や個別企業との比較分析を行うのではなく、自社の時系列的変化に着眼した課題抽出と対策立案に活用すべきである。

エ．製造業や建設業など「製造原価」や「工事原価」を算出する企業では、労働分配率の算定に当たり、「販売費及び一般管理費」の人件費と原価に含まれる労務費を合算して人件費を求める必要がある。

オ．付加価値の算定方法には、売上高から原材料費・動力費や仕入原価等を控除する「控除方式」と人件費や金融費用、租税公課等を積み上げる「加算方式」とがあり、それぞれ減価償却費を含めた粗付加価値とそれを除いた純付加価値に大別される。

解答●p.337

(1)●賃金制度の基本

テキスト第3章第2節

職能給に用いられる各種賃金表の特徴に関する記述として不適切なものは、次のうちどれか。

ア．段階号俸表は、ベースアップなど賃金水準を改定する場合、賃金表の書換えで個人の職能給も改定できる。
イ．重複型の職能給体系において上位等級に昇格した場合、常に新しい等級の最低額から再スタートする。
ウ．洗い替え表は、定期昇給を排し、年功的な賃金の是正に活用できる。
エ．範囲昇給額表は、昇給原資に応じた昇給額の調整がしやすい。
オ．洗い替え表は、評価を適正に行わないと、中心化や寛大化が起きやすい。

解答●p.338

職能給制度（範囲職能給）の設計･運用に関する記述として不適切なものは、次のうちどれか。

ア．範囲職能給の考え方を厳格に適用すれば、制度導入時に職能給が該当する等級の上限額を超えている者は､上限額まで引き下げるのが原則である。
イ．制度導入時に該当する等級の下限額に達していない者は、下限額まで引き上げるのが原則である。
ウ．範囲職能給において、能力主義的な考え方を強く打ち出すのであれば、「開差型」あるいは「接続型」が望ましい。
エ．「重複型」は、重複レンジの設定を誤ると、等級応分の賃金が実現できないばかりか年功的な賃金になりやすいため、重複幅はできるだけ少なくする必要がある。

オ．該当する等級の上限額に達している者に対しては、以降は考課による昇給を通常の昇給額の２分の１にするなどの昇給抑制を行うのが原則である。

解答●p.338

(2)●賃金制度の設計方法と留意点

テキスト第3章第2節

職務給制度の設計・運用に関する記述として不適切なものは、次のうちどれか。

ア．単一職務給を通常の正社員に用いる場合には、一般に基本給を単一給のみとするのではなく、職能給等と組み合わせ、洗い替え方式で用いるとよい。

イ．範囲職務給においては、同一等級内でさらに職務給ゾーンを区切る場合があり、現在どのゾーンにいるかによって同一等級・同一評価でも昇給率が異なる。

ウ．等級ごとに標準額（ミッドポイント）やポリシーラインを設けて、それらの上下で昇給率を違える場合には、同一等級・同一評価であっても、上位ゾーンにある者の昇給率が高くなるようにする。

エ．範囲職務給を導入した段階において、上限額を超える者については、超えた額は、職務給と区分して調整給とし、一定の期間で逓減(ていげん)・償却するようにする。

オ．本人の能力以上の職務・役割に就いている場合でも、その職務・役割に該当する等級の範囲職務給を適用するようにする。

解答●p.340

賃金制度に関する記述として不適切なものは、次のうちどれか。

ア．職務、職能、役割など様々な基準によって社員等級を決定するが、いずれの等級制度を選択しても等級間の賃金の重なりをどの程度とするかは重要な問題である。年功制を是正するためには、上下の等級間で賃金の重なりがない開差型が望ましい。

イ．仕事に対する知識やスキルは仕事の経験によって向上するため、ある程度の年功制は経済合理性に則った妥当なものである。

ウ．月例給における手当の割合が高いことは日本の賃金の特色であるが、手当は役付手当、営業手当、技能手当など職務や評価に関連した手当と、家族手当、住宅手当など生活給的な手当に大別できる。

エ．管理職層には直近の業績に応じた昇降給を行う洗い替え制度を導入し、能力発達段階である若年層には勤続給を導入するなど、キャリアステージに応じて賃金制度を変えることは合理的である。

オ．1990年代以降に成果主義人事制度が進んだが、賃金に占める年功割合の減少は長期的なトレンドとしてそれ以前から見られた。

解答●p.341

(3)●人事制度と賃金

テキスト第3章第2節

問題60

R2後

以下に示す＜事例＞を踏まえた場合、検討内容に関する記述として不適切なものは、次のうちどれか。

＜事例＞

製造メーカーE社の製品を保守管理する子会社であるF社は、これまでE社と共通の人事制度・賃金制度を採用してきた。なお、賃金体系は年齢給と職務給を採用してきた。設立後10年を経て、E社からの出向社員の割合が3割以下に減少したことや、F社が直接採用した社員が管理職に昇格することもあり、自社独自の賃金制度を導入し、体質強化を進めることとなった。保守業務を主体とするF社では、職務の種類が少なく、定型業務が多い事業であるため、本人の意欲や能力を賃金に反映させる割合を増やし、業務遂行に対するモチベーションを高めるという意図も含まれている。

ア．保守業務の遂行レベルに応じて、社内で設定した認定資格を職能要件とリンクさせた職能給を導入する。

イ．月例賃金において資格報奨手当を導入する。この前提として、保守業務を維持するために必要な認定資格制度と社員の能力開発目標とを連動させる。

ウ．賞与において、目標管理による評価やF社の部門業績・会社業績が個々の業績賞与に反映するように運用する。

エ．自社の職務分析を行い、既存の出向社員とF社社員の職務の差異がないことを確認した上で、職務給のウエイトを現行よりも上げる。

オ．管理職においては、年俸制を採用し、基本年俸と業績年俸に分けて運用する。業績年俸部分では、部下の意欲や能力の向上に関する評価基準を定め、その達成度を基にした算定項目を加える。

解答●p.342

R1後

以下に示す＜事例＞を踏まえた場合、［新たな課題］に対する解釈やその対応に関する記述として不適切なものは、次のうちどれか。

＜事例＞

中堅商社のA社では、管理職層を期待する役割と成果の大きさによって処遇するため、人事制度を職能資格制度から役割等級制度に変更するとともに、賃金制度も従来の昇給累積型職能給から役割給（範囲給）に変更し、賞与の個人業績連動部分も拡大した。そして、行動評価は役割給へ、業績評価は賞与へ、それぞれ反映することにより、合目的な処遇の実現を図った。制度改定後５年が経過し、資格・職務・賃金のバランスが図られる等、所期の目的が一定程度達成できた一方で、以下に示す［新たな課題］も浮上してきた。

［新たな課題］

①個人の目標達成度に応じて、賞与の上下動が大きくなるため、人事評価の中心化傾向が進み、結果として、成果の大きさに見合う処遇が実現できていない。

②ベテラン社員の中には、役割等級が低位に格付けされ、賃金減額を緩和するための調整給の支給も終了したため、意欲低下が目立つ者も現れている。

③役割給が等級内上限に到達した優秀社員の中には、上位等級へのプロモーション（昇格）を果たせないことから、高い評価を得ているにもかかわらず、役割給の昇給がなされていない者がいる。

ア．人事評価結果の分析を試みるまでもなく、A社の中心化傾向は、評価者の評価姿勢によるところが大きいので、評価行動の変容を促す前に、賞与への業績評価反映度合いを低くし、成績間格差を縮小することにより、メリハリのある評価行動へ誘導する。

イ．賃金減額に伴う意欲の低下を放置することなく、新たな役割を提示し、本人の挑戦意欲を喚起する等、管理職としての自律心を刺激し、動機づけにつなげることが重要である。

ウ．賃金制度の改定に伴い、意図を持って是正を施した階層では、賃金減額、昇給停止等が生じるケースも多いが、こうした一部の社員の不満解消を主目的とした賃金制度の再見直しは行うべきでない。

エ．範囲給制度を導入した理由は、等級ごとの賃金管理を徹底するためであり、当該等級で高評価を続けたとしても、上限に到達すれば、制度上は当然ながら昇給は停止する。ただし、同一等級内における賃金の優位性は確保されており、問題はないと判断する。

オ．こうした顕在化した課題を取り上げて検討することも必要だが、賃金制度管理の目的の１つは「従業員の労働意欲の高揚と有効活用」にあるので、企業としては、全管理職に対するサーベイを行い、潜在的な問題点を発見することも重要である。

解答●p.342

(4)●就業形態の多様化と賃金

テキスト第3章第2節

R3前

同一労働同一賃金の考え方に関する記述として不適切なものは、次のうちどれか。

ア．多様な就業形態による様々な働き方が広がっている。企業は一人ひとり異なる従業員のニーズを可能な限り反映できるような多様な処遇システムを用意し、正規雇用・非正規雇用を問わず、意欲と能力のある従業員を適切に処遇しなくてはならない。このことはダイバーシティ・マネジメントの推進に不可欠である。

イ．2018年の「同一労働同一賃金ガイドライン」では、不合理な待遇差の禁止・差別的取扱いの禁止に関する考え方と具体例が示された。待遇の範囲は、基本賃金、諸手当、賞与、退職金といった賃金全般に限定され、福利厚生や教育訓練は今後の検討課題とされている。

ウ．定年後再雇用者の賃金設定において、担当する職務が定年前と変わらない場合は、様々な事情を総合的に考慮して慎重に行う必要がある。例えば定年退職後に同じ職務内容でパートタイマーや有期労働契約に変更し、賃金決定方法も変更することは違法と判断されることもありうる。

エ．多くの職場において活躍しているパートタイマーの賃金についても、今後は通常の労働者との均衡を考慮しながら、職務の内容、成果、意欲、能力、経験などを勘案して、適切に賃金決定を行うように努めなくてはならない。

オ．派遣労働者と派遣先の通常の労働者の間にも同一労働同一賃金の原則が適用される。そのためには派遣先の賃金制度と通常の労働者の情報が必要となり、派遣先は労働者雇用契約を締結する際に当該情報を提供する義務を負い、なされない場合には労働者派遣契約を締結することができない。

解答●p.344

問題 63

R3前

多様化する就業形態に対応するための賃金決定方式の在り方に関する記述として不適切なものは、次のうちどれか。

ア. 高度専門能力を有する労働者を期間限定で活用する場合、十分な外部競争力を有する賃金水準を実現するために、年俸制や完全月給制など正社員に近い賃金体系を適用することが有効である。

イ. いわゆる短時間正社員の賃金決定に当たっては、フルタイム正社員の賃金決定基準に則って算出した所定額に、所定労働時間比率を乗じる方法が合理的である。

ウ. 定年後再雇用者の賃金決定に当たっては、再雇用後の職務が定年前と同一であるか否かにかかわらず、定年前賃金の一定比率で決定するなど、賃金決定基準の分かりやすさを優先すべきである。

エ. パートタイマーの賃金は、採用時は仕事給で決定し、入社後は能力給の運用を行うケースが多いが、付与する役割の拡大に伴って賃金決定基準も多様化している。

オ. 在職老齢年金を労働者が受給することを前提に、高年齢労働者の賃金決定を行っている場合は、厚生年金報酬比例部分の支給開始年齢の引上げに対応して、基準の見直しを余儀なくされることとなる。

解答 p.345

Ⅲ●賃金管理　＞　2●賃金制度の設計と運用

(5)●運用およびフォローにあたっての留意点

テキスト第３章第２節

R1前

以下に示す＜事例＞を踏まえ、原因に対する改善策として不適切なものは、次のうちどれか。

＜事例＞

中堅メーカーのＦ社では、社員の高年齢化と若手社員の活用を視野に入れ、将来に備えた賃金体系の見直しを検討している。現在、同社の賃金体系では、基本給は概ね年齢給、職能給で構成され、月例給与のウエイトは、それぞれ年齢給４割、職能給３割、諸手当３割になるように設計されている。今回の検討に当たっては、Ｆ社の経営陣から中高年社員の賃金に割高感があるとの指摘があり、その原因と改善策を検討した。

ア．（原　因）月例給与における年齢給ピッチが大きすぎる。
　　（改善策）職能給を据え置き、年齢給ピッチを逓減（ていげん）する。

イ．（原　因）基本給のカーブが生計費カーブを越えている。
　　（改善策）職能給カーブを生計費カーブ以下になるように修正する。

ウ．（原　因）職能給における報酬レンジの幅が上位者ほど高めになっている。
　　（改善策）職能資格ごとの職能給のレンジ幅を上位等級者になるほど逓減するようにし、同一報酬レンジ内でも上位レンジの昇給カーブを寝かせる。

エ．（原　因）昇給基準が曖昧である。
　　（改善策）昇給基準を明確にして、適正に運用する。

オ．（原　因）月例給与に占める、諸手当の額が高すぎる。
　　（改善策）諸手当の内容を精査し、統合可能なものを職能給に統合し、成果と賃金が一致するように変える。

解答●p.347

(1)●各種企業年金の種類

テキスト第3章第3節

問題65

R2前

確定拠出年金に関する記述として不適切なものは、次のうちどれか。

ア．確定拠出年金には、企業型年金と個人型年金とがあり、退職時等に企業型から個人型へ又は個人型から企業型へ資産を移換することは可能である。

イ．企業型年金における事業主掛金の拠出限度額は、自社に、確定給付企業年金等の他の企業年金があるか否かによって異なる。

ウ．企業型年金の実施形態には、単独型と総合型とがあり、総合型では、後発の企業には規約作成の負担がなく、申請手順等が容易である。

エ．企業型年金における給付の種類は、60歳以後に支給請求できる老齢給付金と脱退一時金、さらには一定の障害を負ったときに支給請求できる障害給付金、死亡時に遺族に支給される死亡一時金などがある。

オ．企業が資産の運用の方法（運用対象となる商品）を選定する場合には、いずれも元本が確保されるものでなければならない。

解答●p.348

問題66

R3前

確定拠出企業年金の企業側のメリットに関する記述として不適切なものは、次のうちどれか。

ア．退職給付債務における積立不足や今後の債務の問題から解放される。

イ．運用が予想以上にうまくいけば、企業の負担金額は減少し、コストダウンが見込まれる。

ウ．キャリアのある中途採用者を受け入れやすくなり、優秀な人材の確保につながる可能性が高まる。

エ．従業員の年金額や運用状況をタイムリーに把握することができ、従業員にとってのインセンティブになる。

オ．企業型年金では、企業が拠出する金額の全額損金処理が認められている。

解答●p.349

(2)●退職給付制度の設計

テキスト第3章第3節

退職給付制度を設計する際に考慮すべき事項に関する記述として不適切なものは、次のうちどれか。

ア．退職給付制度を、内部留保の方式ではなく、確定給付企業年金や確定拠出年金など外部拠出方式で構築するときは、自社の資金調達力を検証し、安定的なキャッシュ・アウトが可能かどうかを確認する必要がある。

イ．確定給付企業年金は、運用、財政、制度ガバナンスの面で企業負担が継続するとともに、あらゆるリスクの負担が企業側に集中するため、従業員の受給権保護は実現できても、経営的効果はほとんど見込めない。

ウ．退職金前払い制度や確定拠出年金では、自己都合退職や懲戒解雇の際の支給額の減額といった給付調整機能が担保されないため、自己都合退職や不正行為などに対する抑止効果は構造上有さない。

エ．従来は、いわゆるＳ字を描く給付カーブで設計された退職給付制度が主流であったが、最近では確定拠出年金、退職金の前払い、成果主義型退職金制度（ポイント制等）の採用により、給付カーブの設計は企業によって多様化している。

オ．確定給付企業年金における年金資産の積立目標は、継続基準の財政検証では責任準備金の額、非継続基準の財政検証では最低積立基準額が基準となる。

解答●p.350

Ⅲ●賃金管理　＞　4●海外駐在員の賃金管理

(1)●海外駐在員の賃金の決定方式

テキスト第3章第4節

海外駐在員の基本賃金の決定方式のうち、「購買力補償方式」のメリットに関する記述として不適切なものは、次のうちどれか。

ア．在勤地での給与が、国内給与と比べて経済的に損も得もない状態（ノーロス・ノーゲイン）を維持できる。

イ．複数の都市に駐在員を派遣している企業では、都市ごとに自社で調査を行う手間がかかるものの、それに対して駐在員の納得感は得られやすくなる。

ウ．ベースとなる賃金が国内の基本賃金となるため、職務、役割、職務遂行能力といった賃金決定要素が引き続き反映されることになる。

エ．海外企業のローカル・スタッフ（現地採用従業員）を日本に赴任させる場合も、賃金決定方式の国際共通化の実現によって公平な基盤が確立できる。

オ．物価水準の低い新興国などでも、購買力という経済理論が適用されることで、テンポラリー・レジデント（非永住者）として駐在する従業員の納得が得られやすい。

解答●p.352

Ⅳ●人材開発 ＞ 1●人材開発の意義

(1)●経営方針と連動した人材開発施策

テキスト第4章第1節

以下に示す<事例>を踏まえた場合、Y社の教育システムに関する記述として不適切なものは、次のうちどれか。

<事例>

従業員数1,500名の食料品製造販売業であるY社は、「効果的で実践的な教育の重視」をモットーに社員教育に力を注いでいる。以下は、最近、Y社の社員教育について問題を感じるようになった「教育部門の専任職」であるK氏とM氏との会話の内容である。

ア．K氏：我が社を取り巻く経営環境は、大きく変化している。しかし、それが教育プログラムに反映されていないのではないか。経営環境の変化は、必然的に新しい教育ニーズを生み出し、それに対応することは、教育プログラムの当然の任務であると思う。

イ．M氏：その一因をなしているのが、教育部門の人員構成であると、私には思える。現在、我々を含めて４名いる教育スタッフは、いずれも専任職であり、どうしても環境変化を身近に感じる現場感覚に乏しくなっていることは否めない。ライン部門の社員を一定期間、教育担当として教育部門に配属する制度を提案してみようと考えているところだ。

ウ．K氏：なるほど。それにしても、経営環境の変化によって、カバーしなければならない新しい教育ニーズが生じているのに、今の研修プログラムは、経営理念や会社のバリューに関するものに時間をかけ過ぎているのではないか。そうしたテーマは、経営環境が安定しているときに取り上げるものだといえる。

エ．M氏：経営環境とのかかわり方で考えなければならないのが、Off－JTの位置づけについてである。OJT中心の当社の教育体系は、実践性重視の観点から評価することができる。しかし、経営環境の複雑化、技術革新の加速化が、Off－JTによる新しい知識や技術の習得をより強く求めている。OJTとOff－JTの最適な組合せにより、高いシナジー効果が期待できるように、教育体系を整備することが必要だと思っている。

オ．K氏：それに加えて、効率性の観点からも、教育体系を見直す必要があると思う。教育体系が全社プログラムと部門プログラムとの2つの系統に分けられているが、後者については、部門独自の方針で運営されている今の体系を、全社の整合性と統合的な視野に立って、長期的、継続的、経済合理的に教育活動として展開できるように再構築する必要があると考えている。

解答 p.354

問題 70

R2後

人材開発に関する記述として不適切なものは、次のうちどれか。

ア．経営方針と連動した人材開発施策の重要性が増す中、新たな課題も見つかっている。雇用が多様化することにより、従来は正社員とパートタイマー・アルバイトがその対象であったが、今後は、契約社員や派遣労働者に対しても人材開発を行わなくてはならない。

イ．人材開発は経営理念、経営計画に基づき、人事施策、人材開発施策へと展開される。具体的には、経営目標を踏まえた人材開発方針を設定し、会社が社員に期待する人材像を示した上で、人材開発方針に基づく施策と教育研修体系を立案する。その際、期待する人材像は階層や職種ごとに作成することが望ましい。

ウ．感染症リスクが社会全体や企業経営に大きな影響をもたらす中、人材開発の在り方も変化を余儀なくされている。CDP（キャリア開発プログラム）と人材開発施策との連動強化、集合研修からオンライン研修への移行、自ら学ぶ自己啓発プログラムの再整備、対面ではないOJT手法の構築などへの対応が急務である。

エ．組織活性化策を展開する際に重要なことは、上意下達的な指示では社員の納得が得られないことである。当事者たちの問題意識の明確化や問題解決プロセスを支援する手法としてはコーチングが注目されている。これは合意形成を円滑に促進していくものであり、コーチは集団の活動がスムーズに行えるように支援・舵取りをする。

オ．CDP（キャリア開発プログラム）を阻害する要因としては、人事制度とキャリア開発がリンクしていない、キャリアと処遇がリンクしていないといった制度面に加え、キャリア開発に必要な能力が不明確である、CDPへの取組みが受け身であるといった指導面の課題も挙がっており、管理職に対する再教育が不可欠である。

解答●p.354

(2)●人事施策と人材開発施策

テキスト第4章第1節

問題 71

R1後

成果主義人事を導入する企業が増える中にあって、組織の活性化がますます重要になってきている。組織活性化に関する記述として不適切なものは、次のうちどれか。

ア．組織活性化には、従業員の主体性や参画度合いを高める取組みが重要であり、ファシリテーションは、会議などに参加している従業員に対して、問題の認識、課題の設定、問題解決、合意形成のプロセス支援により主体的な参画を促す。
イ．組織活性化の施策には、業務改善など組織活性化につながる活動を職場単位で行い、併せて従業員に対しては問題解決力、コミュニケーション力向上の教育研修を企画・実施する。
ウ．活力ある組織づくりの施策としては、従業員の思考様式や行動習慣に焦点を当て、それらを変革するために、内部（社内・職場）マネジメントへのエネルギー投入を第一に求める。
エ．組織活性化のニーズ把握には、自社の従業員に焦点を当てるとともに、ビジネスパートナーとして協業している取引先や顧客に対する価値向上についても実態を確認することが求められる。
オ．組織活性化は、参加者主体の取組みであり、管理職を含めた職場単位で参加するとともに会社の経営者も一体となって取り組むべきである。

解答●p.356

人事考課と人材開発の連携に関する記述として不適切なものは、次のうちどれか。

ア．人事考課には、考課期間中における上司の部下に対する指導結果が反映されることになるため、部下に対する指導内容・指導方法等のOJT活動の振り返りを行い、次期のOJT計画につなげることが求められる。

イ．評価を処遇に反映させる場合、評価結果の低い部下に対しては、目標管理のPlan－Do－Seeプロセスでの特にDo（活動）についての指導を強める。

ウ．部下の育成計画を作成するために行うべきことは、人事考課結果の分析である。達成した項目については要因分析を行う必要はなく、基準に対して未達成であった項目についての要因分析を行い、育成計画を作成する。

エ．人事考課におけるフィードバック面談の進め方は、部下の考課期間中の仕事への取り組み状況を確認し、それを関連させて考課項目別の評価を伝え、気づきを促すとともに今後の仕事への取り組み方についての指導を行う。

オ．人材開発部門の担当者は、会社の人事考課を階層別、職能別に分析し、この結果からそれぞれの強い考課項目、弱い考課項目を抽出して、階層別教育、職能別教育のプログラム作成に取り入れることが必要である。

解答●p.356

⑶●キャリア形成施策と人材開発施策

テキスト第4章第1節

R1後

「ジョハリの窓」に関する記述として不適切なものは、次のうちどれか。

ア.「ジョハリの窓」は、対人関係の中での自己の理解にかかわるコンセプトであり、カウンセリングを行ったり、ヒューマン・スキルに関する研修プログラムを開発・実施する場合に重視されている。

イ.「開かれた窓」は、人の行動や動機について、自分も他人もよく知っている領域であり、自由闊達（かったつ）に行動し、自分の力を十分に発揮することができる領域である。対人関係研修の目的は、この領域の拡大を図ることにある。

ウ.「気づかない窓」は、自己について、他人は分かっているが自分は分かっていない、いわば自己について認識していない領域である。この領域の縮小は、他者からのフィードバックによらざるを得ないため、対人関係研修の場で、しばしば厳しい局面に直面することがある。

エ.「隠された窓」は、自分の弱みや嫌な面を他人に知らせていない領域であり、状況に応じて自己開示することで、この領域を克服していくことができる。

オ.「閉ざされた窓」は、自分にも他人にも知られていない未知の領域であり、いわばその人の秘められた力の源泉ということができる。したがって、この領域の広い人ほど将来性があり、それを拡大することが大切である。

解答●p.358

上司が部下に対して実施するコーチングに関する記述として適切なものは、次のうちどれか。

ア．上司は、常に肯定するばかりではなく、時には怒ったり、叱ったりして厳しく接することも必要である。こうした場合、部下が反発し、攻撃的になることもあるが、それは部下の成長プロセスとして容認される。

イ．上司には、ある程度の権威ある態度・行動をとるよう求められている。業務遂行力に欠ける部下に対しては、積極的な指導やアドバイスを行うとコーチングは機能する。

ウ．上司は部下の努力を支援し、成功裡に問題が解決されるよう関心を示し、解決施策や方法の提示はせずに、解決に向けた部下の考えについて積極的に傾聴することが望まれる。

エ．部下の個人プライバシーが保たれない場面であっても、効果を高めるためには、できるだけその場でのコーチングを行うとよい。

オ．部下が新しい業務に就いた場合、その仕事に慣れるまで待つなどの配慮は、部下のスキル・アップの機会を遅らせることになる。できるだけ早期のコーチングに着手することが望ましい。

解答●p.359

(4)●組織活性化施策と人材開発施策

テキスト第４章第１節

組織活性化施策としての目標管理に関する記述として不適切なものは、次のうちどれか。

ア．目標管理とは、組織目標と個人目標の統合を実現させるため、「全社目標－部門目標－個人目標」という目標の有機的な連鎖体系を形成させるための経営管理システムとして位置づけられる。

イ．組織と個人の統合を指向する目標管理は、人が自らを鼓舞して達成しようと動機づけられるような個人目標の設定が鍵となる。したがって、目標設定は部下と上司の協同作業によって設定されることが原則となる。

ウ．人が主体的に目標達成に向けて励むか否かは、目標を達成した結果得られる報酬も大きく影響する。すなわち、人は目標に挑戦するときに、期待できる経済的・非経済的報酬を合理的に計算していると考えることができる。

エ．成果の評価については、上司による評価と、部下の自己評価を基に十分話し合って、共に納得できる評価に達することが望まれる。しかし、両者の意見が一致しないときは、上司の上位者による２次評価に委ねる。

オ．目標を達成するプロセスにおいて、上司はコーチとして機能することが求められる。目標管理による自己統制とコーチングによるマネジメントが「支配による経営」から「自己統制による経営」への移行を可能にし、組織の活性化を促進する。

解答●p.360

人材開発の考え方に関する記述として不適切なものは、次のうちどれか。

ア．雇用継続等に対する社員の不安軽減や優秀な社員のリテンション対策として、人材開発に対する企業姿勢を示すことが、より一層重要となってきている。

イ．人材開発方針を基に示される期待する人材像は、会社共通の人材像のほか、階層別、職種別等に明示し、社員に周知することが必要である。

ウ．市場の変化、競争の激化によって、生涯教育の推進、中高年対策や少数精鋭化等が必要とされている。それらに対応した人材開発の仕組みが求められている。

エ．活力ある組織を実現するためには、これまで積み重ねられてきた組織文化をできる限り明文化し、社員全員が共有できるような取組みとする必要がある。

オ．人事部門としては、業績に貢献できるような人材開発や、そのための仕組みを構築し、その視点から人材開発を評価するための指標を検討することが重要である。

解答●p.360

(1)●人材開発計画の立案

テキスト第４章第２節

問題77

R2前

人材開発に関する記述として不適切なものは、次のうちどれか。

ア．人材開発の効果を高めるためには、人事制度と教育研修施策との連動が必要となる。その具体策の１つとして、大企業を中心に普及している長期選抜型の次世代経営者育成研修がある。

イ．会社に必要な社員の能力開発には、職場での実務的能力開発のためのOJTや問題解決のためのOff－JT、自発的能力開発である自己啓発への支援が必要となる。

ウ．経営環境が変化する中で、長期継続雇用の維持が難しくなっている現在、社外でも通用する能力又は雇用されうる能力を開発することが、安定的な雇用を維持するためにも重要である。

エ．人材開発の費用対効果を向上させるには、最初に見直すべきは教育研修プログラムであり、予算総額の範囲内で優先順位を決定し、実施していくことが重要である。

オ．中高年齢社員の活性化のためには、健康や能力などの個人差に配慮した能力の再開発、職務の再編成等が重要である。

解答●p.362

問題78

R2後

人材開発計画を立案するときに重要なことは、目的や目標、教育方法など、いわゆる５Ｗ１Ｈを明確に示すことである。この５Ｗ１Ｈに関する記述として適切なものは、次のうちどれか。

ア．＜WHYについて＞日々の現場のニーズ収集から得た情報に基づき、より現実的な人材開発計画を立てることが最も肝要である。

イ．<WHATについて>大切なことは、教育目的と目標の明確化である。人材開発の評価が正しくなされるためには、目標をあらかじめ公表しておくことが大事である。

ウ．<WHOについて>部門別教育やOJTなどについても、人材開発担当者が主体的に立案・実施に関与することが重要である。

エ．<WHENについて>法改正による対応や他社競合との対応等の短期で教育成果を出すべきものと、CS教育や不良品発生防止教育等の長期で取り組む教育を明確に区分して行う必要がある。

オ．<HOWについて>従来と代わり映えのない教育訓練では効果が望めないので、他社の成功事例を積極的に取り入れて、企業風土の変革や社員の資質向上を図ることが重要である。

解答 p.362

人材開発と社員の能力に関する記述として不適切なものは、次のうちどれか。

ア．人材開発とは、端的に言えば、個人の目標にかかわらず、会社が経営目標を達成するために、個人の現有能力と、現在又は将来必要とする能力のギャップを埋めることである。

イ．企業内外において職業能力の在り方に大きな変化が生じていることもあり、「個別企業適応型人材開発」から「市場価値型人材開発」への人材開発のパラダイムシフトが求められている。

ウ．企業が行う能力開発の「能力」とは、「職務遂行能力」、「課題設定能力」、「問題解決能力」及び「対人能力」の４つが代表的なものである。

エ．現在のような情報化社会においては、付加価値の高い製品やサービスを開発するために、創造性と起業家精神に富んだ異能異才の育成も人材開発の大きなテーマとなっている。

オ．企業が成長・発展するためには、経営が変革されなければならず、従業員に求める能力も変化する。能力が硬直化した組織は競争力の弱体化につながるため、求められる能力に対応した人材開発施策が必要である。

解答 p.363

(2)●人材開発計画の実行

テキスト第4章第2節

R2後

人材開発に関する記述として不適切なものは、次のうちどれか。

ア．人材開発計画は、なぜ必要か、何を教育するか、誰が・いつ・どこで・どのように具体化するか、費用をどのくらいにするかを考慮することが必要となる。
イ．入社年次に基づいた研修は、新卒一括採用の定着した雇用慣行に対応したものであり、人材の多様化、人材の流動化が見られる今日においては、見直しの必要性がある。
ウ．教育を実施する上では公平性の確保が必要であるが、これは教育投資額を平等に分配することで社員の不公平感を減少させるということである。
エ．アセスメント研修は、人材選抜に活用されることが多いが、各エクササイズで得られた結果を本人にフィードバックすることにより、能力開発につなげることができる。
オ．教育を実施する上では、情報公開の下での競争性が必要であるが、これは情報がオープンにされている環境で社員が競った結果、受講者が選抜されるという教育制度であれば納得性が高まるということである。

解答●p.364

人材開発計画に関する記述として不適切なものは、次のうちどれか。

ア．人材開発部門の担当者は、人材開発の目的や内容等を含めた案に対して不満や批判を持つ従業員に納得し賛同してもらえるまで、意義と成果等を繰り返し説明する必要がある。

イ．人材開発部門の担当者は、年度計画に沿って各種教育・研修がスタートした後も、計画どおりに進んでいるか、目標達成の見込みはあるか等をチェックするとともに、問題が発生している場合は、関係部署とともに速やかに対処することが求められる。

ウ．人材開発計画に沿った階層別研修において、期待どおりの成果が出なかった場合の検証は、各職場の担当者が主体となって、実態とのかい離、運用上の問題点等を中心に報告書・レポート等をまとめ、次年度以降の人材開発計画に反映させる必要がある。

エ．人材開発部門の担当者は、人材開発計画の策定に当たって、①経営の視点、②中長期的な予測への対応や現実的な問題への対応、③従業員の視点等から企業内のニーズ（顕在化していないものも含む）を汲み取ることが求められる。

オ．人材開発計画の予算策定に当たっては、教育カリキュラムや実施策等をできるだけ具体化し費用算出する必要がある。担当者の人件費や講師料等の直接費用、販売費及び一般管理費等の間接費用のほかに、研修参加のために仕事から外れることで生じる機会費用も算出することが望ましい。

解答● p.364

(4)●人材開発関係法令

テキスト第4章第2節

事業主が行う職業能力開発の促進に関して、職業能力開発促進法で規定されているものは、次のうちどれか。

ア．事業主は、作業者を指導・監督する立場にある職長に対し、安全衛生教育に関する教育を行わなければならない。
イ．事業主は、労働者が自主的に職業に関する教育訓練を受ける機会を確保することを支援するために、その受講費用の一部を負担しなければならない。
ウ．事業主は、短時間労働者に対して、通常の労働者との均衡を考慮した教育訓練を実施するよう努める。
エ．事業主が職業能力の開発・向上を目的とした職業訓練を実施した場合、雇用保険制度からその費用の一部につき助成を受けることができる。
オ．事業主は、職業能力の開発・向上のために、職業能力開発計画の作成と事業主が雇用する労働者に対して行う相談・指導等の業務を行う職業能力開発推進者を選任するよう努める。

解答●p.366

事業主等が行う自己啓発支援と法律に関する記述として不適切なものは、次のうちどれか。

ア．職業能力開発促進法は、「事業主はその労働者に対し、職業生活設計に即して自発的な職業能力の開発及び向上を図ることを容易にするための必要な援助を行うよう努めなければならない」旨を規定している。

イ．職業能力開発促進法は、「事業主が有給教育訓練休暇を付与することにより、その労働者が職業生活設計に即して自発的な職業能力の開発及び向上を促進するものとする」旨を規定している。

ウ．職業能力開発促進法は、「事業主にその労働者が自らの職業能力の開発及び向上に関する目標を定めることを容易にするため、キャリアコンサルティングの機会の確保をするものとする」旨を規定している。

エ．労働者が自己啓発として修士号の取得を目的に休職して海外留学する場合、事業主がその留学費用を貸与し「資格取得して職務復帰後５年間勤務した場合は返還を免除する」旨を約することは、労働基準法の規定に違反する。

オ．雇用保険法は、事業主と労働者が負担する雇用保険料を財源にして、労働者が厚生労働大臣の指定した教育訓練を受講した場合にその費用の一部を保険給付として当該労働者に支給する教育訓練給付金制度を規定している。

解答 p.366

⑵●OJTニーズの把握

テキスト第4章第3節

問題 84

R2前

OJTに関する記述として不適切なものは、次のうちどれか。

ア．OJTの目的は、職務遂行に必要な知識・技術・技能の習得を通して、短期的な職務遂行上の能力開発を行うことにある。

イ．OJTとOff－JTを連動させることは重要であり、その実現のためにはOff－JTの企画・実行に関して、ライン管理者は人事部門に対して要望を出すことが望ましい。

ウ．OJTを効果的に行うための方法としては、評価・処遇との連動が挙げられる。具体的には、実施をライン管理者やOJTリーダーの人事考課項目として設定することなどがある。

エ．新入社員ごとにOJTリーダーを割り当てるなど、誰が誰に対してどのようなOJTを行うかを明確化することが重要である。

オ．OJTを効果的に実行するために、ライン管理者やOJTリーダーにコーチング研修を受講させることは有効である。

解答●p.368

問題 85

R3前

OJTニーズの把握に関する記述として不適切なものは、次のうちどれか。

ア．目標管理による個人業績目標と実績との差異を分析することから、未達成となったマイナス要因のみならず、達成されたプラス要因にもOJTニーズが存在することが明らかになる。

イ．対象者の目標達成に向けた主体的な取組みが計画どおりに進捗しない状況から、計画の適切性、実行段階の問題点、知識・技術・技能の不足等の

OJTニーズを抽出することができる。

ウ．会社全体や部門が提示している「期待人材像」と本人の現状とのギャップにOJTニーズが存在する。

エ．中長期的なCDPに基づく能力開発ニーズは、職業キャリア形成過程で必要となる知識・スキルの計画的な習得を図るために抽出・把握するものであるため、OJTニーズとして捉えるのではなく、Off−JTや自己啓発支援策を検討する過程で把握する。

オ．資格要件（当該等級に求められる職能、役割等）や人事考課項目（能力評価、コンピテンシー評価等）として定義された期待する能力・役割と実態とのギャップを分析することは、OJTニーズの抽出に有効となる。

解答●p.368

(3)●OJT計画の立案・推進・フォローアップ

テキスト第4章第3節

R2後

G社はOJTによる教育を重視しているが、現状を見ると管理者による取組みにかなりのバラツキが見られる。人材開発担当者として取り組むOJT支援策に関する記述として不適切なものは、次のうちどれか。

ア．毎月実施している管理者会議の場で能力開発の必要性とOJTの意義や重要性について説明し、管理者のOJTへの理解を図る。
イ．管理者がOJTを実施する際に参考となるOJTスキルや、社員の能力チェックシート等を盛り込んだOJTの手引きを作成して提供する。
ウ．管理者のOJTへの意識を高めるために、部下に対するOJT実施の一定の時間確保を義務づけ、その実施を評価する。
エ．管理者に対し、部下をどのように育成するかという部下別育成計画を作成させ、その取り組み状況について定期的に報告させる。
オ．管理者に職場のOJTリーダーを指名させ、必要な研修を受講させた上で、計画的にOJTを実行し、管理者が支援する体制をとるよう依頼する。

解答●p.370

OJT実施後の効果測定に関する記述として不適切なものは、次のうちどれか。

ア．特定の観察者により、育成目標の達成度や仕事への活用度を確認する観察法は、受講者のパーソナリティの評価に適するとともに、OJTの客観的な効果測定が可能となる。
イ．受講者がOJTの成果を職場で報告・発表する報告会は、OJTの成果を職場の仲間に共有化できるメリットがある。

ウ．知識の習得度、理解度について評価する場合は、筆記試験、理解度テストなどの客観テストの実施が効果的である。

エ．OJT活動全般にわたる評価に加え、OJTが受講者本人の態度、意欲、動機などに影響を与え、今後の向上に役立つか否かを把握するには、面談法や観察法と合わせて、アンケート等による質問紙法も有効となる。

オ．OJTにより習得したスキルを実際に行わせる実技・実習は、技能や技術の習得度を検証するのに効果的である。

解答●p.370

(1)●Off－JTニーズの把握

テキスト第4章第4節

企業を取り巻く変化が厳しい今日の経営環境を踏まえ、教育部門が行う教育ニーズ把握に関する記述として不適切なものは、次のうちどれか。

ア．教育ニーズは、企業ニーズと社員ニーズとの両側面で捉えることができる。企業の存続発展を考えると、教育ニーズは、必ずこの両側面からの把握が求められる。

イ．経営トップから提示された人材育成課題については、最優先すべき事項と考え、トップヒアリングを行い、このトップ要請を受けて、教育ニーズに展開すべきである。

ウ．現場で抱える問題や課題は多種多様であり、多くの情報を収集するために、社員、顧客等へのアンケート調査を行い、問題解決と直結させた教育ニーズを把握すべきである。

エ．人事考課の考課項目は、「企業の社員への期待」という視点でまとめられていることから、一定期間の人事考課の結果を分析して、教育ニーズを把握する必要がある。

オ．企業の経営･事業面、人事･組織面の問題整理を行い、短期間に集中的に取り組める内容や実効性の高い内容に的を絞り、教育ニーズを把握すべきである。

解答●p.372

Off－JTニーズの把握に関する記述として不適切なものは、次のうちどれか。

ア．Off－JTの組織ニーズは、経営方針、経営計画、人事戦略など組織運営上の課題から把握するものである。企業を取り巻く環境が大きく変われば、企業のOff−JTニーズも自ずと変化する。

イ．各階層や職能などにおいて、現在の能力レベルと職能要件（資格要件）や職務基準（職務要件）などとのギャップが大きなものは業務に関するOJTニーズであり、Off−JTニーズにはなりにくい。

ウ．人材開発部門は、経営計画や経営方針を読み取り、人材育成方針として全社及び階層別の期待像を明らかにした上で、もしも現状と期待像にギャップがある場合には、Off−JTの育成ニーズとして対応することが求められる。

エ．従業員の現在の担当職務に直接関連しない能力開発ニーズであっても、キャリア開発支援（CDP）のために対応すべきニーズならば、Off−JTの対象とすべきである。

オ．従業員が現在担当している職務に関する能力開発ニーズにおいて、マンツーマン指導が適切なものはOJTで対応するほうが適切であり、複数の従業員の共通ニーズならば、Off−JTの対象とすることが適切である。

解答●p.372

(2)●Off−JT計画の立案

テキスト第4章第4節

R1後

X社は1,000人規模の販売会社であり、業界での競争は激しさを増してきている。社長から人事部に対して、経営幹部教育を計画したいので、その第1弾として部長・次長層を対象とした2日間の教育プログラムを作成し、役員会に提案してほしいとの要望があった。＜A＞に示す2日間の教育プログラムにおいて、［　　　　］内に当てはまる＜B＞の教育内容の組合せとして適切なものは、次のうちどれか。

＜A＞ 2日間の教育プログラム

時刻	1日目	時刻	2日目
9:30	・開講のあいさつ ・オリエンテーション a	8:30	b
12:00	・昼食	12:30	・昼食
13:00	・ライバル企業の事例研究 （ライバル企業の財務資料、経営情報資料に基づく企業事例研究を実施する。）	13:30	b
		14:30	c
		16:30	d
18:00		18:00	・閉講のあいさつ

＜B＞ 教育内容

1．我が社の現状と将来方向の研究
（会社の現状分析と将来方向についてグループ討議・発表を実施する。）

2．社長講話と参加者との意見交換
（経営幹部への期待の講話と社長との意見交換を実施する。）

3．経営幹部としての能力診断の実施と能力向上策の作成
（経営幹部としての必要な能力の自己診断を行い、自己の能力向上策のまとめとその発表を実施する。）
4．経営幹部としての期待役割の研究
（経営幹部としての役割についてグループ討議・発表を実施する。）

ア．a：2　b：4　c：3　d：1
イ．a：1　b：2　c：3　d：4
ウ．a：4　b：1　c：3　d：2
エ．a：2　b：1　c：4　d：3
オ．a：1　b：3　c：4　d：2

解答 p.374

R3前

以下に示すA～Jの記述において、Off－JTによって得られるメリットとして不適切なものの組合せは、次のうちどれか。

A．教育の中での討議や意見交換を通して幅広い人脈形成、人脈づくりができる。
B．教育を実行する中で研修内容や方法についての見返し、対応の必要性が発生したときに随時修正ができる。
C．教育中に受講者個々人の長所、短所を見極め、個々人に焦点を当てた教育ができる。
D．多数の人を同時に教育することが可能で1人当たりの教育費用が安く抑えられる。
E．受講者は自分の理解度に合わせて自分のペースで教育に参加することができる。
F．教育内容の知識や技術について理論的、体系的に学ぶことに適している。
G．受講者個々人が抱えている課題解決に対して個別に対応する進め方に向いている。

H．標準として活用する教材やマニュアルを整備して教育を行うことによって講師による指導のバラツキはなくなる。

I．同一の教育を実行することによって受講者全員をある一定レベルまで引き上げることができる。

J．教育における討議、実習や相互交流を通してものの考え方、見方等視野の拡大が図られる。

ア．A－B－F－H
イ．B－C－E－H
ウ．C－E－F－J
エ．D－F－H－I
オ．E－G－I－J

解答● p.374

(4)●Off－JTカリキュラム作成

テキスト第4章第4節

人事教育部門が行うOff－JTのフォローアップに関する記述として不適切なものは、次のうちどれか。

ア．今までの研修では研修終了時に研修アンケートを実施していたが、今後はそれに加えて研修直後に職場において研修内容の報告と今後の取組みについての発表を全員に義務づける。

イ．研修を実施した１年後に、現場での成果がどの程度あったか、研修の効果がどうであったかを確認することをねらいとしたフォローアップ研修を実施する。

ウ．研修で実施した内容を受講者がどの程度理解したかを確認するために、研修を実施した１カ月後に理解度確認のテストを実施し、その結果を上司に報告する。

エ．研修中の研修意欲や態度に問題のある受講者に対しては、３カ月後にその受講者の職場を訪問して、必要に応じて上司と面談を行う。

オ．研修を実施した半年後に、受講者と上司に対して研修で学んだことを実務の中でどのように活用しているかについてのまとめを依頼し、それを社内報に掲載する。

解答●p.376

(5)●Off－JTプログラム作成と効果的な推進およびフォローアップ　テキスト第4章第4節

問題 93

R2前

大企業を中心に管理職登用の選抜プロセスとして導入されることが多い人材アセスメント研修（アセスメントセンター又はセンター方式アセスメント）の特徴に関する記述として適切なものは、次のうちどれか。

ア．昇格プロセスとしての人材アセスメント研修では、昇格対象者の現在の役割における職務遂行能力が評価要件ごとに、それぞれの評価基準に沿って判定される。

イ．人材アセスメント研修では、評価対象者の「課題解決力」、「対人関係能力」、「専門能力」、「パワハラ傾向」等について的確に評価することができる。

ウ．人材アセスメント研修では、演習を通じて自分自身の強み、弱みについて、明確な気づきを得ることができることから、診断のみならず、学習行動の動機づけという視点からも、高い教育効果が期待できる。

エ．選抜を主目的とする人材アセスメント研修においては、評価要件についての情報を診断実施前に評価対象者へ具体的に知らせることは、客観性及び公平性の観点から避けることが望ましい。

オ．人材アセスメント研修におけるアセッサーは、評価要件ごとに定められた評価基準に従って、客観的な診断ができるように高度に訓練される必要がある。アセッサーはアセスメント会社の専門家によって構成され、評価対象者の所属する企業のメンバーが担当すべきではない。

解答●p.377

R2後

Off－JTの効果的な推進に関する記述として不適切なものは、次のうちどれか。

ア．教育研修技法を検討する際は、設定した内容や対象受講者に加えて実際の研修時の時間配分も考慮する。新しいものや流行しているものに左右されることなく、あくまでも教育目標達成のために効果のある技法を選定すべきである。

イ．研修準備段階で取り組むべきことは、担当講師との打合せ、実施期日や会場の決定、教材の手配、会場の準備、費用の算出などである。特に実施期日と会場については、受講者の業務の繁忙状況や会場状況を見て、少なくとも３～４カ月前には決定しておく。

ウ．研修実施段階での人材開発担当者は、運営責任者として受講者や講師に対する支援・調整を行う事務局としての役割に加え、今後の教育研修カリキュラムやプログラムを立案・改善する観察者としての重要な役割があることを認識しなければならない。

エ．研修終了後の受講者に対しては、人材開発部門によるフォローアップが有効である。現場を訪問した上で、研修で学んだことは何か、今後はどのように取り組むかなどの話合いを本人と行い、継続的な現場支援を行うことで研修の効果が向上する。

オ．人材開発部門の取組みとして、受講者アンケートの集計と分析も重要である。アンケート結果からは、今後の改善すべき点や新たな研修のニーズを把握することが可能となり、場合によってはフォローアップ研修の企画が必要となることもある。

解答● p.378

(2)●自己啓発の支援と効果的な推進およびフォローアップ テキスト第４章第５節

問題 95

R2前

自己啓発支援に関する記述として不適切なものは、次のうちどれか。

ア．自己啓発で取り組む資格取得については、会社の業務に直接役立つ資格と業務には直接関係しない資格とがある。会社の自己啓発支援の仕方としては、それらの援助内容に差をつける取組みを行う。

イ．自己啓発への就業時間内での取組みについては、業務での支障がない限り時間の付与や職場内での仕事の調整などの自己啓発支援体制づくりを積極的に行うことが求められる。

ウ．管理者が行う自己啓発支援の考え方としては、第一に部下に将来の自己の姿やキャリアを考えさせ、次にそれに基づく当面の自己啓発内容やその方法を提示する進め方を行う。

エ．人材開発担当の取組みとして、社員への支援策を作成することが求められるが、それ以前に社員が自己啓発に積極的に挑戦する風土づくりへの取組みが求められている。

オ．会社の自己啓発支援の考え方としては、第一に会社の業績向上に役立つ内容を優先させた取組みを行うべきであり、本人が志向する自己啓発目標については、第二の取組みで進める。

解答●p.379

以下に示すＡ社の状況を踏まえた場合、自己啓発支援と人事施策を連動させる取組みとして効果の低いものは、次のうちどれか。

・Ａ社は、社員500名規模のオフィス機器リース・レンタル・販売会社である。

・業種柄、集合研修の実施が難しい状況にあり、社員の自己啓発による能力開発に育成の重点を置いている。
・会社としても、自己啓発への積極的な取組みの推奨と支援を行っているが、仕事の忙しさも影響して、社員は通信教育や研修会参加等の自己啓発への取組みには消極的である。

ア．通信教育修了の場合には、昇進・昇格などの条件としての一定のポイント付与を行う。
イ．自己啓発の結果をスキルズインベントリーに反映させ、配置・異動に活用する。
ウ．会社が社員に提示する「自己啓発のための通信教育案内」の内容を、今までの網羅的な講座から実務に連動した講座へ内容を刷新し、社員に配布する。
エ．会社として奨励する資格を取得した場合には、奨励金または資格手当を支給する。
オ．現在、会社が導入している目標管理制度の目標設定シートの中に、業務と連動した能力開発の自己啓発目標欄を設定する。

解答●p.379

V●人事・人材開発をめぐる社会的動向

1 ●人事管理の動向

R2前

企業にダイバーシティ・マネジメントが求められている理由やその進め方に関する記述として不適切なものは、次のうちどれか。

ア．国籍の異なる社員の増加、職場の多数を占める非正社員、高まる離職率にみる価値観の異なる若者、他企業との合併や提携による異文化統合、海外法人の管理などにより、従来の同質性に基盤を置く「集団のマネジメント」から個人の多様性に注目した「個のマネジメント」への転換を余儀なくされている。

イ．セクシュアル・ハラスメントやパワー・ハラスメントを含めた様々な人権への対応を誤ることは、企業にとって危機管理上の致命傷となりかねない。また、近年では精神障害者の雇用が義務化されるなど、今後も人権への配慮の要請はますます強まることが予想される。

ウ．男女均等推進、男女共同参画、ファミリー・フレンドリーといったジェンダーに関連する法令や施策の推移からみても、ダイバーシティ・マネジメントは社会的公正の流れに沿っているといえる。

エ．個を尊重するダイバーシティ・マネジメントによって、働きやすさが向上する、社員のモチベーションや定着率が改善する、個人と組織の創造性を高める、市場に対して柔軟に対応できる、組織改革・風土改革につながるといった、企業パフォーマンスを上げる成果が期待できる。

オ．ダイバーシティ･マネジメントによる業績向上メリットは、成果（売上・利益・株価など）との因果関係によって立証可能であり、短期的な成果を目指すことは、ダイバーシティ・マネジメントにおける「攻めのアプローチ」として欠くことができない。

解答●p.381

R3前

ダイバーシティ・マネジメントとその企業経営上の効果に関する記述として不適切なものは、次のうちどれか。

ア．同じ能力を持った人材を区別なく活用することで、同一労働による同一賃金を実現し、単位当たりのコスト（賃金）を抑え、労働生産性を向上させることができる。

イ．性別など統計的なグループごとに、労働者の限界生産力の統計的な違いに基づく区別を行うことで、より高い限界生産力を持つ労働者の一群を登用することができ、労働生産性を向上させることができる。

ウ．多様な能力を持った人材を、それぞれの人材が持つ異なる能力を最も活かせるように仕事を与える采配をすることで、企業の成長を実現することができる。

エ．多様な能力を持った人材に対し、それぞれの人材を組み合わせて活用することで、創造的破壊とイノベーションを起こし、企業の成長を実現することができる。

オ．組織内労働市場へのダイバーシティ・マネジメントの導入により、一方で労働生産性を上げ、適材適所を通した分業の効率化と人材配置の効率化を行い、他方において創造的破壊とイノベーションを促すことで、企業の成長を実現することができる。

解答 p.382

V●人事・人材開発をめぐる社会的動向

2 ●人材開発の動向

R1前

輸出販売中心あるいは製造機能の海外移転に着手するなど、グローバル化の発展段階にある企業において、グローバル人材の育成が進まない原因として考えられる事項として不適切なものは、次のうちどれか。

ア. 語学力に自信がない、海外生活に不安がある、自身の職務遂行能力に自信がないなどの理由から、海外で働きたいと希望する社員が減少している。
イ. 海外事業に携わる人材が限定されていたり、海外勤務者のローテーションも特定の社員に偏向するなど、グローバル人材の育成が海外事業担当組織の固有課題として受け止められており、その重要性・緊急性に対する社内の認識が共有されていない。
ウ. 海外から帰任した社員のキャリア・パスが未整備であり、海外勤務を通じて培った能力や経験が、帰任後の職務に活かされていない。
エ. 人事制度の国際共通化、外国籍社員の積極的な採用、社員の国際間双方向異動、英語の社内公用語化といった組織的なグローバル対応が進んでいない。
オ. 事業環境の変化のスピードが速く、求められる人材要件も刻々と変化するのに対し、自社の育成プログラムがニーズに適合できていない。

解答●p.384

外国人労働者の雇用に関する記述として不適切なものは、次のうちどれか。

ア. 日本で外国人が就労する場合、出入国管理及び難民認定法の定めにより、該当者は在留資格を取得していなくてはならない。

イ．高度専門職である外国人の受け入れを促進するために、学歴・職歴や年収などの項目ごとにポイントが設定され、一定点数以上であれば出入国管理上の優遇措置を受けることが認められている。

ウ．就労後一定期間が経過した後に、当該外国人本人の同意があれば、事業主は自由に配置転換を行うことができる。

エ．賃金等の労働条件について、国籍を理由とした差別的取扱いは労働基準法違反となる。

オ．日本と社会保障協定を締結している国との間では、医療や年金にかかる保険のどちらかの国の保険料を免除したり、年金加入期間を通算したりすることが認められている。

解答●p.385

人事・人材開発 2級

ビジネス・キャリア®検定試験
解答・解説編

(1)●人と組織の理解

テキスト第1章第1節

問題1 解答

R3前

正　解　エ

ポイント　職務設計に関して、アダム・スミスから人間関係論までの系譜を正しく理解しているかを問う。

解　説

ア．不適切。アダム・スミスは、単能工による熟練に起因する生産高の増加を指摘した。また、彼はピンの製造を18の作業に分けて詳述した。

イ．不適切。テーラリズムの５原則は、①職務細分化の最大化、②計画と実施の分離、③直接労働と間接労働の分離、④必要スキルと職務訓練の最小化、⑤稼働率低下の最小化であり、労働者が意思決定することを認めないことを旨とした。

ウ．不適切。フォードの生産システムの弊害として、労働者は反復的な仕事が退屈でやりがいのないものと感じ、欠勤率・離職率の増加や職務不満足の増大が指摘されている。1913年には13,500人を必要とする彼の工場で、50,000人以上が退職した。

エ．適切。ホーソン実験では､科学的管理法による物理的な環境条件よりも､労働者の心理的･情緒的な要因のほうが、生産性に影響を与える。つまり、職場集団の中にインフォーマルに形成された「人間関係」が生産性の向上に大きな影響を与えると報告された。このホーソン実験以降、人間に対する洞察が蓄積されていく過程の中で、テーラーとは異なる人間像に基づく「人間関係論」の理論が形づくられていった。

オ．不適切。職務そのものに関連する要因は動機づけ要因、職務遂行の条件や環境に関する要因は衛生要因であり、前者は職務満足をもたらし、後者は職務不満足をもたらす。

●参考文献

・Ｊ．ブラットン＆Ｊ．ゴールド著、上林憲雄他訳「人的資源管理 理論と実践（第３版）」

文眞堂　2009

問題 2 解答

R2前

正　解　エ

ポイント　経営理論に関する基本知識を問う。

解　説

ア．不適切。科学的管理法によって、生産現場に「管理」の概念を確立したのが最大の業績であり、これが現代の経営管理論や生産管理論の源流の1つになっている。一方、差別的出来高払い制は、労働者が習熟によって能力が向上しても、与えられた目標を少しだけ超えるような働き方をして、能力の出し惜しみをするようになるという矛盾をはらんでいる。

イ．不適切。ホーソン工場の実験においては、物理的な環境条件よりも労働者の心理的・情緒的な要因のほうが生産性に大きな影響を与えると報告された。記述内容が逆である。

ウ．不適切。X理論とY理論の記述内容が逆である。

エ．適切。1950年代にミシガン大学の社会調査研究所において行われた一連の調査のデータに基づいて、リッカートは、仕事の満足度と生産性の高さにはなんらの相関関係が見られないが、欠勤率と転職率の低さに結びついている、と結論づけた。

オ．不適切。ハーズバーグは、「給与」は仕事の不満足にかかわるもの（衛生要因）であるとした。

(2)●変化する個人と組織の関係

テキスト第1章第1節

問題3 解答

R2後

正解　オ

ポイント　組織論についての理解度を問う。

解説

ア．適切。記述のとおり。

イ．適切。バーナードの組織論では、組織を「意識的に調整された人間の活動や諸力のシステム」と定義し、組織の合理的側面である機能構造を明らかにした。この機能構造は、公式な職務遂行の仕組みや情報ルートといったものを指す「公式組織」である。同時に、彼は組織の人間関係的側面にも着目し、この関係性が複雑に連鎖することで「非公式組織」が構成されるとした。

ウ．適切。1990年代に入り、間接部門の業務は、リストラクチャリングの一環としてアウトソーシングが図られるようになり、外部委託することにより、コストの削減や外部ノウハウの活用などの効果が期待された。

エ．適切。職能単位で組織を形成する職能制組織（機能別組織）では、企業の競争能力（コア・コンピタンス）を蓄積しやすくなるというメリットがある反面、個々の市場での競争が激しくなり、顧客ニーズが多様化したような場合に、全社的な統合がとりにくくなるという弊害を伴う。それに対して、企業が直面する市場の不確実性が高いときには、事業部制をとることで組織を分化させることが有効であるといわれる。

オ．不適切。管理職が複数になることにより、目標達成行動がとりづらくなり、コミュニケーションが不足することがデメリットとして挙げられる。

●参考文献

・日本経団連出版「人事・労務用語辞典」2011

(5)●組織と管理

テキスト第1章第1節

解答

R1前

正解 エ

ポイント バーナードの組織論についての理解度を問う。

解説

ア．正しい。この機能構造は、公式な職務遂行の仕組みや情報ルートといったものを指す「公式組織」である。同時に、彼は組織の人間関係的側面にも着目し、この関係性が複雑に連鎖することで「非公式組織」が構成されるとした。

イ．正しい。記述のとおり。

ウ．正しい。バーナードは非公式組織について、「個人的な接触や相互作用の総合および（中略）人々の集団の連結を意味する。定義上、共通ないし共同の目的は除外されているが、それにもかかわらず、重要な性格を持つ共通ないし共同の結果がそのような組織から生じるのである」と述べている。

エ．誤り。バーナードは、人的なネットワークである「非公式組織」に共通の意図や目標が与えられることによって、公式組織に転化するとし、公式組織が形成されるためには、このような人的ネットワークである非公式組織の存在が必要であるとした。

オ．正しい。記述のとおり。

●参考文献

・チェスター・I．バーナード著、山本安次郎他訳「新訳 経営者の役割」ダイヤモンド社 1968

(6)●組織戦略と人事管理

テキスト第1章第1節

問題5 解答

R2前

正 解 ウ

ポイント 組織戦略と人事管理に関する理解度を問う。

解 説

ア．適切。職能別組織は、市場での競争が激しくなり顧客ニーズが多様化した場合に、全社的な統合がとりにくくなるが、組織を分化させ、事業部制や分社化すると、市場変化への対応がとりやすくなる。しかし、分化が一定限度を超えると、社内の他部門とのシナジーを達成できない、共通資源の蓄積を困難にするといった弊害を伴う。

イ．適切。マトリックス組織は、スキル・ノウハウの共有・蓄積と、迅速な環境変化への適合性とを両立し、バランスのとれたマネジメントを行うことを目的としており、担当者１人に対し２人の上司がいる「ツー・ボス・システム」が特徴である。

ウ．不適切。「シェアドサービスとは、アウトソーシングの形態で、全社で共通する間接機能を統合・分社化することで、専門性の高度化と業務面の効率化を図ろうとしている」が正しい。

エ．適切。経済や社会のグローバリゼーションが進むことで、経営面では結果を出すことが重視され、個人の創造性や効率が追求されるようになった。また、個人の存在が重視され、個人主義的な考え方が見直されるようになった。成果主義の下では報酬は、年功、勤務態度あるいは職務遂行に必要な一般的な能力に対してではなく、会社の戦略目標や方針に合致した役割やそれに伴う結果に対して支給される。

オ．適切。人事制度は個人と組織の目的が一致するよう促進する媒介要素であり、人事制度は上司と部下の関係を規定し、報酬制度や昇進・昇格制度などを通して個人と組織における関係に影響を与える。

問題6 解答

R3前

正解 ア

ポイント 組織構造に関する理解度を問う。

解説

ア．不適切。職能別組織は、職能単位で形成する組織であり、企業のコア・コンピタンスを蓄積しやすくなるというメリットがある反面、市場での競争が激しくなり、顧客ニーズが多様化したような場合に、全社的な統合がとりにくいという弊害が伴う。設問の記述はメリットとデメリットが逆になっている。

イ．適切。企業が直面する市場の不確実性が高いとき、それぞれの市場への対応を行うために全社規模にわたる調整を行っていると、市場変化に対応できなくなってしまうので、事業部制をとり、組織を分化させることが有効であるといわれる。しかし、分化が一定限度を超えると、社内の他部門とのシナジーを達成できない、共通資源の蓄積を困難にするといった弊害が伴う。

ウ．適切。記述のとおり。

エ．適切。マトリックス組織は、「製品－市場」への適応に責任を負う事業部長と、効率追求や共通資源の企業内での蓄積に責任を負う職能部門長の両方を設定し、バランスのとれたマネジメントを行おうとする「ツー・ボス・システム」（２人の上司）である。個別の案件ごとに担当者が２人の上司の間で微妙な利益衡量をしながら仕事を進めなければならず、それが個人と組織の大きな負担となる。

オ．適切。1990年代に入り、経理部門などコストセンターの業務はグループ内でのアウトソーシングが図られ、コストの削減や外部ノウハウの活用などの効果が期待された。事業部門別の採算管理が強化されるにつれ、コストセンターである本社機能に属する業務の一部にも市場価値が見いだされ、分社化して業務に見合った対価を支払うことで、本社機能の業務の高度化が期待されている。

(1)●社員の多様化と人事管理

テキスト第1章第2節

問題7 解答

R2前

正解　ア

ポイント　人材（雇用）ポートフォリオに関する知識を問う。

解説

ア．不適切。独立行政法人労働政策研究・研修機構の調査によると、企業規模が大きくなるほど、また、正社員比率が低いほど、登用制度が定められている傾向がある。

イ．適切。選択肢のとおりである。登用の権限は本社人事にあったとしても、直接かかわっている職場の上司の影響は大きく、非正規従業員のときの働きぶりが職場の上司に直接評価され、それが登用条件となる。

ウ．適切。非正規労働者の仕事の範囲は「広がった」、仕事の内容は「高度になった」、仕事の量は「増えた」とする割合が、「狭まった」「簡単になった」「減った」よりも高くなっている。特に、正社員比率が低い事業所ではこの傾向が顕著になっている。

エ．適切。独立行政法人労働政策研究・研修機構の調査によると、非正規従業員の中でも「契約社員」、次いで「パートタイマー・アルバイト」への教育訓練が比較的充実しており、一方「派遣社員」は６割の事業所で「何も行っていない」ことが分かる。

オ．適切。「飲食料品小売業」では正社員比率「２割未満」の事業所が６割を超えており、非正規雇用の活用が進んでいることが分かる。一方、正社員比率が「８割以上」の産業は「電気・ガス・熱供給・水道業」である。

●参考文献

・独立行政法人労働政策研究・研修機構「多様な就業形態と人材ポートフォリオに関する実態調査」（2014年実施／事業所調査）

問題8 解答

H30後

正解 エ

ポイント コース別人事管理の適切な類型区分の理解度を問う。

解説

ア．適切。「管理職層の複線型人事管理」は、ポスト不足対策状況に対応するだけでなく、管理職にならなくとも高度な専門技能を持つ社員はそれぞれのキャリアコースで仕事を通しての自己実現が図れるため、人材活用効果も期待できる。よって「両立策として普及」は正しい。

イ．適切。「仕事要件に基づくコース別人事管理」は、男女雇用機会均等法の施行を受け、これまでの男女別賃金を引き続き維持するために、商社や金融業などが「苦肉の策」として導入したのが始まりとされていて、その中には男女別雇用管理とほとんど変わらない事例も多いが、本来的には、一般職として入社した女性が総合職に転じて活躍できる仕組みなどを充実させる必要がある。

ウ．適切。「勤務地要件に基づくコース別人事管理」は、労働者本人の希望に基づくコース転換制度などが設けられていることなどを前提としたワーク・ライフ・バランスへの対応策の１つである。

エ．不適切。平成26(2014)年度に都道府県労働局雇用均等室が実施したコース別雇用管理制度導入企業118社の実態把握及び指導等の状況は下記のとおり。

・総合職採用予定者に占める女性割合……22.2％

・一般職採用予定者に占める女性割合……82.1％

・総合職に占める女性割合……9.1％

・一般職から総合職への転換制度がある企業の割合……84.7％

オ．適切。コース等で区分した雇用管理は、本来、個々人の事情や希望に応じた複数の働き方の選択肢を設けることにより、意欲、能力に応じた人材活用を図るためのものだが、実際の運用をみると、実質的に性別による雇用管理になってしまっている場合も多くみられる。労働者が意欲を失うことなくその能力を十分発揮するようにするために、男女ともに働き方に応じた適正な評価、処遇を受けられるような環境が整備されていることが重要であり、このため、以下のような点が留意すべき点となる。

(1) コース等の区分間の職務内容や職務遂行上求められる能力を明確にするとともに、コース等に分ける区分の基準やコース等の各区分間の処遇の差異について、それが職務内容等に見合った合理的なものであること。

(2) コース等の区分における職務内容や賃金、資格制度上の位置づけ等が十分に説明され、労働者の納得を得、適切なコース等を選択しうるよう配慮され、また労働者が長期的な職業設計を立てることができるように制度運営がなされていること。

●参考文献

・厚生労働省「コース別雇用管理制度の実施・指導等状況」(平成20年12月24日、平成27年10月20日)

・労働省女性局女性政策課「『コース等で区分した雇用管理についての留意事項』について」(平成12年６月16日)

(2)●社員区分の基本

テキスト第1章第2節

問題 9 解答

R1前

正 解 オ

ポイント 社員区分制度の理論に関する正しい認識に基づき、バブル崩壊後の企業社会に大きな影響を与えた「自社型雇用ポートフォリオ」についての正確な理解度を問う。

解 説

ア．誤り。本提案が本来目指したのは、低成長への移行、労働力不足から労働力過剰へ、円高による産業・雇用の空洞化、国際化の一層の進展、規制緩和・市場開放への要請、高齢化や従業員意識の多様化といった環境変化に対応し、長期継続雇用を中心とした人事管理を引き続き実施するための方策であった（「新時代の『日本的経営』」前文より）。

イ．誤り。長期蓄積能力活用型は、長期的に企業の基幹業務に従事する従業員を想定しており、期間の定めのない雇用によって職能給による処遇がなされる、従来において「基幹人材」とされた正社員である。

ウ．誤り。高度専門能力活用型は、専門的熟練・能力によって課題解決に取り組む従業員であり、必ずしも長期雇用を前提としない、業績給（成果給）によって処遇される。この層が拡大できなかったことによって、正規・非正規の二極化が進むこととなった。

エ．誤り。雇用柔軟型は、職務に応じて定期的業務から専門的業務をこなす、有期雇用の非正社員を想定しており、その処遇は職務給である。皮肉にも本提案は非正社員活用（拡大）の免罪符を企業に与えることとなった。

オ．正しい。本提案は正社員削減やリストラを意図したものではなかったが、日本労働組合総連合会の見解（平成22年）に代表されるように雇用情勢悪化のターニングポイントとして糾弾されることが多い。

●参考文献

・新・日本的経営システム等研究プロジェクト編著「新時代の『日本的経営』：挑戦すべ

き方向とその具体策」日本経営者団体連盟　1995
・荻野勝彦「雇用・労働システムの再構築」（独立行政法人経済産業研究所、RIETI政策シンポジウムより）2010

問題10 解答

R2前

正解　イ

ポイント　社員区分制度に関する理解度を問う。

解説

ア．適切。企業によって人事管理の適用の仕方が異なるために、社員区分の程度と基準は企業によって異なる。正社員だけを雇用しているような企業では、社員区分は１つだけで十分な場合もある。一方、多様な労働形態の非正社員を抱える企業では多様な人事管理が必要になるために、社員区分を細かくすることで人事管理のニーズに柔軟に対応できることになる。

イ．不適切。区分間の公平性とは、結果の平等を意味するのではなく、それぞれの職務価値を基準に公平・公正に処遇することを意味する。

ウ．適切。多様な就業ニーズに対応して、優秀な人材を採用・活用することがダイバーシティ・マネジメントへとつながる。

エ．適切。社員区分を定める際には、社員区分に伴う法的要請に配慮する必要がある。解雇制限や、短時間労働者に対する社会保険適用等は、雇用保障を基本思想としており、企業側のニーズである人材の柔軟な活用と相反する場合もある。人事実務担当者はそのミスマッチを回避するような制度を立案する必要がある。

オ．適切。区分の基準の設定の仕方によって、企業によって異なる「雇用ポートフォリオ」が形成される。その基準は、①コア人材・非コア人材、②人材の社外調達可能性、③人材の保有スキルの外部労働市場における一般性、④チームワーク能力の有無などがあり、企業の目的に合わせて様々に設定することができる。企業はポートフォリオによって人材活用などの人材戦略の検討が可能となる。

(4)●職能資格制度

テキスト第1章第2節

R2後

正解 エ

ポイント 社員格付け制度に関する基本的理解度を問う。

解説

ア．適切。記述のとおり。

イ．適切。職能資格制度は、職務遂行能力に基づいて序列を決定するものである。社員は異なる職務に配置されていたとしても、同一資格に属していれば同一水準の賃金が支払われるようになる。そのため、企業は環境変化に対応するべく機動的に人材の配置を行うことができ、組織の柔軟性を維持することができる。

ウ．適切。職務遂行能力そのものの序列づけが困難であることと、役割・仕事が明確に定められていないことから、勤続年数を能力指標の代替値として使用したため、実質的には年功制と大差がなくなった。結果的に運用が年功的になり、より仕事にリンクした方向で社員格付け制度を再編する動きが強まった。

エ．不適切。本来の（米国型の）職務等級制度は、職務評価のメンテナンスが煩雑であること、配置の流動性が阻害されること、職務等級制度から移行する場合に地位と給与が大きく変動する社員が大量に発生することなどの理由から、我が国の多くの企業においては、その厳密な運用は回避された。

オ．適切。役割等級制度は、仕事をベースにして社員の格付けを行う職務分類制度の１つであるが、①職務を大くくりに捉え、それを役割と呼称している、②役割を評価するに当たって簡略した方法がとられている、という特徴を持つ。また、役割評価にコストがかからずメンテナンスが容易であるなどの利点もあり、職能資格制度から仕事基準の社員格付け制度に移行するに当たって、我が国の新しい有力なモデルになりつつある。

問題12 解答

R2前

正 解 ウ

ポイント 職能資格制度を職務分類制度（職務等級制度）と比較した際のデメリットに関する知識を問う。

解 説

ア．適切。職能資格制度は総人件費の管理が難しい。これに対し職務分類制度は、総人件費のコントロールがしやすいとされる。

イ．適切。職能資格制度は職責や成果と報酬のミスマッチが起こりやすく、年功的な運用になりやすい。これに対し職務分類制度は、ミスマッチが起きにくいため、高い職責を果たしている人の動機づけを行いやすく、報酬の透明度も高い。

ウ．不適切。記述は職務分類制度のデメリットであり、組織の縦割りや仕事のタコつぼ化が起きやすいのが同制度の欠点である。一方、職能資格制度では、柔軟な異動が可能であり、戦略や環境の変化に対して内部人材の活用で対応できるメリットがある。

エ．適切。これに対し職務分類制度は、外部市場からの人材の採用がしやすく、もともと年功色を排していることから60歳以降の雇用の長期化に対応しやすく、また、基本給も職務給となるため、同一労働同一賃金への対応もしやすいと考えられる。

オ．適切。結果的に「年功的」な運用になりがちである。

●参考文献

・加藤守和「日本式『職務型人事』の設計導入法」（「月刊人事マネジメント」2020年２月号）ビジネスパブリッシング

(5)●成果主義型人事制度

テキスト第1章第2節

問題13 解答

R1前

正解 エ

ポイント 成果主義賃金制度の登場とそれにより生じた課題についての理解度を問う。

解説

ア．適切。1990年代におけるバブル経済の崩壊により、企業は若手人口の減少に伴う労務構成の変化による総額人件費の肥大化に苦しみ、大規模なリストラと賃金抑制を余儀なくされた。そこに登場したのが、職務分類制度に基づく職務と業績を重視する成果主義であった。

イ．適切。成果主義賃金制度の運用を誤る要因の１つは、成果主義における個人の評価が短期的な成果志向を重視したことである。例えば、全社業績や部署業績よりも個人の人事考課結果が賞与に反映される度合いが大きい場合には、営業部署における押し込み販売のような短期的かつ短絡的な志向を従業員は抱きかねない。

ウ．適切。もう１つの要因は、チームワークやチームプレーの要素を評価に組み込めなかったことである。同僚よりも高い成績を収めることによって賞与が増え、昇進が早くなるといった個人主義的な志向が強まると、周囲の人との協働や部下・後輩の指導に対する意欲が低下する。

エ．不適切。評価者は評価結果をきちんとフィードバックすることが求められるようになったことで、評価の重要度はこれまでより高まることとなった。しかしながら、合理的・客観的な評価基準を整備しないまま目標管理制度を取り入れた企業では、評価者によって目標の難易度、評価の甘辛にバラツキが生じ、評価基準が不透明なことから評価者の評価スキルの向上も進まず、従業員の評価に対する納得性が低下するといった課題が生じた。

オ．適切。記述のとおり。

●参考文献

・日本経団連事業サービス人事賃金センター「役割・貢献度賃金―成果主義人事賃金制度の再設計」日本経団連出版　2010

(6)●雇用管理制度

テキスト第1章第2節

問題 14 解答

R3前

正解　エ

ポイント　専門職制度に関する理解度を問う。

解説

ア．適切。「第一世代の専門職制度」は、専門分野において深い知識、経験、スキルを持った人材を活用することを目指して導入された。導入の背景には、企業の急成長が一段落し、管理職のポスト不足によって、それまでの年功に基づく人事制度の運用に障害が生まれたことがある。そこで、管理職と同等の能力があると見なされる人材を処遇し、名誉を与えて「やる気」を高めるようなポストづくりのために専門職制度が考えられた。

イ．適切。「第一世代の専門職制度」は、処遇のための緊急避難のような制度であったことで、当初は管理職と専門職の能力の区分定義などが曖昧になり、本来の専門職の能力がない人材までもが専門職として処遇された。そのため、専門職に就いた者は「管理職不適格者」であるという誤解が生まれ、かえって適用者のモチベーションの低下を招いた。

ウ．適切。今日では企業の職務意識や社員のキャリア意識の高まりにより、専門職制度が見直されるようになった。企業側も取り巻くビジネス環境が複雑になるにつれ、マネジメントを行うゼネラリストだけではなく、高度の専門性に特化したスペシャリストが必要となっている。

エ．不適切。「第二世代の専門職制度」においては、専門職に期待される職能要件が職能ごとに異なってくるため、その評価尺度もかつてのような全社一律から、職能ごとに異なるようになり、人事・労務管理の多様性も高まるようになる。

オ．適切。「第二世代の専門職制度」の下では、処遇を目的とした管理職への登用は廃止され、管理職という職務は少数しか存在しなくなる。その結果、格付けにかかわらず管理職的な職務から解放された「プロフェッショナル社員」が、新たな専門職として組織の過半数を占めることになる。

●参考文献

・安藤史江「専門職制度の充実とその社内効果」(「クォータリー生活福祉研究」通巻58号)
明治安田総合研究所　2006

I●人事企画 ＞ 3●人事評価

(1)●人事評価制度の意義・目的・種類

テキスト第1章第3節

問題15 解答

R2前

正解 ウ

ポイント プロジェクト評価の導入方法についての知識を問う。

解説

ア．適切。記述のとおり。

イ．適切。プロジェクト評価において多面評価の手法を活用することは有効である。

ウ．不適切。多面評価に関して、運用面での大きな課題は大きく２つある。１つは、評価結果が良くない場合などの被評価者と評価者との人間関係のこじれである。２つめは、増大する評価情報の収集、分析、管理である。後者はIT技術を活用すれば克服できる。前者の人間関係のこじれに関して、プロジェクト評価においては一次評価とフィードバックをプロジェクトリーダーが丁寧に行うことによって回避できるが、他の評価と同様に結果は本人に公開しなければ人材育成や業務改善につながらない。また、評価能力が十分でない評価者を評価者に加える場合は、十分な教育訓練を施し評価能力の向上を図ることが優先されるべきである。

エ．適切。記述及びウの解説のとおり。

オ．適切。どちらか一方の評価とするのではなく、最終評価者を変えた三者の話し合いを行い、見解を共有した上で決定することが必要である。

問題16 解答

R2後

正解 オ

ポイント 人事評価制度の運用に関して想定される問題解決能力を問う。

解説

ア．適切。時間配分及び部門における重要度合いや緊急度合いなどを勘案して、上司がウエイト配分を決定することが望ましい。

イ．適切。業績評価のルールを上司が前もって部下に伝え、フィードバック面談においても確認することが重要である。

ウ．適切。記述のとおり。

エ．適切。記述のとおり。

オ．不適切。A社の業績評価に対する救済は、天災などの外部不可抗力に対するものである。私傷病による個人業績の低迷に対して、当該救済規定を適用するのは不適切である。

(2)●制度設計にあたっての留意点

テキスト第1章第3節

問題17 解答

R1前

正解 ウ

ポイント コンピテンシー評価導入後に生じる問題点及び見直しのポイントについての知識を問う。

解説

ア．適切。具体的な記述は望ましいが、応用の範囲が狭くなる。逆に抽象的な記述では評価の差がつきにくい。

イ．適切。現場の評価者を含めた検討会議にて、各コンピテンシー項目のレビューを行うことが有効である。

ウ．不適切。コンピテンシーは日本の職能資格制度の業績、能力、態度（情意）のうち、能力、態度が欧米で研究されて生まれたものである。主な違いは「行動評価」という言葉に代表されるように、潜在能力ではなく発揮能力に重点を置いていることと、職群・職種ごとに能力基準を設定したことである。仕事によって人的ネットワークや職人技的スキルが重要であるならば、人的ネットワークや職人技的スキルの発露をどのような行動に求めるのかを定義すればよい。

エ．適切。このように、数年ごとにコンピテンシーを見直す際には、細かな各項目（小項目）だけでなく、大項目・中項目についても検討することが必要である。

オ．適切。時間と手間は要するが、コンピテンシー評価においても、このようにPDCAサイクルを回すことが不可欠となる。

(3)●制度運用にあたっての留意点

テキスト第1章第3節

問題18 解答

R2前

正 解　オ

ポイント　職能資格制度と成果主義についての理解度を問う。

解 説

ア．適切。職能資格制度は本来、採用・評価・処遇・育成・配置など人事の基本的な各機能に整合性を持たせ、総合的なシステムを目指したものであったが、賃金の自然増や成果に対して評価が曖昧であるなど、部分的な弱点を包含していた。そして1990年代以降、経営環境が激変した結果、その弱点を是正し、評価・賃金制度改革を推進するために成果主義が導入された。

イ．適切。1990年代以降、日本企業は低成長化の下で、それまでの人件費構造（年功的賃金制度・正社員中心の雇用構造）を是正せざるを得なくなった。仕事の成果に応じて賃金を決定する成果主義が導入され、正社員を削減する一方で非正規労働を増やす雇用構成の改編が行われた。人件費面での適切なコスト・コントロール力を持つことが、我が国企業の生き残りにとって不可欠な条件になったといえる。

ウ．適切。人材マネジメントの視点から職能資格制度をみると、この制度は本来、採用・評価・処遇・育成・配置など人事の基本的な各機能に整合性を持たせ、総合的なシステムを目指したものであった。職能資格制度の下では、特定の仕事内容に固定されていないため柔軟なローテーションが可能であり、将来的な成長に対する個人のモチベーションを醸成するという育成面のメリットをもたらした。

エ．適切。人材マネジメントのプロセスを単純化すると、①人材の能力を高め、②能力の高まった人材に仕事を割り振り、③仕事の成果を評価し、④さらに評価結果を賃金やポストなど処遇と結びつけるという４つのステップである。多くの企業で導入された成果主義的な改革は、③と④、つまり評価賃金制度の変化にとどまった。能力開発は不可欠の経営機能であるにもかかわらず、人材が成果を出すまでのプロセスが軽視され、評価・処遇制度の成果主義的改革と連動した能力開発を同時に強化する企業は少なかった。

オ．不適切。社員の能力向上は結果である成果の前工程であり、中期的な企業の競争力は社員の能力向上が源泉となる。能力向上を促進する人事制度として職能資格制度は、検討すべき選択肢の１つであるが、唯一解ではない。すでにある成果主義人事を前提とするならば、重要な補完施策はキャリアを通じた人材育成とそのための能力評価の重要性と学習・成長が実感できる内発的動機づけである。それら補完施策が職能資格制度でなければならない理由はない。

●参考文献

・経済産業省経済産業政策局産業人材参事官室「『人材マネジメントに関する研究会』報告書」（平成18年３月）

問題19 解答

R2後

正解 ウ

ポイント 業績評価に関する納得度向上、公正さ確保のための施策に関する知識的理解度と実務的対応力を問う。

解説

ア．適切。プロセス評価の在り方は一様ではないが、代表例のコンピテンシーも日本の職能資格制度の評価制度研究がベースになっており、能力や情意（態度）的要素が多分に含まれている。

イ．適切。部署内の目標設定と展開に際して、管理者が部下と個別面談で詰める方法もあるが、共有と全体整合を図る意味では、ミーティング形式で設定目標の枠組みを決める方法も有効である。

ウ．不適切。多面評価は「本人に多様な視点を通じて気づきを促す」ことが趣旨であり、直接処遇に反映すると、いわゆる人気投票になりかねない。また、上司が介在せずに直接本人にフィードバックするとなると、「評価と処遇に関する説明責任者不在」の状態になり、適切とはいえない。

エ．適切。業績評価も単純な絶対額の到達度管理だけではなく、バランススコアカードに代表されるような高業績の再現性を目的に、最終結果に至る重要管理指標（重要業績指標＝KPIと呼ばれる場合もある）を併せて管理・評価する企業も見受けられようになってきている。

オ．適切。評価制度の大きな変更に併せて、管理職に対して適切な理解が促進されるような施策が実施されることが望ましい。評価者研修の内容改定と実施はその具体例の１つである。

問題20 解答

R3前

正解 エ

ポイント 企業における人事評価の活用についての基本的知識を問う。

解説

ア．適切。360度評価（多面評価）は、稀に人事処遇に反映する企業も見られるが、多くの場合、被評価者の気づきを促し、その後の行動変容や自己啓発促進のために活用されている。

イ．適切。目標管理制度の運用上の問題点の１つに、被評価者の理解不足や誤解に起因する設定目標の不適切性が挙げられる。もちろん、それを是正すべき管理者の問題もあるが、設問事例のように、被評価者にフォーカスし、目標設定能力を向上させ、自律的な制度運営の実現に挑戦することは意義があるといえる。

ウ．適切。管理職層において「著しい寛大化傾向」を示している事態は、絶対評価の行き詰まりと、評価者の評価能力・姿勢の両面で制度の運用疲労に陥っている証である。資源制約の中で事業を行う企業にとって、何らかの相対化は避けられないことから、部門内で分布枠を設けて調整を図るのはやむを得ない措置である。また、評価者研修はゼロベースで見直す必要がある。

エ．不適切。業績評価は短期的な成果を判断する指標であるため、昇格という従業員の長期的価値を判断する指標としては不十分であり、能力評価の結果も反映すべきである。アセスメントについては、どのような特性が職能資格昇格の判定に必要なのかを明確にした上で、事前に従業員に周知しておく必要がある。

オ．適切。通常行われる人材アセスメントは、主に採用、配置、昇進等の予測に用いられる事前評価の手法であるが、同一企業内で際立った特性が見られるなど課題を発見した場合は、その是正のための研修を行うことは有用な対応策となる。

(1)●職務分析・職務評価の基本と課題

テキスト第1章第4節

問題21 解答

R1前

正解 オ

ポイント 職務分析に関する基本的知識を問う。

解説

ア．適切。職務分析・評価を新たに実施する場合は、ノウハウや経験を有する外部コンサルタントを起用したほうが円滑に作業を進められると想定されるが、コスト面も考慮し、職務分析に精通したスタッフを育成していくことが望ましい。

イ．適切。職務分析・評価を進める際は、プロジェクト・チームや委員会組織を組成し、各職務に詳しい人材に職務分析者になってもらい、決定手続きの公平性や透明性の確保に配慮すべきである。

ウ．適切。管理職が本来担う職務は、個別の業務の遂行ではなく、組織の目標達成や部下育成、そして困難な問題の解決といった業績貢献ベースの尺度で分析・評価されるべきである。

エ．適切。事例の企業は、職務等級制度の導入を前提としていることから、職務分析・評価は職務（＝割り当てられた課業の一群）ベースで行うことになり、属人的要素を排除して仕事基準で区分することになる。

オ．不適切。選択文の内容はミッションベースで役割の大きさを測定し、それを序列化して等級区分する役割等級制度における職務分析・評価の基準について例示された発言である。

●参考文献

・高原暢恭「自社でできる職務分析・職務評価の進め方」（「労政時報」第3685号）労務行政　2006

問題22 解答

R3前

正解　ア

ポイント　職務開発に関する最近の動向を問う。

解説

ア．不適切。これに該当するのは職務充実であり、職務拡大とは担当職務の課業の量と幅を増やす水平的な職務開発である。

イ．適切。CDPは長期的な視点に立ち、個々の目標に沿って計画的な育成を進める制度であるが、配属の部署と期間（ジョブ・ローテーション）、職務割当てなど職務経験に重点が置かれる。

ウ．適切。職務開発を行う方法としては、配置転換、出向、キャリア・パス（昇進を含めた配置異動のルートと異動の際の基準や条件、経路）、社内公募制（新規事業への進出の際など社内から広く人材を公募する制度）、プロジェクト・チーム制など様々に挙げられる。

エ．適切。職務開発を行うに当たっては、雇用維持、女性活用、高年齢者雇用など日本的な事情を踏まえて進める必要がある。

オ．適切。職務開発には、既存の職務を編成し直す職務再設計と、新たな職務を作り出す職務創出との２つの側面がある。

(2)●職務分析・職務評価の方法と手順

テキスト第1章第4節

問題23 解答

R2後

正解 オ

ポイント 職務評価に関する基礎的知識を問う。

解説

ア．適切。また、定義分類法は比較的大くくりな職務評価となるため、職務等級定義や職群等の区分の仕方によって、基準に照らして収まりの悪い職務が出てしまうことがある。

イ．適切。ポイントファクター法による職務評価では、評価項目の設定は各社各様であるが、①知識・技能、ノウハウ、②職務の複雑さ、困難さ、③責任の大きさ、意思決定の影響度、を見ることが一般的である。さらに④精神的・身体的負荷、作業条件、⑤社内外の人材の需給状況、などを設定する場合もある。

ウ．適切。記述及びイの解説のとおり。ポイントファクター法は客観的な算定を行うために、評価者の恣意性が入りにくく判定に合理性がある。また、職務の差が点数で表されるため、全ての職務の評価に一貫性がある。

エ．適切。職務分析によって得られた情報を基に職務記述書を作成し、その職務記述書を材料に職務評価を行う。職務評価は、組織内の職務や役割の序列化を行い、同程度の価値の職務をグループ化して分類するものである。

オ．不適切。序列法では、「組織内のあらゆる職務に通じた者」が一定の評価軸に基づいて評価するため、評価者の主観が入りやすく、評価結果に対する納得性に課題がある。

I●人事企画　>　5●モチベーションとモラール向上・企業文化改革

(1)●人事管理の評価の必要性と従業員満足度調査

テキスト第1章第5節

問題24 解答

R2前

正解　エ

ポイント　モラール・サーベイに関する本質的な理解度を問う。

解説

ア．適切。経営陣は調査結果を「経営指標」として、しっかりと認識することが必要である。

イ．適切。運営においては、経営陣を運営主体（PJリーダー）とすることと、社内外の連携による柔軟な運営体制の構築が肝要である。

ウ．適切。従業員を株主や顧客等のステークホルダーに劣後する「身内」と見なすのであれば、調査は精度の低い“ガス抜き”にとどまる。

エ．不適切。非正規労働者が4割近くを占める今日においては、従来の正社員を中心とした調査では、対話、課題抽出、評価といった調査目的を達することは困難である。調査頻度に関しては、組織に応じた適切なタームで継続することが重要であり、必ずしも毎年行う必要はない。

オ．適切。フィードバックは迅速かつ分かりやすく行うと同時に課題と打ち手が講じられなければ、マネジメント・ツールたり得ない。

問題25 解答

R2後

正解　イ

ポイント　従業員満足度調査の基本的な考え方や制度設計・運用についての理解度を問う。

解説

ア．適切。従業員満足度調査は組織の業績向上に向けた経営管理（PDCA）ツールであり、また重要なステークホルダーである従業員との対話である。経営トップが主導していくのは当然である。

イ．不適切。同社初の調査ということもあり、従業員は回答に際して想像以上に神経質になることが想定される。本音を拾うことができなければ調査の実効性は上がらない。したがって、最初は無記名が無難である。

ウ．適切。費用は要するが、導入時は経験豊富な専門家に設計を支援してもらったほうが効率的である。

エ．適切。設問数を抑える努力は必要となるが、確認したい事項については可能な限り設問に加えるべきである。

オ．適切。従業員の能動的な意見表出を促すため、また、仮に回答率が低かった場合に、自由回答欄の記述内容を丁寧に分析することで、潜在的な組織課題の抽出につながることも期待できる。

(1)●長期・中期・短期別の人員計画

テキスト第2章第1節

問題26 解答

R2前

正解 ウ

ポイント 採用の目的を踏まえ、人員計画に関する知識と運用のポイントを問う。

解説

ア．適切。目標要員決定方式は、経営計画に沿って適正人件費を決め、それに基づいて全社的な目標要員数を決める方式であり、その代表的な方法には次の2つがある。

〔方法①〕

目標要員数＝(目標売上高×適正売上高人件費比率)÷(1人当たり人件費)

〔方法②〕

目標要員数＝(目標付加価値額×適正労働分配率)÷(1人当たり人件費)

イ．適切。積み上げ方式は、部門別に要員数を測定し、全社の要員数を決める方式である。

ウ．不適切。目標要員決定方式と積上げ方式との間に人員計画数の違いが出た場合は、再度相互チェックを行い、業務改善・機械化等の施策・事業計画の見直し等を検討することで調整する。

エ．適切。

オ．適切。従来の人員計画及び採用は正社員を対象としてきたが、現在では非正規雇用者や外部人材を含めた人材ポートフォリオの考え方が重要である。

問題27 解答

R3前

正解 ウ

ポイント 人員計画に関するマクロ、ミクロ両面による理解度を問う。

解説

ア．不適切。現実的にはこういった対応がなされている企業も多いが、短期的な利益至上主義が見直される中で、企業においては中長期的な戦略の重要性が増している。

イ．不適切。まず経営戦略が策定され、事業のコア・コンピタンス要件などを確定した後に人材像と人材戦略が構築される。

ウ．適切。非正規労働者を含めた全体的な人材戦略の一環として、費用や生産性に注目した包括的な人員計画が重視されている。

エ．不適切。雇用の流動化を具体的に示す「入職率」「離職率」の知識を問う。1999年以降、入職率・離職率ともに上昇傾向にある。

オ．不適切。最優先すべきことは女性や高齢者を含めた働く意思と能力のある人材を活用するための戦略と施策（ダイバーシティ・マネジメント）であり、外国人労働者は多くの施策の１つにすぎない。

●参考文献

・厚生労働省ホームページ「雇用動向調査」（令和元年雇用動向調査結果の概要）

(1)●採用の基本と課題

テキスト第2章第2節

問題28 解答

R2前

正解 ア

ポイント 募集・採用に関する理解度を問う。

解説

ア．不適切。「必要採用数＝人員計画からの必要要員数－在籍要員数」であり、人員計画と採用計画は連動するものである。

イ．適切。選考基準は、経営理念及び経営戦略から導き出される人材要件（社員として求められる価値観と職種別スキル）に基づいて決定される。

ウ．適切。その際、求める役割についての具体的な情報をできるだけ明示することが重要である。さらに、入社後のキャリア、能力開発の機会、経営方針などを公開することも、求人・求職のミスマッチを少なくする上で有効である。

エ．適切。具体的には、人材要件から導き出された評価項目（チームワーク、リーダーシップ等）に関連して過去の経験を話させる形式をとる。これまでの経験の中から、①状況、②それに対してとった行動、③行動した結果、を掘り下げて聞き出し、総合的に評価を行う。その際には複数の面接者によって評価を行い、最終的な採否を決定する。

オ．適切。企業は、男女雇用機会均等法により、募集・採用について女性に対して男性と均等の機会を与えなければならず、障害者雇用促進法により、社員の一定比率以上の障害者を雇用する義務が課せられている。また、出入国管理及び難民認定法により、企業は自由に外国人を雇用することはできない。

(2)●採用の方法・手続の設計

テキスト第2章第2節

問題29 解答

R2後

正解 オ

ポイント 採用の方法、手続きに関する基本知識を問う。

解説

ア．適切。我が国企業における新卒採用は、多くの場合、長期的な育成を前提とした優秀な素材の確保に重点が置かれている。したがって、職種別採用の場合であっても、素材の優秀性が認められれば、採用することもありうる。

イ．適切。中途採用の場合は、必要とされる役割要件を広く告知し、志願者を募集する職種別採用が主流となるが、長い職業生涯の過程で、将来的には職種転換もキャリア形成上の重要なステップになるため、募集職種に直結する専門スキルのみを選考基準にすべきではない。

ウ．適切。設問に挙げられる能力を測定するため、面接、筆記試験、適性検査等の多様な選考手法を導入している企業が多い。

エ．適切。コンピテンシーとも呼ばれる行動特性を分析・検証することで、受験者の過去の経験に基づく思考、行動パターンを探り、そこから人材要件とのマッチングにより採否を決定する方法である。

オ．不適切。選考基準は、経営戦略から導き出される人材要件（社員として求められる能力と職種別スキル）に基づいて決定されるため、戦略策定の当事者たる各ラインの代表者は、主体的に選考基準づくりに参画すべきである。

問題30 解答

R3前

正解 ア

ポイント 昨今話題になっている副業・兼業に関する知識と考え方を問う。

解説

ア．不適切。副業に対して積極的な企業はまだ少ないが、本来は労働契約から外れた私生活は自由であることが原則である。法律家の間でも、本業との競合や会社の信用を傷つけるなどの合理的な理由がない限りは副業を禁止できないとする解釈が一般的である。

イ．適切。他に「同一労働同一賃金など非正規雇用の処遇改善」「賃金引き上げと労働生産性の向上」「高齢者の就業促進」「病気の治療、そして子育て・介護と仕事の両立」などが挙げられている。

ウ．適切。把握が難しい理由として、①副業の定義と範囲が定まっていないために正確な回答とならない、②専業が前提となっている正社員、兼業が一般的である非正規社員、さらに独立したフリーランスの回答が混在しているために実態が見えない、③正社員においては兼業が禁じられていると考える人が多いために正直な回答が得られない、などが挙げられる。

エ．適切。記述の他に、企業としては人件費の削減も視野に入れており、逆に個人としてはリストラへの備えとなる場合もある。副業・兼業が拡大する背景には、IT技術によってすでに始まっていた柔軟な働き方、副業を身近にする仲介ビジネスの拡大、さらには企業と個人の関係が変化したことによる人々の価値観の変化がある。

オ．適切。P.F.ドラッカーは第2の仕事として、ボランティアによる教会運営や司書活動などの例を挙げている。彼の主張は、知識労働者（ホワイトカラー）の生活において仕事比重が過多になることへの警告、あるいは企業内部から地域や社会へと目を向けることの重要性を説くものと解釈された。

●参考文献

・P.F.ドラッカー著、上田惇生訳「明日を支配するもの」ダイヤモンド社　1999

Ⅱ●雇用管理 ＞ 2●募集・採用

(3)●各種採用・雇用形態別の留意点、関係法令等 テキスト第2章第2節

解答

R2後

正解 ウ

ポイント 各種採用・雇用形態別の留意点、関係法令等の実務知識を問う。

解説

ア．適切。パートタイム・有期雇用労働法第２条第１項。

イ．適切。出向目的が技術指導であっても、請負会社への出向ということで偽装請負に対する脱法行為の可能性があるため好ましくない。

例として、元請会社がその社員を製造請負会社に技術指導の目的で当該製造会社に出向させ、当該社員に請け負った製造ラインの製造請負会社の労働者を指揮命令させることは、職業安定法が禁止する労働者供給事業に該当するとして、厚生労働省はパナソニックに行政指導を行った（朝日新聞平成18年10月26日付）。

ウ．不適切。常用労働者「200人」ではなく、「100人」である。障害者雇用促進法附則第４条第１項。

エ．適切。記述のとおり。

オ．適切。労働契約法第18条第１項。

●参考文献

・東京労働局ホームページ「あなたの使用者はだれですか？　偽装請負ってナニ？」

・独立行政法人高齢・障害・求職者雇用支援機構ホームページ「障害者雇用納付金制度の概要」

・厚生労働省ホームページ「労働契約法の改正について」

問題32 解答

R1後

正解 ア

ポイント 募集・採用に関する理解度を問う。

解説

ア．不適切。これ以外でも大学の単位取得の一環として企業との間に委託契約を締結し、学生が当該プログラムに参画するものなどは研修と見なされて雇用契約には該当しない場合がある。単に形式的なものではなく、実態に応じて判断する必要がある。

イ．適切。思想信条にかかわることに該当し、就職差別につながる恐れがあるので把握すべきではないとしている。

ウ．適切。民間企業における障害者の法定雇用率は、平成30（2018）年４月１日から2.2％に引き上げられ（従前は２％）、また、対象となる事業主の範囲も従業員50人以上から45.5人以上に変更になった。

　なお、令和３（2021）年３月から2.3％に引き上げられ、従業員43.5人以上に変更になった。

エ．適切。平成27（2015）年９月18日に公布された「青少年の雇用の促進等に関する法律」に基づき、厚生労働大臣が定めた「青少年の雇用機会の確保及び職場への定着に関して事業主、職業紹介事業者等その他の関係者が適切に対処するための指針」（平成27年厚生労働省告示第406号）に明記されている。

オ．適切。男女雇用機会均等法の特例措置（第８条）にポジティブ･アクションとして限定的に認められている。

●参考文献

・厚生労働省ホームページ「採用のためのチェックポイント」

(1)●配置と昇進

テキスト第2章第3節

問題33 解答

R2後

正解 イ

ポイント 人事異動に関する実務能力を問う。

解説

ア．適切。異動が使用者側の権利の濫用になるか否かの点については、業務の内容からして当人を選んだ基準の合理性からも判断される。

イ．不適切。配転命令に従わなかったことのみを事由に懲戒解雇を行うことは、判例などからすれば実際には困難であり、慎重に臨むことが求められる。

ウ．適切。看護師や運転手、アナウンサーなど一部の限られた専門職種において、業務の系統が異なる職種への配置転換に当たっては特に注意が必要であり、原則として本人の同意が必要不可欠である。

エ．適切。多くの判例で見受けられる。また、育児・介護休業法第26条は、労働者の配置に係る事業主の配慮義務を規定している。

オ．適切。安全の確保、休憩室や仮眠室、健康診断などについて適切な措置を講ずるべきという指針（男女雇用機会均等法施行規則第13条、「深夜業に従事する女性労働者の就業環境等の整備に関する指針」平成10年労働省告示第21号）が出されており、無条件というわけではないが、平成11（1999）年の労働基準法改正により女性への制限は撤廃されている。さらに男女雇用機会均等法第６条においても、特定の性について一定の職務の配置の対象から排除することが禁止されている。

問題34 解答

R3前

正解 オ

ポイント 配置・異動に関する昨今の動向を踏まえ、人事異動の目的・定義に関する理解度を問う。

解 説

ア．適切。かつては終身雇用が前提とされ、会社主導の配置に従うことは当然であったが、成果主義が進展する中でその前提は崩れつつあり、会社主導のキャリア政策に対する納得性は減少している。また、自ら希望する仕事によってキャリアを築いていきたいと強く願う社員の割合は増大しており、従来の配置・異動政策は大きな曲がり角を迎えている。

イ．適切。キャリアマインドとは、配置を自己決定する基礎となる意識変革であり、全社的な風土改革でもある。少しずつキャリアの考え方を全社で身につけていき、必要な支援を行うことが重要となる。

ウ．適切。会社主導型配置の改善については、説明責任がポイントとなる。異動に際しては「なぜ会社が指名したのか、なぜ戦略上必要なのか」について明確に本人に事前説明することが重要である。

エ．適切。自身のキャリアステップを描ききれていない社員に対し、会社が過去の育成経験の蓄積を踏まえてキャリアデザインを描き、効果的な育成を図る方法は、十分に機能しているといえる。

オ．不適切。定期型のポスティング政策とは、通常の定期異動を全てポスティングで行うという考え方であるが、現実的にはここまで行っている企業は少ない。「社内公募制など従業員の自発性を尊重する配置施策に関する調査」によれば、通常の配置転換による人事異動の数を100とした場合、社内公募制による異動の割合は、2.4%である。

定着のためには、社内の役割・仕事を処遇とともに公開する、キャリア研修や上司によるキャリア・コーチングを奨励するといった基盤整備を行う一方、不定期型の公募を増やしながら、自己申告制度を活用して社員の異動希望を把握し、従来の会社主導型の異動政策を改善していくといった、段階的な取組みが必要となる。

●参考文献

・独立行政法人労働政策研究・研修機構「社内公募制など従業員の自発性を尊重する配置施策に関する調査」2007

(2)●運用にあたっての留意点　テキスト第2章第3節

問題35 解答　R1前

正　解　エ

ポイント　人材登用に関する実務上の認識力を問う。

解　説

ア．適切。ポスティングとは、欠員が生じたり、増員の必要があったり、交替がやむを得ない場合に、広く社内に公募を行い、希望者の意思と実績を確認した上で戦略に基づく異動の重要な参考データとする仕組みである。

イ．適切。指名型とは上司推薦に基づいて行う前述の会社主導型の施策であるが、上司推薦を補完する手段として異動に関する自己申告制度を導入することが望ましい。

ウ．適切。配置・昇進は、全社員を対象とする社内公募制度を主に、指名型の人事異動を必要に応じて組み込むことが本来は望ましい。

エ．不適切。配置に関する面接は、人事部門の立ち会いを制限するものではないが、主体としては当該部門のトップが行うべきである。

オ．適切。男女雇用機会均等法第８条に「雇用の分野における男女の均等な機会及び待遇の確保の支障となっている事情を改善することを目的として女性労働者に関して行う措置を講ずることを妨げるものではない」とあり、記述のとおりである。

問題36 解答　R2前

正　解　オ

ポイント　人事異動に関する概念や原則的取扱いの理解度を問う。

解　説

ア．適切。就業規則に定めがある場合、会社は権利の濫用とされない限り社員の人事異動は特段の制限なく行うことができる。労働契約上当然の事項である（「従業員地位確認等」最高裁判二小 昭和61年７月14日）。

イ．適切。ただし、配置転換を広義に捉え「企業内の配置転換（勤務地変更、昇進・昇格、職種変更等）」と「企業間での配置転換（出向・転籍）」とに区分する見解もある。

ウ．適切。「社員の身分を維持したままで、他社の指揮命令の下で業務に従事する異動」が出向であり、出向元に戻ることを予定している一時出向と、一定期間の出向の後に転籍する出向の２つのタイプがある。

エ．適切。労働契約法第14条では、「使用者が労働者に出向を命ずることができる場合において、当該出向の命令が、その必要性、対象労働者の選定に係る事情その他の事情に照らして、その権利を濫用したものと認められる場合には、当該命令は、無効とする」と定めている。人事権の行使が権利の濫用に当たる場合は、そのような出向命令は無効となるということである。

オ．不適切。休職も人事異動の一部であるが、その制度化は企業の任意である。労働基準法第89条第10号。

●参考文献

・日本経団連出版「人事・労務用語辞典」2010

問題37 解答

R2後

正　解　イ

ポイント　人事異動のうち、転勤に関する実務知識の習熟度を問う。

解　説

ア．適切。転勤命令について、基本的には男性労働者と女性労働者間で性による区別をしてはならず、また、各種判例においても、労働者の利益を著しく害することになる配転命令の無効が示されている。このケースは、老親の介護当事者である男性労働者の転勤は、通常甘受すべき程度を著しく超える不利益に該当することから、転勤命令を他の労働者に切り替えた妥当なケースである。

イ．不適切。平成19（2007）年４月１日施行の改正男女雇用機会均等法（第７条）において、間接差別禁止の条項が加えられるとともに、間接差別に該当する恐れがあるものを、厚生労働省令で定めることとされた。

同法施行規則第２条第３号で「労働者の昇進に関する措置であって、労働者が勤務する事業場と異なる事業場に配置転換された経験があることを要件とするもの」が、実質的に性別を理由とする差別となる恐れがある措置に挙げられている。ただし、合理的理由がある場合には、昇進の条件として転勤の経験を課すことは認められている。「労働者に対する性別を理由とする差別の禁止等に関する規定に定める事項に関し、事業主が適切に対処するための指針」（平成18年10月11日告示第614号＜第３－４－(2)＞）では、合理的理由がない例として、昇進させようとする職位を遂行する上で特に転勤経験が必要であると認められない場合などが例示されている。慣習としてその必要性を精査することなく一律に転勤要件を昇進要件に加えることは、合理的理由のない間接差別に抵触すると判断できる。

ウ．適切。転勤を拒否した社員に対し、就業規則上の懲戒処分を科すことは理論上可能であるが、実務的には、ここまでのケアを会社側が行うことが不適切であるとはいえず、トラブルの未然防止の観点からも妥当な対応であるといえる。

エ．適切。記述のとおり。「日本電信電話事件」（千葉地裁木更津支部 平成３年12月12日）参照。

オ．適切。記述のとおり。「東亜ペイント事件」（最高裁二小 昭和61年７月14日）の判決文では、「右の業務上の必要性についても、当該転勤先への異動が余人をもって替え難いといった高度の必要性に限定することは相当でなく、労働者の適正配置、業務の能率増進、労働者の能力開発、勤務意欲の高揚、業務運営の円滑化など企業の合理的運営に寄与する点が認められる限りは、業務上の必要性の存在を肯定すべきである」と、業務上の必要性として、その転勤に企業の合理的運営に寄与する点が認められればよいとしている。すなわち、人事の活性化のための定期異動としての転勤には業務上の必要性があることを肯定しており、それが当該転勤者の被る不利益の程度と照らし合わせて、通常甘受すべき程度を超えていなければ妥当な命令であると判断できる。

●参考文献

・「労政時報」第3739号付録「転勤」労務行政　2008

(3)●実施にあたっての留意点

テキスト第２章第４節

問題38 解答

R3前

正解　ア

ポイント　出向・転籍に関する基本的理解度及び労働法規上の解釈について問う。

解説

ア．不適切。出向者と団体交渉を行う使用者が、出向元か出向先の使用者になるかは、出向の関係によって異なる。

イ．適切。出向には、関連会社に対して技術や経営を指導するために出向する「関連会社支援型」、社員の能力開発を目的に出向させる「能力開発型」、ポスト不足や人事の停滞を避けたいという配慮が強く働いて、主に中高年層それも中高年ホワイトカラーを出向させる「排出型」出向の３タイプがある。

ウ．適切。記述のとおり。

エ．適切。出向とは「社員の身分を維持したままで、他社の指揮命令の下で業務に従事する異動」である。なお、出向元に戻ることを予定している一時出向と、一定期間の出向の後に転籍する出向の２つのタイプがある。

オ．適切。転籍（転籍出向）は、元の会社との雇用関係を終了させ、転籍先と新たに雇用関係を結ぶ異動であるため、実施に際しては、社員の個別同意が必要となる。

●参考文献

・菅野和夫「労働法（第12版）」弘文堂　2019

R2前

正　解　エ

ポイント　出向・転籍に関する考え方及び多様な勤務場所の一例である常駐勤務（客先常駐）に関する知識を問う。

解　説

ア．適切。出向・転籍の目的は多様化しており、従来の関係会社支援型、能力開発型、排出型では収まらなくなっている。

イ．適切。関係会社の集約が進む中で、出向・転籍先は資本関係のない先にまで広がりを見せている。

ウ．適切。社内を内部労働市場、社外を外部労働市場と分類した場合、出向・転籍先（関係会社が多い）は準内部労働市場である。

エ．不適切。記述は出向の場合であり、転籍の場合は在籍している会社との雇用関係を終了させて、他の会社との間で雇用関係が発生することになるため、実施に関しては社員の個別同意が必要である。

オ．適切。バブル期に採用した中高年が人員構成のひずみを起こしており、銀行をはじめ大企業ではこうした取組みが散見される。

(1)●表彰・懲戒の基本と課題

テキスト第2章第5節

解答

R2前

正解 エ

ポイント 表彰制度の人事制度における意義・機能の理解度を問う。

解説

ア．適切。企業における表彰とは、業績への顕著な貢献、模範的な勤務態度、社会的善行など、会社が従業員に期待する社内外における従業員の行為及び行為の結果に対して、会社の称賛を明らかにし、金銭的または非金銭的に報いることをいう。表彰の目的としては、以下のようなものがある。

①従業員のモラールを高める。

②従業員の労働意欲を高める。

③従業員の会社への信頼感や組織への帰属意識を高める。

④従業員に期待する行為・態度を表彰を通じて具体的に示す。

⑤組織を統括するために、信賞必罰の一方を実現する。

⑥従業員の行為を通じて、企業の社会的イメージを向上させる。

イ．適切。表彰制度を設計するに当たって、企業理念やミッションの実現を可能とさせるような行為とは何かが十分に検討された上で、顕彰行為を規定することが大切である。

ウ．適切。表彰制度は、集団的取組みを促進するツールとしても活用できる。その際、被表彰代表者は実質最大貢献者とすることが肝要との見解がある。

エ．不適切。表彰制度は、社内風土の改善のツールとしても用いることができる。挑戦を奨励する社内風土を醸成する目的で、「大失敗賞」を設け成果を挙げている実例もある。

オ．適切。表彰を報酬や昇任・昇格などの処遇に直接に結びつけると、内発的動機の形成をかえって阻害するマイナスを生じる恐れがある。

●参考文献

・藤井薫「各種表彰に共通する制度の目的·役割と設計上の留意点」(「労政時報」第3765

号）労務行政　2010
・太田肇「表彰制度」東洋経済新報社　2013
・太田肇「日本的人事管理論」中央経済社　2008

(2)●制度設計にあたっての留意点

テキスト第2章第5節

解答

R3前

正 解 ア

ポイント 懲戒処分の種類とその内容に関する理解度を問う。

解 説

ア．不適切。退職後の懲戒処分は、原則として刑罰不遡及ルールの準用によりできない。なお、退職金支給については、就業規則に「退職後に懲戒解雇に相当する事実が発覚した場合、不支給又は返還請求できる」という規定を置けば、不支給・返還請求が可能であるが、これらの措置は退職金支給要件の解除条件の成就ないし不当利得返還請求であって、懲戒処分が過去に遡及したものではない。

イ．適切。民法第90条は公序良俗に関する規定であり、記述のとおりである。労働契約法第15条に定める懲戒権濫用に抵触する恐れもある。

ウ．適切。労働基準法第91条。

エ．適切。職務能力の再評価に伴う降格等とは異なる。

オ．適切。懲戒解雇と諭旨退職は懲戒事由としては同一の場合も多く、懲戒事件に至る経緯や該当者の過去の貢献等に対する情状酌量等を勘案されて適用される場合もある。

●参考文献

・菅野和夫「労働法（第12版）」弘文堂　2019

・安西愈「トップ・ミドルのための採用から退職までの法律知識（13訂）」中央経済社　2010

・水町勇一郎「労働法（第９版）」有斐閣　2022

(3)●運用にあたっての留意点

テキスト第２章第５節

解答

R2後

正 解 エ

ポイント 懲戒制度の運用に関する実務的な知識を問う。

解 説

ア．適切。出勤停止期間を無給とする取り決めは、「制裁として当然の結果であって、通常の額以下の賃金を支給することを定める減給制裁に関する労働基準法第91条の規定には関係ない」とする（昭和23年７月３日基収第2177号）。また、裁判例でも、「労務の提供を受領しつつその賃金を減額するものではないから、懲戒処分としてなされる場合でも、労働基準法第91条の適用はない」としている（「パワーテクノロジー事件」東京地裁 平成15年７月15日）。つまり、労働基準法第91条は減給の制裁に関する規制であり、出勤停止には適用されない。

イ．適切。懲戒解雇の該当性について、「当該行為の性質、情状のほか、会社の事業の種類・態様・規模、会社の経済界に占める地位、経営方針及びその従業員の会社における地位、職種等諸般の事情から総合的に判断して、右行為により会社の社会的評価に及ぼす悪影響が相当重大であるであると客観的に評価される場合」という基準を示す判例（「日本鋼管事件」最高裁二小 昭和49年３月15日）からも、当該事案が及ぼす影響の程度を勘案しても、懲戒解雇処分が不適切とはいえない。

ウ．適切。労働基準法第91条の減給の制裁に規定された範囲であり、妥当な減額規模である。

エ．不適切。裁判例で、「一事不再理の法理は、私的制裁規範である就業規則の懲戒条項にも妥当する」（「国際航業事件」大阪地裁 昭和45年11月19日）とあり、一事不再理の原則は懲戒処分決定の上で重要な判断基準となるが、一方で、刑法でも前刑から一定期間内に再犯をした場合は、再犯の刑が最大で２倍となる（再犯加重）ことから、再犯時に前刑を考慮に入れることは、直ちに一事不再理には反しないといえる。したがって、過去の懲戒歴は新たな非違行為に対する懲戒処分の加重事由となり、しかも短期間に同じ非違行為を繰り返した事案であるため、加重すべきであり選択肢は妥当とはいえない。

オ．適切。最近では日本型成果主義の浸透により、賞与における考課格差が拡大する傾向にある。この人事考課で、非違行為を理由として低い評価をした結果として賞与額が低くなることは、減給の制裁には当たらない。したがって、労働基準法第91条に抵触するものではない。つまり賞与の減額は懲戒そのものではないといえる。

●参考文献

・「労政時報」第3669号付録「実務家のための法律基礎講座・懲戒」労務行政　2006

解答

R1後

正　解　オ

ポイント　懲戒制度の運用に関する理解度を問う。

解　説

ア．不適切。二重処分に該当することからできない。

イ．不適切。使用者が懲戒処分時に認識していなかった非違行為は、特段の事情のない限り、当該懲戒処分の理由に追加できない（「山口観光事件」最高裁一小 平成８年９月26日）。

ウ．不適切。最低限、本人に弁明の機会を与える必要がある。

エ．不適切。長期間懲戒処分をしなかった後の懲戒処分は、権利の濫用とされることがある（「ネスレ日本事件」最高裁二小 平成18年10月６日）。

オ．適切。諭旨解雇処分であり、有効である。

(1)●退職・解雇の基本と課題

テキスト第2章第6節

問題44 解答

R2後

正 解 ウ

ポイント 有期の労働契約者について、法的側面から正しく理解しているかどうかを問う。

解 説

ア．適切。労働基準法第14条（契約期間等）の第１項１号及び２号に該当する。

イ．適切。「有期労働契約の締結更新及び雇止めに関する基準」の第１条。なお、同法の平成24（2012）年改正で、旧第２条が繰上げとなり第１条となった。

ウ．不適切。労働契約法第17条によれば、使用者は有期労働契約期間の途中では、やむを得ない事由がある場合でなければ解雇できないとは明記されたが、全ての場合に契約期間満了までの賃金保障が義務づけられたわけではない。なお、途中解雇につき労働者に損害があった場合、民法第628条後段が適用され「その事由が当事者の一方の過失によって生じたもの」であれば損害賠償責任が発生する。

エ．適切。労働基準法第15条、同法施行規則第５条第１項第１号の２。

オ．適切。労働契約法第19条第２号。

問題45 解答

R2前

正 解 オ

ポイント 契約期間の満了や労働者の死亡、定年退職などの当然退職のケースについての理解度を問う。

解 説

ア．適切。記述のとおり。「JR東海事件」(大阪地裁 平成11年10月４日）参照。

イ．適切。解雇とは、使用者が一方的に労働契約を解除するものであり、退職とは解雇以外の原因で雇用関係が終了することを指す。退職には、任意退職と当然退職があり、さらに当然退職は、定年退職、労働者の死亡、行方不明期間経過による退職、契約期間満了による退職などに分かれる。

ウ．適切。高年齢者雇用安定法第８条。

エ．適切。民法第30条・第31条。

オ．不適切。有期労働契約の法定更新は、労働契約法第19条の要件「労働者がその労働契約の満了日までに更新の申込みを行い、その労働契約が更新されるものと期待することにつき合理的理由がある場合であって、使用者がその申込みを拒絶することが客観的に合理的理由を欠き社会通念上相当と認められないとき等」を満たす必要がある。

●参考文献

・菅野和夫「労働法（第12版）」弘文堂　2019

問題46 解答

正解　イ

ポイント　解雇権濫用法理、有期労働契約の終了、解雇予告手当に関する理解度を問う。

解説

ア．適切。「有期労働契約の締結、更新及び雇止めに関する基準」第２条第２項に定められている。

イ．不適切。労働契約法第17条（契約期間中の解雇等）第１項において「使用者は、期間の定めのある労働契約について、やむを得ない事由がある場合でなければ、その契約期間が満了するまでの間において、労働者を解雇することができない」と規定されている。

ウ．適切。労働基準法第20条（解雇の予告）第１項・第２項。労働者を解雇しようとする場合、少なくとも30日前に予告するか、解雇予告手当を支払わなければならない。ただし、解雇予告手当として１日当たりの平均賃金を支払った日数だけ、予告日数を短縮することができる。

エ．適切。労働基準法第21条（解雇予告の適用除外）。解雇予告が適用除外となる労働者については下記のとおりである。ただし、カッコ内の場合は適用除外されない。

①日々雇い入れられる者（１カ月を超えて引き続き使用されるに至った場合）

②２カ月以内の期間を定めて使用される者（所定の期間を超えて引き続き使用されるに至った場合）

③季節的業務に４カ月以内の期間を定めて使用される者（所定の期間を超えて引き続き使用されるに至った場合）

④試用期間中の者（14日を超えて引き続き使用されるに至った場合）

オ．適切。労働契約法第17条（契約期間中の解雇等）第１項。

(2)●退職・解雇制度の設計

テキスト第２章第６節

問題47 解答

R2後

正解 ウ

ポイント 解雇予告に関する理解度を問う。

解説

ア．正しい。解雇予告手当として１日当たりの平均賃金を支払った日数だけ、予告日数を短縮することができる。

イ．正しい。労働基準法第20条第２項。ただし、解雇権の濫用に該当する場合は無効となる（労働契約法第16条）。

ウ．誤り。労働基準法第20条第１項但書及び第３項により、所轄労働基準監督署長の解雇予告除外認定が必要である。

エ．正しい。労働基準法第21条。

オ．正しい。労働基準法第21条。

(1)●雇用調整の基本と課題

テキスト第2章第7節

解答

R1後

正解　ア

ポイント　雇用調整における労働法上の問題の理解度を問う。

解説

ア．不適切。労働組合法第17条により、同種の労働者である非組合員にも労働協約の一般的拘束力が発生するが、判例（「朝日火災海上保険事件」最高裁三小 平成８年３月26日）により「当該労働協約を特定の未組織労働者に適用することが著しく不合理である特段の事情があるときは、労働協約の規範的効力を当該労働者に及ぼすことができない」と判示されている。

イ．適切。これら４つの条件は「整理解雇の４要件（要素）」である。整理解雇は、もっぱら雇用主側の事業経営上の都合によるものであるから、他の解雇に比べてより厳しく規制されている。従業員に与える深刻な影響を十分に考慮し、プランの策定や実施に当たって、４要件を具備しているかを検証しながら進めるべきである。

ウ．適切。一方、退職の誘引行為や申し入れ行為の範囲を超えた事実的強制があれば、任意退職とはみなされず解雇または不法行為とみなされることになる。「下関商業高校事件」（最高裁一小 昭和55年７月10日）参照。

エ．適切。労働契約法第10条。

オ．適切。労働基準法第26条。

●参考文献

・厚生労働省労働基準局編「増補版 労働基準法 上巻（労働法コンメンタールNo. 3）」労務行政　2003

(2)●雇用調整の方法

テキスト第２章第７節

解答

R2前

正解 ア

ポイント 最も厳しい雇用調整である整理解雇の実施条件の理解度を問う。

解説

ア．不適切。このような制度はない。なお、労働施策総合推進法第27条には大量雇用変動届（１カ月以内に30人以上の離職）を所轄公共職業安定所長に届け出る制度がある。

イ．適切。「高度の経営危機＋人員整理しか手段がないこと」までは、最近は要求されていない。

ウ．適切。整理解雇は、事前に各種の雇用調整策の実施後でなければ、着手できない。

エ．適切。整理対象者の選定には、解雇に伴う私生活への支障等の影響度を勘案し、その影響の少ない者から解雇する等の整理基準を定めなければならない。

オ．適切。整理解雇のためには、会社は対象者に対し十分にその状況を説明し、納得を得るような手続きが求められる。

●参考文献

・菅野和夫「労働法（第12版）」弘文堂　2019

解答

R2後

正解 オ

ポイント 雇用調整の方法に関する理解度を問う。

解説

ア．適切。記述のとおり。ただし、抑制規模や人員削減率があまりに大きくなると、個別労働者の労働負担が増加して、過重労働問題につながる可能性もある。

イ．適切。労働者派遣法第29条第２項及び「派遣先が講ずべき措置に関する指針」（平成11年労働省告示138号）第２－６－⑷。

ウ．適切。「短時間労働者及び有期雇用労働者の雇用管理の改善等に関する法律の施行について」（平成31年１月30日基発0130第１号等）第３－４－⑼に規定されているとおり、記述の場合はパートタイム・有期雇用労働法第９条違反になる。

エ．適切。年齢などの一定の応募条件の下に、退職優遇条件を提示して、応募者を集める。労使双方の合意による退職であるため、既存の正社員との雇用契約を円満に終了させることができ、しかも、即日でも雇用契約解除の効力を生じさせることが認められている。

オ．不適切。整理解雇に求められる４要素とは、①整理解雇の必要性、②解雇回避努力措置、③対象者選定の合理性、④手続きの妥当性であり、設問の再建計画の提示は①④に含まれる１項目という位置づけとなる。

(3)●雇用調整計画の策定

テキスト第2章第7節

問題51 解答

R2前

正解 イ

ポイント 事業主が雇用調整を行う場合における関係法令についての知識を問う。

解説

ア．適切。いわゆる内定取消しは、事前届出を義務づけられる（職業安定法第54条、同法施行規則第35条第２項第２号）。

イ．不適切。パートタイム・有期雇用労働法第９条により、通常の労働者と同視すべき有期雇用労働者は、差別的取扱いが禁止される。「短時間労働者及び有期雇用労働者の雇用管理の改善等に関する法律の施行について」（平成31年１月30日基発0130第１号等）では、「経営上の理由により解雇等の対象者の選定をする際は、通常の労働者と同視すべき短時間・有期雇用労働者については、契約期間に期間の定めのあることのみをもって通常の労働者よりも先に有期労働者の解雇等をすることは、解雇等の対象者の選定基準において差別的取扱いがなされていることとなり、法９条違反となる」としている。

ウ．適切。労働基準法第26条（休業手当）。

エ．適切。いわゆる「攻めのリストラ」は、企業経営上の必要性を認めたとしても、人員削減を整理解雇で行う必要性はなく、また解雇回避努力義務も欠くことが多いとする。また、「少なくとも赤字経営であることを求めることが多い日本の現在の裁判実務は、人員削減の必要性は認められ難いであろう」といわれている。

オ．適切。雇用保険法第62条、同法施行規則第102条の３に定められ、雇用調整として休業・教育訓練を行うほか、在籍出向を行う場合にも支給される。

●参考文献

・菅野和夫「労働法（第12版）」弘文堂　2019

・水町勇一郎「詳解労働法（第２版）」東京大学出版会　2021

(2)●働きやすい職場環境の整備

テキスト第2章第8節

問題52 解答

R2前

正　解　エ

ポイント　ワーク・ライフ・バランス（仕事と生活の調和）についての理解度を問う。

解　説

ア．含まれている。就労による経済的自立の支援として、企業の責務とされる。「仕事と生活の調和推進のための行動指針」の３－⑴（就労による経済的自立）。

イ．含まれている。多様な働き方の選択肢を増やすものとして、企業の責務とされる。同指針３－⑴（多様な働き方の選択）。

ウ．含まれている。多様な働き方の選択肢を増やすものとして、企業の責務とされる。同指針３－⑴（多様な働き方の選択）。

エ．含まれていない。

オ．含まれている。健康で豊かな生活時間の確保は、企業の責務とされる。同指針３－⑴（健康で豊かな生活のための時間の確保）。

●参考文献

・内閣府「ワーク・ライフ・バランス憲章」（平成19年12月18日、仕事と生活の調和推進官民トップ会議）

・内閣府「仕事と生活の調和推進のための行動指針」（平成19年12月18日）

問題53 解答

R3前

正　解　オ

ポイント　高年齢者の雇用管理に係る法律規制についての理解度を問う。

解　説

ア．適切。高年齢者の労働災害被災率は、高年齢者以外の労働者よりも高い。労働災害による休業４日以上の死傷者のうち、60歳以上の労働者の占める割合は26％（平成30年）で増加傾向にある。労働安全衛生法第62条に規定されている。

イ．適切。高年齢者雇用促進法第９条第１項第２号、第３項。高年齢者雇用確保措置のうち継続雇用制度の記述として正しい。

ウ．適切。厚生年金保険法第46条第１～５項に定められており、一定額とは、月48万円（法律規定額）である。国民年金法には、減額調整の規定はない。

エ．適切。雇用保険法第４条第１項、第６条第１号、第37条の２第１項。なお、失業した場合、一定の要件を満たすと一時金である高年齢求職者給付金を受給できる。

オ．不適切。高年齢者雇用安定法第10条の２によると、義務ではなく、努力義務である。

(1)●賃金管理および総額人件費管理の意義

テキスト第3章第1節

問題 54 解答

R2後

正 解 オ

ポイント 総額人件費管理を推進する上での正確な知識と、経営計画に及ぼす影響まで考慮した大局的な対応力を問う。

解 説

ア．不適切。総額人件費管理は、自社の人件費総額とその変動要因を把握し、一定範囲に統制していくために、要員管理、昇給・賞与原資の統制、人事諸制度の改定等の対応策を講じることにより、事前に人件費をコントロールすることである。

イ．不適切。労働分配率は好況時に低下し、不況時には上昇するが、業種や企業規模との明確な相関関係は見いだされない。ただし、経営基盤が脆弱(ぜいじゃく)な小規模企業は、一般的に大規模企業よりも高率となる傾向がある。

ウ．不適切。割引率は、退職給付の支払見込み期間等に対応した優良債券の利回りを基礎として決定し、期待運用収益率は、保有する年金資産のポートフォリオ、過去の運用実績、市場の動向等を考慮して合理的に算定するのが原則となっているため、いずれも恣意(しい)的な変更は会計原則上認められない。また、短期的周期での費用コントロールは困難である。

エ．不適切。人件費が外注費や業務委託費に振り替えられることで、名目上の人件費は低下するが、当該職務を遂行するためのコストは将来にわたって継続的に発生するため、本質的な意味で、総額人件費削減の要諦とまではいいがたい。また、派遣社員に係るコストが、常に正社員よりも下がるというわけではない。

オ．適切。記述のとおり。

問題55 解答

R3前

正 解 ウ

ポイント 総額人件費管理を行う上で重要な指標となる労働分配率の理解度を問う。

解 説

ア．適切。労働分配率の維持は正しいが、それは固定的・硬直的に運用するものではなく、一定の幅を持たせたゾーンで管理していくべき性質を有する。特に不況期は、獲得付加価値が大きく低下することもあるため、労働分配率の上昇は避けられないケースも出現する。

イ．適切。記述のとおり。

ウ．不適切。人件費が利益とのバランスで管理されること、中長期的な視点を持って採用計画や賃金制度改革といった必要な対策を計画的に施していくことは重要である。一方で、賃金の外部競争性や同業他社の実態を確認するために、業界標準やターゲット企業の数値を把握し、有効な対策につなげることもまた重要である。

エ．適切。なお、労働分配率は「人件費÷付加価値」で算定され、企業活動を通して獲得した付加価値に占める人件費の割合を示すものである。製造業や建設業の場合は、付加価値は、「生産売上高－（材料費＋買入部品費＋外注加工費）」で計算する。

オ．適切。記述のとおり。

●参考文献

・日本生産性本部生産性労働情報センター「活用労働統計2015」

(1)●賃金制度の基本

テキスト第3章第2節

問題56 解答

R1前

正 解 イ

ポイント 職能給で用いる各種賃金表の違いについて理解度を問う。

解 説

ア．適切。これは段階号俸表のメリットである。一方、昇給額の増減は号俸ピッチ（号俸格差）の額と評価による昇号数で調整するが、昇号数での調整ができない場合は号俸ピッチを改定することになり、賃金表を書き換えなければならないデメリットがある。

イ．不適切。重複型の範囲昇給額表は、初任給時の職能給からスタートし、評価による昇給額を加算することで昇給させる。ただし、当該等級において職能給の上限に達した場合、昇給が止まり、次の等級に昇格した場合に、新しい等級の同等額から再スタートする。このため、昇給の仕組みは分かりやすいが、自分の職能給の位置は分かりづらい。

ウ．適切。また、月例給与を評価によって増減させることで、労働意欲の喚起を促すことができる。

エ．適切。なお、範囲昇給額表は昇給の仕組みは分かりやすいが、自分の職能給の位置は分かりづらく、ベースアップなど賃金水準の改定をする場合、賃金表の改定と個人の職能給の改定は別々に実施しなければならない。

オ．適切。ほかに、長く同一等級にとどまり昇給がないと労働意欲・向上意欲を欠く恐れがあったり、昇格者の増減によって昇給原資が大きく変動したりするという特徴がある。

問題57 解答

R2前

正 解 オ

ポイント 賃金制度の定義、目的等について理解度を問う。

解　説

ア．適切。「範囲昇給額表」では、各等級の下限額からスタートし、評価による昇給額を加算することで昇給させる。ただし、当該等級において職能給の上限に達した場合は昇給がストップする。昇格した場合に昇給後の額が上位等級の下限を下回る場合は下限額まで引き上げる。なお、昇給額ではなく昇給率を設定する場合は「範囲昇給率表」という。

イ．適切。同上。

ウ．適切。能力主義的な考え方を強く打ち出すのであれば、「開差型」あるいは「接続型」が望ましい。職能給の重なりが「開差型」の場合は、長期滞留者の上限到達年数をあらかじめ想定しておく必要がある。

エ．適切。記述のとおり。

オ．不適切。モチベーションの観点から設問のような運用をする企業もあるが、レンジの上限を超えて昇給を続けること自体が範囲給制度の本来の趣旨に反するものであり、年功的な要素が入り込む恐れがある。本来の運用は、上限額を超えた分は調整給として支払い、ただし調整給は既得権とせず、一定期間内で逓減（ていげん）・償却する（最終的に調整給ゼロとする）ことが原則となる。

(2)●賃金制度の設計方法と留意点

テキスト第3章第2節

問題 58 解答

R1後

正 解 ウ

ポイント 職務給制度の設計・運用についての理解度を問う。

解 説

ア．適切。なお、単一職務給は、職務等級によって職務給の定額を設定する方法で、主に事務職や技能職など定型業務従事者層で活用する場合が多い。定型業務は仕事のアウトプットの仕様が定まっており、遂行する手段・方法（プロセス）も標準化されているため、単一職務給が適している。

イ．適切。範囲職務給表（レンジ・レート）では、職務等級に格付けられると等級の下限額からスタートし、評価によって昇給を累積していく。昇給は現在どの給与位置（ゾーン）にいるかによって、同じ評価でも昇給率が異なる。

ウ．不適切。同一等級内で下位ゾーンにある者の昇給率が高くなるようにするべきである。そのことにより、下位者のミッドポイント（ポリシーライン）への到達を早め、職務・役割と給与のバランスが早期に図れるようにする。一方、上位ゾーンにある者の昇給率は低くなるように設定し、同一等級滞留者の範囲給上限額への到達を遅らせることで、昇給機会を増やし、滞留者のモチベーションの維持を図るようにする。

エ．適切。賃金制度の改定により、賃金総原資や個人の賃金の上下動が発生し、上がる場合は会社のコスト増、下がる場合は個人の不利益という問題が生じる。賃金が増加する者への対応については、全体の賃金原資が大きく増える場合は段階的に引き上げることもある。方法としては、①新賃金に改定した上でマイナス調整給により増分の何割かを差し引き、マイナス調整給を段階的に少なくする、②新賃金額自体を段階的に引き上げる、というものがある。

オ．適切。職務給（役割給）は、仕事や役割に対する給与である。企業内の様々な職務を職務分類（等級）制度によっていくつかの等級にグループ化し、各人がどの職務等級に該当する職務に就いているかによって職務給（役割給）が決まる。この点が人の能力を評価して格付ける職能資格等級及び職能給と根本的に異なるところである。

問題 59 解答

R2後

正解 ア

ポイント 賃金制度に関する認識力を問う。

解説

ア．不適切。いくら開差型としても、次の等級への昇級が年功的に行われたり、レンジ･レートの幅が大きければ、年功的な運用は十分に可能である。

イ．適切。人的資本理論、内部労働市場論など経済学の理論に基づく。

ウ．適切。手当の種類は多様であるが、大きく分類すると職務関連手当（役付手当、営業手当など）、生活関連手当（家族手当、住宅手当など）及び調整手当などの「所定内給与」と、時間外勤務手当、休日勤務手当、深夜勤務手当、宿・日直手当等の「所定外給与」とに区分される。

エ．適切。記述のとおり。

オ．適切。記述のとおり。

●参考文献

・厚生労働省「平成17年版 労働経済白書」2005

Ⅲ●賃金管理　＞　2●賃金制度の設計と運用

(3)●人事制度と賃金

テキスト第3章第2節

問題60 解答

R2後

正　解　エ

ポイント　処遇改定時における賃金制度の設計と留意点について理解度を問う。

解　説

ア．適切。記述のとおり。

イ．適切。記述のとおり。

ウ．適切。記述のとおり。

エ．不適切。保守という業務特性上、職務による賃金等の差異が出にくい業種である。今回の目的は、賃金を使い、従業員の努力によって差異が出る部分を作ることによりモラールアップを意図するものである。職務給のウエイトを上げることは今回の変更の趣旨と反するものである。

オ．適切。記述のとおり。

問題61 解答

R1後

正　解　ア

ポイント　人事・賃金制度改定後の運用及びフォローについての実務的知識を問う。

解　説

ア．不適切。人事評価結果の分析は重要であり、自社の評価傾向を把握した上で、まずは評価の適正化に向けた取組みを図るべきである。また、賞与の成績間格差を縮小することが、評価の中央化傾向の解消に直結するとはいえない。

イ．適切。実際にはこうした不利な状況に陥った社員に肯定的な受け止め方を期待するのは難しいが、対象者との不断のコミュニケーションを通じて、動機づけを施すプロセスは非常に重要である。

ウ．適切。制度改定の理念や本質的な目的を貫くことは重要であり、安易な救済策の導入は、かえって制度運営を危うくするリスクを内包する。

エ．適切。範囲役割給は、その等級の最高給与額と最低給与額を明示したものである。最高給与額を得ている者は、上位等級へのプロモーション（昇格）がない限り、賃金は天井に張りつくことになる。

オ．適切。制度改定の趣旨が伝わっているかの再確認と合わせ、新人事・賃金制度に対する受け止め方、昇給・賞与の決定方法についての意見等、広範な意見を収集した上で、それが自社の経営にプラスに作用しているか、問題点はどこにあるか等を明らかにし、必要に応じて従業員への説明や制度の見直しにつなげることが重要である。

(4)●就業形態の多様化と賃金

テキスト第3章第2節

問題62 解答

R3前

正　解　イ

ポイント　同一労働同一賃金の基本的な知識と考え方を問う。

解　説

ア．適切。企業は、多様化した従業員を効果的に活用していくために、企業・従業員双方のニーズを可能な限りマッチさせるような多様な処遇システムを用意し、就業形態を問わず意欲と能力のある社員を適切に処遇していく必要がある。

イ．不適切。「同一労働同一賃金ガイドライン」においては、その対象が賃金全般に加えて、福利厚生や教育訓練をも含む広い範囲となっている点に注意が必要である。

ウ．適切。定年退職後にパートタイマーや有期労働契約といった雇用形態に変更し、賃金決定方法も変更することは、均等待遇・均衡待遇を判定するに当たっての考慮要素である「その他の事情」に該当し適法である。しかし、同一労働同一賃金の原則から、説明のつかない不合理な待遇は違法となる可能性もあるため、注意が必要である。

エ．適切。改正されたパートタイム・有期雇用労働法に、「事業主は、通常の労働者との均衡を考慮しつつ、その雇用する短時間・有期雇用労働者の職務の内容、職務の成果、意欲、能力又は経験その他の就業の実態に関する事項を勘案し、その賃金を決定するように努めるものとする」との規定が新設された。

オ．適切。労働者派遣法が改正され、令和２（2020）年（中小企業は令和３年）４月から、派遣労働者と派遣先の通常の労働者の間に同一労働同一賃金の原則を適用する条文が新設された。

問題63 解答

R3前

正解　ウ

ポイント　多用な就業形態と賃金との関係に関する事項等について、理解度を問う。

解説

ア．適切。プロジェクト活動の推進、社内体制の整備など、期間を限定した特定目的完遂のために、一定以上の専門能力を有する労働者を有期労働契約によって活用しようというケースでは、賃金水準に十分な外部競争力がなければ労働者の確保がかなわないことから、年俸制や完全月給制など、正社員に近い賃金体系が適用されることが多い。

イ．適切。短時間正社員と正社員の違いは、労働契約上の所定労働時間の相違のみであることから、記述どおりの決定方式が一般的である。

ウ．不適切。再雇用後の職務内容が定年前と同一の場合は、同一価値労働の継続提供を労働者に課すことになるため、賃金水準の妥当性や賃金決定基準の合理性が求められる。一方、定年前とは異なる職務（軽減されるケースが多い）を付与する場合は、設問のように定年前賃金の一定比率に減額する方法がかつては多く採用されていた。均等待遇の原則から説明のつかない不合理な待遇は違法になることから（パートタイム・有期雇用労働法第８条、「同一労働同一賃金ガイドライン」平成30年12月28日厚生労働省告示430号第３－２、「長澤運輸事件」最高裁二小 平成30年６月１日）、単なる賃金決定基準の分かりやすさを優先するのではなく、公平性、客観性、合理性を有し納得感の高い賃金決定基準の構築を追究すべきである。

エ．適切。今後は、単なる補助業務や定型業務を担う従来型のパートタイマーに加え、基幹職務を担う新たな短時間正社員も増加すると見られ、こうした多様な就業形態に対応できる公正な賃金決定基準のバリエーションをいかに準備していくかが新たな課題となる。

オ．適切。厚生年金の報酬比例部分は、平成25（2013）年度以降、段階的に支給開始年齢が引き上げられ、最終的には65歳となる。現在、在職老齢年金の受給を前提とした賃金設定を行っている場合は、今後再設定を余儀なくされることに留意されたい。

●参考文献

・厚生労働省「『短時間正社員制度』導入・運用支援マニュアル」2020

(5)●運用およびフォローにあたっての留意点

テキスト第3章第2節

解答

R1前

正解 イ

ポイント 賃金制度の設計と留意点について理解度を問う。

解説

ア．適切。年齢給は、生産性とは関係のない給与であるため、高齢化すると賃金のコスト・パフォーマンスが低下する恐れがある。

イ．不適切。中高年社員の割高感に対する対策なので、能力の発揮度合いに応じて変動する職能給を調整するのではなく、成果に関係なく固定的に上昇する年齢給を調整しないと割高感の改善にならない。

ウ．適切。高い等級ほど職能給は高くなるので、それに応じて昇給額が高くなることは合理的であるが、昇給は定期昇給と昇格昇給から成り立つことを考慮すれば、下位等級ほど定期昇給を厚くし（ただし、同一等級内の滞留年数に応じて昇給を抑える)、上位等級ほど昇格昇給を厚くすることで、より能力主義的な賃金表とすることができる。

エ．適切。記述のとおり。

オ．適切。所定内給与に占める基本給と手当の割合は、手当の内容によってほぼ決まることになるが、世間の平均的な割合は「基本給：手当＝90：10」である。

(1)●各種企業年金の種類

テキスト第3章第3節

問題65 解答

R2前

正解　オ

ポイント　確定拠出年金の制度概要に関する基本的な知識を問う。

解説

ア．適切。退職時等に、企業型から個人型へ、又は個人型から企業型へ資産を移換することは可能である。ちなみに、専業主婦や公務員、勤め先に企業年金がある会社員は確定拠出年金には加入できなかったが、平成29(2017) 年１月施行の改正確定拠出年金法により、公務員（第２号被保険者）と専業主婦・パートタイマー（第３号被保険者）、勤め先に企業年金があって企業型確定拠出年金が導入されていない社員も加入することが可能となった。

イ．適切。企業型年金の事業主掛金の拠出限度額は、厚生年金基金の加入員資格の有無等によって異なる。厚生年金基金の加入員や確定給付企業年金の加入者である者の拠出限度額は月額27,500円であり、それ以外の者については月額55,000円である（確定拠出年金法施行令第11条、平成26年10月１日改正)。

ウ．適切。総合型とは、すでに承認を受けた規約に複数企業が参加する形で実施されるもので、後発の企業には規約作成の負担がなく、申請手順等が容易である。

エ．適切。企業型年金の給付は、老齢給付金、障害給付金、死亡一時金とされている。また、当分の間、脱退一時金の支給も行われることになっている（確定拠出年金法附則第２条の２)。

オ．不適切。運用方法のうち政令で定めるものを企業型年金規約で定めるところに従って少なくとも「３以上」選定し、企業型年金加入者等に提示しなければならず、この場合において、その提示する運用の方法のうちいずれか「１以上」のものは、元本が確保される運用の方法として政令で定めるものでなければならないとされていたが、平成30（2018）年５月施行の改正確定拠出年金法により、「リスク・リターン特性の異なる3つ以上の運用商品の提供義務」へ一本化され、定期預金などの元本確保型商品については、提供義務から労使の合意に基づく提供に変更となった。したがって、選定するどの運用商品についても元本が確保される必要はない。個人が自己責任で運用を行うことを基本としているが、一定の金融商品知識が必要であることから、企業には従業員への投資教育が義務づけられている。

問題 66 解答

R3前

正解 イ

ポイント 確定拠出企業年金に関する知識を問う。

解説

ア．適切。企業は決まった掛金を拠出するだけで、あとは加入者の自己責任の下での運用次第で年金給付額が決まるため、将来の年金給付額は確定せず、企業がその額を保障することもない。したがって、確定拠出年金の導入により、年金の資産や負債を貸借対照表に記載する必要がなく、企業は年金資産の運用リスクから解放される。

イ．不適切。掛金がどんな状況でも一定であるため、企業の負担が軽くなることはない（設問の記述は確定給付型企業年金のメリットである）。

ウ．適切。転職してもそれまでの積立金を持ち運べるため、キャリアのある人材を受け入れ、特殊な技術や高い専門能力を有する人材を確保する上で有利になると考えられる。

エ．適切。個人ごとに口座が設けられ拠出額が明らかになるため、企業から従業員への利益の明瞭化につながり、従業員にとって大きなインセンティブになり、その効果を就業意欲に反映させることも可能である。

オ．適切。実質的に税制優遇を受けていることになり、企業側のメリットである。

●参考文献

・原彰宏「Q＆A確定拠出年金ハンドブック（改訂版）」セルバ出版　2011

(2)●退職給付制度の設計

テキスト第３章第３節

解答

R2後

正　解　イ

ポイント　退職給付制度を設計する際に求められるグランドデザインや、リスク、給付水準、支払い能力の検証等、制度設計に必須となる実務的知識を問う。

解　説

ア．適切。通常は毎月の掛金拠出が必要となるため、キャッシュフローに余力のない企業は、支払い能力の検証を入念に行う必要がある。

イ．不適切。運用リスク、財政リスク、会計上のリスクなど重いリスクを企業は担うことになるが、一方で従業員の老後生活設計の安定性や定着性は明らかに高まることから、人的資源管理上の経営的効果が期待できる。

ウ．適切。記述のとおり。

エ．適切。例えば確定拠出年金の拠出金を定額法で設計した場合、給付カーブは想定モデルでは直線的に上昇するが、実際は個人の運用実績に応じて無数のカーブが存在することになる。

オ．適切。なお、継続基準で用いられる責任準備金は、適格年金とは定義が異なることに注意を要する。

＜退職給付制度とリスク＞

リスクの種類		確定給付型		確定拠出型
		退職一時金	企業年金	
運用リスク	積立期間	企業	企業	従業員
	据置期間	従業員	企業	従業員
	支払期間	従業員	企業	従業員
財政リスク		企業	企業	－
インフレリスク		従業員	従業員	従業員
生存リスク		従業員	企業	従業員
制度のガバナンスリスク		企業	企業	－
制度の終了リスク		従業員	従業員	－

出所：大槻洋子「我が国の退職給付制度の特徴とリスク」日本大学大学院総合社会情報研究科紀要 No.2, 42-51　2001（一部加筆）

(1)●海外駐在員の賃金の決定方式

テキスト第3章第4節

解答

R2前

正　解　オ

ポイント　海外駐在員の基本賃金の決定方式（「購買力補償方式」）の理解度を問う。

解　説

「購買力補償方式」は、国内勤務時の給与から、税・社会保険料を控除したネット賃金に、在勤地での購買力を維持するための指数を乗じて得た金額を基本賃金とし、さらにそれを駐在先国の現地通貨に換算して決定する方法である。使用する指数は、日本（東京）を100とした場合の海外主要都市別の指数であり、外部コンサルティング企業の提供するインデックスを用いる。

<購買力補償方式>

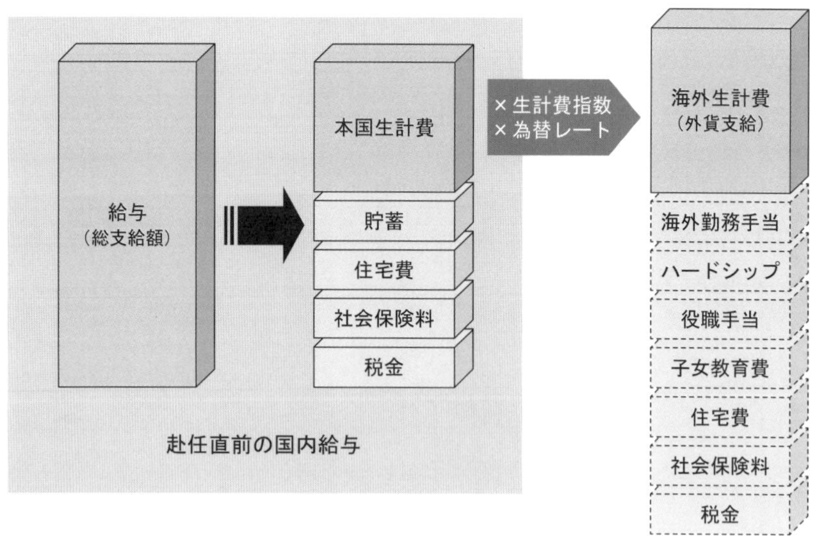

ア．適切。記述のとおり。

イ．適切。記述のとおり。

ウ．適切。記述のとおり。

エ．適切。記述のとおり。

オ．不適切。指数が100を下回るケースなどにおいてテンポラリー・レジデント（非永住者）として駐在する従業員に購買力という経済理論を強制しきれないという現実がある。指数が100を下回る場合、現実には会社が差額分を補償するなどの措置がとられることが多く、結果として、海外駐在員の基本給は新興国などにおいても、実際の物価水準に比べて相対的に高めになる傾向にある。

＜海外赴任者の基本給＞

区分	試算後の年収（35歳）				指数〈②＝100〉①÷②×100	
	①海外赴任者モデル		②国内勤務者モデル			
ニューヨーク	22社（20社）	8,962,087円（8,912,921円）	20社	6,375,655円	140.6	（139.8）
シンガポール	31 （29 ）	9,665,187 （9,647,297 ）	29	6,583,105	146.8	（146.5）
バンコク	52 （48 ）	9,548,424 （9,528,689 ）	48	6,479,353	147.4	（147.1）
上海	58 （52 ）	9,686,365 （9,621,648 ）	52	6,435,153	150.5	（149.5）
サンパウロ	18 （17 ）	9,261,217 （9,295,234 ）	17	6,533,778	141.7	（142.3）

［注］1．「②国内勤務者モデル」の設定条件は、次のとおり。［勤務地］本社地域／［学歴・職掌］大学卒・事務系／［年齢・家族構成］35歳・扶養３人

2．（ ）内の社数・金額および指数は、上記「②国内勤務者モデル」に回答のあった企業を対象に（＝同回答のない企業は除外）試算・集計したもの。

出所：「労政時報」調査（「労政時報」第3984号）2019

Ⅳ●人材開発 ＞ 1●人材開発の意義

(1)●経営方針と連動した人材開発施策

テキスト第４章第１節

問題69 解答

正　解　ウ

ポイント　人事戦略の中核的な人材開発制度についての知識、理論の実務への適用について問う。

解　説

ア．適切。企業内教育は、経営環境の変化にセンシティブに反応することを常に求められている。殊に効果的・実践的な教育を志向するのならば、当然である。

イ．適切。教育専門集団が作り出すプログラムは、往々にして、ライン部門の求めているもの、市場の環境等と微妙にズレが生じることがある。そこで、ライン部門の社員を２年間程度教育スタッフにアサインすることにより、ラインの、また市場のフレッシュな息吹をプログラムの開発・実施に反映させるのも１つのアイデアといえる。殊に食料品産業に属するＹ社にとっては、市場動向に敏感である必要性が高いと思われる。

ウ．不適切。企業独自の教育プログラムを持つ大きな意義の１つが、経営理念や企業のバリューに関する理解を深めることにある。変化の激しい不確実な時代こそ、この点が強調されるべきである。

エ．適切。現代の経営環境は、Off－JTで習得した知識・技術をOJTによりカスタマイズすることを求めているといえる。

オ．適切。会社全体の視野に立った全社プログラムと部門プログラムの再構築は必要なことといえる。

問題70 解答

R2後

正　解　エ

ポイント　人材開発の意義について正しく理解し、最近のトピックに関する知識を有しているかを問う。

解　説

ア．適切。2019年より順次施行されている働き方改革関連法において、「雇用形態にかかわらない公正な待遇の確保」がうたわれており、非正規雇用労働者に対する教育もその対象となっている。

イ．適切。人材開発方針は企業の人材開発に関する考え方や目的・目標を定めるものであり、人材開発の指針とすべきものである。期待人材像は、人材開発方針の中で企業が社員に期待している方向であり、指針となるものである。

ウ．適切。三密回避や在宅勤務の拡大によって、従来の人材開発施策は目的・手段の双方において大きな見直しを迫られている。

エ．不適切。記述の内容はコーチングではなく、ファシリテーションに関するものである。

オ．適切。CDPの成功事例を耳にすることはあまり多くない。従来の制度面の課題に加えて、上司の指導面の課題に真摯に取り組み、抜本的な再構築を行わなければならない。

(2)●人事施策と人材開発施策

テキスト第4章第1節

問題71 解答

R1後

正解 ウ

ポイント 組織活性化の取組み、施策や進め方についての理解度を問う。

解説

ア．適切。ファシリテーションは参加者の合意と納得感を高めるための技法であり、組織活性化策として有効である。

イ．適切。組織活性化には問題解決型のコミュニケーションが重要であり、この研修は効果がある。

ウ．不適切。企業文化の伝承は大切であるが、そのための内部マネジメント強化ばかりではなく、市場･外部へエネルギー投入することが重要である。

エ．適切。組織活性化は、従業員・組織・顧客の三者に焦点を当てたニーズ把握が望まれる。

オ．適切。組織活性化への取組みは、全社や各部門が対象となり、全社展開では経営トップ層と、各部門展開では部門長と一体となって取り組むべきである。

問題72 解答

正解 ウ

ポイント 人材開発と一体となって取り組む人事考課への取組みを問う。

解説

ア．適切。会社が期待する内容を反映した考課項目を意識して指導を行うことが育成につながることになる。

イ．適切。目標管理での目標遂行活動であるDoに対して、アドバイス・支援を充実させた指導を強化することが重要である。

ウ．不適切。人事考課では達成項目や未達成項目が発生するが、部下の育成に当たっては、強い項目、普通の項目、弱い項目のそれぞれについて計画を作成することが求められる。強い項目は、自信・意欲を高めさらに伸ばすことにつなげ、弱い項目は、改善に取り組むことになる。

エ．適切。適切なフィードバックは、評価結果と仕事への取り組み状況を連動させて行うと次に向けた仕事への取り組み方が具体的になる。

オ．適切。全体の人事考課結果の分析から層別の強み･弱みに基づく育成ニーズが明確になる。階層別教育、職能別教育のプログラムに反映させると効果的である。

(3)●キャリア形成施策と人材開発施策

テキスト第４章第１節

問題73 解答

R1後

正解　オ

ポイント　「ジョハリの窓」に関する知識を問う。

解説

ア．適切。「ジョハリの窓」は「心の４つの窓」ともいわれ、ヒューマン・スキルに関する研修、カウンセリング等を行う場合に必須のコンセプトとなっている。1950年代に、米国の心理学者ジョセフ・ラフトとハリー・インガムが発表した「対人関係における気づきのグラフモデル」を、二人の名前から「ジョハリの窓」と呼んでいる。

イ．適切。記述のとおり、公開された自己（open self）を指す。この領域に当てはまる項目が多い場合、自己開示ができているといえる。

ウ．適切。「気づかない窓」あるいは「盲点の窓」ともいい、見えない自己（brind self）を指す。

エ．適切。自分では知っているが他人から知られていない隠された自己（hidden self）を指す。「秘密の窓」ともいわれる。

オ．不適切。自分にも他人にも分からない領域（unknown self）であるので、それを意識的に拡大・縮小することはできない。「気づかない窓」や「隠された窓」を縮小する、したがって、「開かれた窓」が拡大されれば、この領域は自ずと縮小する。つまり、新しい自己の発見ということになる。なお、「秘められた力」はマイナスのパワーとなる場合もある。

●参考文献

・本間啓二／金屋光彦／山本公子共著「５訂版 キャリアデザイン概論」一般社団法人雇用問題研究会　2020

問題74 解答

H29後

正解 ウ

ポイント ビジネス上のコーチングを行う環境に対する上司の留意点を問う。

解説

ア．不適切。コーチングを実施する際は肯定的なフィードバックが基本であり、否定的フィードバックは原則として避けるべきである。

イ．不適切。上司と部下の間に信頼関係が醸成されて初めてコーチングが機能する環境が出来上がるのである。上司の権威などは、コーチングに直接的な影響はないといえよう。

ウ．適切。この選択肢に示されるような上司のスタンスが、コーチングにふさわしい自由で率直なコミュニケーションの場を形成する。

エ．不適切。部下のプライバシーを守るなどコーチングにふさわしい場所を選ぶことは、効果的なコーチングをする上で重要な要因となる。

オ．不適切。部下がコーチングを受け入れる準備が整っていない状態でコーチングを行っても効果は期待できない。

(4)●組織活性化施策と人材開発施策

テキスト第4章第1節

問題 75 解答

R3前

正解 エ

ポイント 目標管理を組織の活性化の視点で捉えるときの論点を確認する。

解説

ア．適切。目標管理の提唱者であるP.F.ドラッカーは、目標管理を、目標をベースにしたトータルな経営管理システムと捉え、人事管理システムをそのサブシステムと位置づける。目標管理は分権的な経営管理を実現させる経営管理システムともいえる。

イ．適切。目標管理のポイントは、いかに部下が納得して取り組む目標を設定するかにある。そのために協同設定が望ましいと考えられる。

ウ．適切。目標管理のベースにあるモチベーション理論は、実体理論とプロセス理論とに大別される。本選択肢で引用したプロセス理論の精緻なモデルといわれる、V.H.ヴルームの功利主義的な合理人を前提とする期待理論を理解することは、目標管理制度を運用する上で有用である。

エ．不適切。結果の評価について上司と部下の意見が合意に達しなかった場合は、上位者による2次評価に委ねるのではなく、まず上司の評価結果が優先する。その場合、評価用紙のしかるべき箇所に、部下が同意しなかった旨を記録する配慮が望ましい。

オ．適切。目標管理が管理手法というよりも、経営思想そのものであるといわれ、組織の活性化に資する側面を認識することが重要である。

問題 76 解答

R2前

正解 エ

ポイント 人材開発の考え方に関する理解度を問う。

解　説

ア．適切。経営革新による雇用の再編は社員に不安をもたらし、企業も激化する人材確保の中で優秀な社員に転出される危機感を持っている。この双方の不安を解消するのが「人材開発」に対する企業姿勢である。

イ．適切。期待人材像は、人材開発方針の中で企業が社員に期待する方向であり、指針となるものである。期待する人材像は、会社・階層・職種で作成し、社員に周知することが必要である。

ウ．適切。経営力の強化、組織力の向上、経営の国際化、少数精鋭化が求められるとともに、情報化やネット技術などに対応する人材育成、「人生100年時代」を見据えた生涯教育の推進、60歳以降の高齢者対策が必要であり、これらに対応した人材開発が求められている。

エ．不適切。組織文化は、過去のしがらみや固定観念として変革を阻害する要因ともなる。市場の変化に合わせた革新のためには、社員の意識改革を進め、活力ある組織を実現するための組織活性化策が必要である。

オ．適切。記述のとおり。

●参考文献

・ジョー・ウィルモア著、中原孝子訳「HPIの基本～業績向上に貢献する人材開発のためのヒューマン・パフォーマンス・インプルーブメント～」ヒューマンバリュー 2011

(1)●人材開発計画の立案

テキスト第４章第２節

問題77 解答

R2前

正解　エ

ポイント　人材開発に関する基本知識を問う。

解説

ア．適切。近年、人材アセスメントを人材開発に活用する企業が増えている。人材アセスメントの目的は、管理職候補者の選抜に活用することと社員の能力開発である。また、会社の基幹人材候補者の選抜にも活用されている。

イ．適切。①職場での実務的能力開発のためのOJTや問題対応のためのOff－JT、②仕事、経験を通しての長期的なキャリア開発、③自発的能力開発（自己啓発）への支援、という視点からの人材開発施策が必要である。

ウ．適切。人材開発には、「組織メンバーとしての社員に対する能力開発」という観点に加えて、「生涯を通じたキャリア形成のための個人の自助努力に対する支援」という観点が求められる。

エ．不適切。人材開発の費用対効果を向上させるためには、まず教育目標を明確に設定することが重要である。さらに、その目標は業務上の効果と直結していなければならない。

オ．適切。記述のとおり。

問題78 解答

R2後

正解　イ

ポイント　人材開発計画を立案するときの基本である「５Ｗ１Ｈ」の内容について、正しく理解しているかを問う。

解説

ア．不適切。人材開発計画は、現場のニーズに対応することも大切だが、基本は、経営戦略、経営方針、人事方針に基づくことである。

イ．適切。記述のとおり。

ウ．不適切。部門教育や、OJTは人材開発担当部署から離れて行われる。主体としては関与しないが、何らかのサポートは必要である。

エ．不適切。接客・クレーム対応・不良品発生防止教育などは、どちらかというと短期で教育効果を出すべき性格のものである。

オ．不適切。時には「他社事例をそのまま取り入れること」や「企業風土を変えること」も必要だが、自社の特質をよく考慮して進めることが大事である。

問題 79 解答

R2後

正解 ア

ポイント 時代や情勢によって変わる、必要な能力と人材開発施策についての基本的理解度を問う。

解説

ア．不適切。人材開発の目的には、組織の戦力化だけでなく、個人のキャリア形成支援がある。従来に比べ、それを重視するのが最近の特長でもある。

イ．適切。昨今では経済社会の構造的変革期の中にあって、人材開発活動の傾向がこのように変わってきている。

ウ．適切。いろいろな能力分類が考えられるが、集約するとこの4つに絞られる。

エ．適切。かつての横並びが重んじられた安定的企業社会にあっては敬遠された、異能異才人材の育成・確保が重要なテーマになってきている。

オ．適切。記述のとおり、人材開発施策はその時代の要請で急速に変化する。

(2)●人材開発計画の実行

テキスト第4章第2節

問題80 解答

R2後

正　解　ウ

ポイント　人材開発に関する基本知識を問う。

解　説

ア．適切。人材開発は経営戦略と人事戦略に沿うことで、目的と目標を明確にして計画される必要がある。さらに、教育担当者、教育を実施する場所、教育期間、教育方法、費用なども計画を作成するための重要な要素である。

イ．適切。記述のとおり。

ウ．不適切。公平性の確保は、教育投資の平等化を意味するものではなく、教育機会のことである。

エ．適切。アセスメントの方法としては、期待要素に基づいて、事例研究、討議、テスト、個人特性検査、面接などを実施する。その結果を本人にフィードバックし、今後の能力開発に活用する。

オ．適切。記述のとおり。

問題81 解答

R2前

正　解　ウ

ポイント　人材開発計画の実行に関する基本知識を問う。

解　説

ア．適切。人材開発部門としては、社員が人材開発に納得し、賛同してもらわなければ目的を達成することが難しい。

イ．適切。部門が担当するOff－JTや各職場でのOJTは計画どおりに実施されているか、自己啓発の進展具合はどうか、また、それらの教育によって目標とした成果が出ているか、といった実施状況の把握が必要である。

ウ．不適切。人材開発部門も積極的に検証に関与し、全社的な視点から判断すべきである。また、教育・研修は即効性が期待できないことのほうが多く、成否を含め軽々に判断すべきではない。

エ．適切。年度の人材開発計画は、人材開発方針や中長期人材開発計画に基づいて作成し、具体的に検討する際には、年度の経営計画、事業活動ニーズ、職場ニーズを確認し、計画に反映させる。

オ．適切。例えば、Off−JTの間接費用には、会場費・宿泊・交通費・食事代・機材・テキスト代などがあり、それらの設定により予算は大きく違ってくる。

(4)●人材開発関係法令

テキスト第４章第２節

問題82 解答

R2前

正解 オ

ポイント 職業能力開発促進法に関する理解度を問う。

解説

ア．不適切。労働安全衛生法第60条に規定されている。

イ．不適切。事業主が行う自己啓発支援は職業能力開発促進法第10条の３に規定されているが、①自己啓発目標設定のための情報提供・キャリアコンサルティング機会の提供、②OJTを通じた自己啓発を支援するために、配置に配慮する義務を規定している。自主的な教育訓練の受講費用負担は、明記されていない。なお、雇用保険制度から事業主が自己啓発支援として費用の全部・一部を負担した場合の助成制度（人材開発支援助成金）がある。

ウ．不適切。パートタイム・有期雇用労働法第11条第２項に規定されている。

エ．不適切。事業主が一定の職業訓練を実施した場合、雇用保険制度から助成金が支給されることは、雇用保険法第63条第１項第５号に規定されている。そして、同法施行規則第125条による人材開発支援助成金が支給される。

オ．適切。職業能力開発促進法第12条のとおりである。

問題83 解答

R3前

正解 エ

ポイント 自己啓発支援に係る法律規制について理解度を問う。

解説

ア．適切。職業能力開発促進法第４条第１項。労働者が自分でキャリアプラン（職業生活設計計画）の作成を行い、これに従って、職業生活全期間にわたり職業訓練の受講・学校教育の受講・実務の実践・自己啓発を組み合わせて自発的に職業能力開発を実行する「自己啓発人モデル」を前提にしている。

イ．適切。職業能力開発促進法第４条第１項、第10条の４第１項。

ウ．適切。職業能力開発促進法第10条の３第１号で、事業主は労働者のキャリアプランに即した多様な職業訓練（OJTを含む）の実施、学校教育の併用、職業能力評価の実施・配置に当たっての配慮、自己啓発支援、キャリア形成支援、熟練の伝承支援等を通じて、労働者が行う職業能力開発を援助する責務があると規定している。

エ．不適切。海外留学費用の返還制度は、労働者の足止め策として機能する場合には労働基準法第16条（損害賠償額の予定の禁止）に違反する可能性がある。しかし、選択肢は①修士号取得は、自己啓発でありOff－JTとはいえないこと、②労働者が休職しており留学中に業務を行わせることはないこと、③労働契約とは別個に消費貸借契約を締結していること、④返還免除期間要件も５年間であり不当に長期間の労働を条件としているものとはいえないことから、同条には違反しないものと考えられる。「野村證券事件」（東京地裁 平成14年４月16日労判827・40)、「長谷工コーポレーション事件」（東京地裁 平成９年５月26日労判717・14）参照。

オ．適切。雇用保険法第60条の２。雇用保険の被保険者に対する教育訓練の支援として、教育訓練給付が保険給付として行われている。

●参考文献

・土田道夫「労働契約法（第２版）」有斐閣　2016

(2)●OJTニーズの把握

テキスト第4章第3節

解答

R2前

正 解 ア

ポイント OJTに対する基本知識を問う。

解 説

ア．不適切。OJTは、職務遂行上の能力開発と将来必要な人材育成という2つの目的を持っており、後者は中長期にわたって身につけさせるものであるため、CDPなどキャリア形成支援策との効果的な連動が必要となる。したがって前者だけがOJTの目的として限定されるものではない。

イ．適切。OJTとOff－JTの連動は重要であり、効果的に行うためにはラインと人事部門との密接な協力が欠かせない。

ウ．適切。OJTの効果向上のために、OJTを行うライン管理者の人事考課に反映させることは有効な施策である。

エ．適切。OJT実施には、実行者の特定が不可欠である。

オ．適切。OJTの効果向上に、コーチングスキルの向上は有効である。

解答

R3前

正 解 エ

ポイント OJTニーズの把握に関する基本的な知識を問う。

解 説

ア．適切。目標達成に至るプロセスを分析し、さらなる業績向上や能力アップにつなげるための課題を抽出した上で、指導ポイントを絞っていく等、有用なニーズを抽出することができる。

イ．適切。業務遂行過程で顕在化した課題の中に、様々なOJTニーズが存在する。

ウ．適切。期待人材像は、会社や部門が求める「あるべき姿」を具現化した到達目標となるため、現状とのギャップは具体的な育成ニーズとなる。

エ．不適切。OJTは職務遂行上の能力開発と、将来必要な人材育成という2つの目的を有しているため、中長期的な視点に基づき、必要となる指導・支援措置をOJT計画に盛り込む必要がある。

オ．適切。資格要件は、当該等級の認定要件を満たす具体的な基準であり、また人事考課項目は、当該等級に求められる能力や行動等の期待基準となるので、そのギャップを分析することは有効である。

(3) ●OJT計画の立案・推進・フォローアップ

テキスト第4章第3節

問題86 解答

R2後

正解 ウ

ポイント OJT支援の方法についての理解度を問う。

解説

ア．適切。管理者に対するOJTの必要性、意義を浸透させることは重要であり、適切といえる。

イ．適切。OJTを進めるためのスキルやツール等を提供することは適切といえる。

ウ．不適切。現場は常に業務に追われるため、OJT時間の確保を義務づければ実施するものではない。現場でつど実施するという取組みの徹底が重要である。

エ．適切。部下育成計画に基づいた実施は、具体的実行に結びつくので、適切といえる。

オ．適切。管理者に職場のOJTリーダーを指名させ、必要な研修を受講させた上で、計画的にOJTを実行し、管理者が支援する体制をとることが重要である。

問題87 解答

R1前

正解 ア

ポイント OJTの効果測定についての基礎的知識を問う。

解説

ア．不適切。特定の観察者による観察法は、客観的な評価が難しく、主観が介入する恐れがある。

イ．適切。共有化と合わせて、受講者の発表力やプレゼンテーション能力を評価することができる。

ウ．適切。実施に当たっては、OJTの実施前後の評価が必要となる。

エ．適切。アンケート結果だけでOJT活動を評価するのではなく、他の評価方法との組合せで活用する必要がある。

オ．適切。記述のとおり。

●参考文献

・一般社団法人全国地方銀行協会「事例で学ぶOJT」

(1)●Off－JTニーズの把握

テキスト第4章第4節

問題88 解答

R3前

正 解　オ

ポイント　教育部門の教育ニーズ把握のための実務対応に関する知識を問う。

解 説

ア．適切。教育ニーズを企業側面、個人側面の両面から把握することは適切である。

イ．適切。今日の激変する企業環境下においては、トップの認識する教育ニーズは最重要課題である。

ウ．適切。現場における問題解決は重要であり、問題解決に結びつける教育ニーズの把握が必要である。

エ．適切。企業が期待する能力やとるべき行動が人事考課に反映されているので、人事考課結果を活かした教育ニーズの把握は重要である。

オ．不適切。教育ニーズは短期と中期で捉えることが求められ、「短期集中・即実効」の内容だけではないので不適切である。

問題89 解答

R2後

正 解　イ

ポイント　Off－JTニーズの理解度を問う。

解 説

ア．適切。企業が持つ組織ニーズは、経営方針、経営計画、人事戦略など経営戦略上・組織運営上の課題から把握するものである。

イ．不適切。業務ニーズでも、階層や職能に広範に共通するものであれば、Off－JTが対象とすべきニーズとなりうる。

ウ．適切。人材開発部門は人材育成方針の中で、全社的に共通する人材像や階層に応じて期待する人材像として整理して、全社及び階層の期待像に対する必要な能力を具体化する。この階層に応じて求められる人材の能力と実際の能力が合致していない場合には育成ニーズとして捉え、中長期的なニーズとしても取り組むことが求められる。

エ．適切。CDPは企業が側面から支援する領域であり、社員のキャリア開発支援としてニーズ把握を行う。本人から将来就くポスト、習得したいスキル・資格などを確認し、それに必要な能力を中長期的視点でのニーズとして把握する。

オ．適切。記述のとおり。

(2)●Off－JT計画の立案

テキスト第4章第4節

問題90 解答

R1後

正 解 エ

ポイント 集合教育プログラムの作成に際しての組み立て方を問う。

解 説

教育目的に合わせて、どのように教育内容を組み立てるのが教育効果を挙げるのかを教育内容全体を判断して決定することが重要である。本問題は経営幹部教育がテーマなので、経営トップである社長からの期待を最初にきちんと受講者に伝える必要がある。次にライバル企業の事例研究を行い、それを参考にして自社の分析と方向性を研究すると効果的である。2日間研修なので、2日目の午後は経営幹部としての役割を再確認するとともに経営幹部自らの能力状況を把握し、今後の自己革新への取組みを確認して、研修のまとめとする組立てが、より効果が生まれるプログラムとして期待できる。

ア．不適切。

イ．不適切。

ウ．不適切。

エ．適切。

オ．不適切。

したがって、エが正解。

問題91 解答

R3前

正 解 イ

ポイント Off－JTにおけるメリットについての理解度を問う。

解　説

A．適切。　…社内、社外ともに教育を通して人脈が広がる。

B．不適切。…随時の修正は難しい。

C．不適切。…個々人別対応は難しい。

D．不適切。…同時の教育で１人当たりは高くなる場合もある。

E．不適切。…全体のペースで進められるので合わせる必要がある。

F．適切。　…講義を中心にして体系を論理的に学習できる。

G．不適切。…個人対応の解決は難しい。

H．不適切。…講師の力量やその場の状況対応などがあり指導の均一化はできない。

I．適切。　…事前に設定した一定レベルまでの引上げはできる。

J．適切。　…相互交流を通した視野の拡大ができる。

⑷●Off－JTカリキュラム作成

テキスト第4章第4節

解答

正 解　エ

ポイント　人事教育部門が実施するOff－JTフォローアップの効果的な方法について理解度を問う。

解 説

ア．適切。受講者が研修後に自職場で研修の内容や感想、取組み等の発表を行うことは本人の意識が高まり有効である。

イ．適切。研修の成果を確認することは重要であり、現場での成果は半年から１年程度で現われるので有効といえる。なおキャリア研修のような長期的な内容に関しては、３～５年後のフォローアップも可能である。

ウ．適切。研修内容は現場に帰ると忘れられ、一過性に終わってしまう傾向が強い。記憶を呼び戻してもらうため、また、テキスト教材の内容を再確認するためにも、１カ月後程度のテストの実施は有効である。

エ．不適切。研修姿勢に問題のある受講者への対応は程度や状況によって様々な対応が必要となるが、原則として本人の自覚と上司の指導に任せることが一般的である。必ずしも職場訪問による上司との面談が有効とは限らない。

オ．適切。研修後の実務活用状況を確認することや社内発表などで紹介することは、社員に対する紹介になり能力開発への取組みを強化できるため有効である。

(5)●Off−JTプログラム作成と効果的な推進およびフォローアップ テキスト第4章第4節

問題93 解答

R2前

正解 ウ

ポイント 大手企業を中心として昇格判定ツールとして導入が進んでいる人材アセスメント研修の特徴に関する理解度を問う。

解説

ア．不適切。人材アセスメント研修では昇格後に想定される職務要件に対する能力を予測するもので、現職務の実務能力を測るものではない。

イ．不適切。人材アセスメント研修によって評価することが難しい特性の1つに「専門能力」がある。これは、評価対象者の過去の成果物、専門性にかかわる実績、その道の専門家によるインタビューなど、別の手段によって測定することが必要である。また「パワハラ傾向」も人材アセスメント研修で評価することは難しい。

ウ．適切。この深い自己認知による教育効果は、人材アセスメント研修の代表的特長の1つである。昇格という節目の時期において自身をしっかり見つめ直す経験は、人の上に立ち、組織を預かる立場になる上でも極めて貴重な体験といえる。

エ．不適切。求める人材像とその選抜基準を明らかにした上でアセスメントを実施することは、選抜結果の納得性を高めるとともに、社員がキャリア開発の目標とするためにも望ましい。

オ．不適切。アセッサー訓練を受けた上で、社内人材がアセッサーを務める場合もある。この経験によって、人間行動を科学的、客観的に分析、理解する能力が身につくことが期待できる一方、アセッサーが評価対象者に関する事前情報を持っていた場合、先入観をもって診断するリスクもある。

問題94 解答

R2後

正　解　エ

ポイント　Off－JTプログラム作成と効果的な推進及びフォローアップについて正しい知識を問う。

解　説

ア．適切。新たな技法については人材開発部門内によるトライアルなどを行った上で慎重に取り入れることが望ましい。

イ．適切。現場の業務に影響することから、研修の具体的な期日はできれば年初に通知することが望ましい。

ウ．適切。原則として外部に委託できる業務は事務局としての役割であり、人材開発担当者においては事務局の機能よりも観察者の機能のほうが重要である。

エ．不適切。フォローアップの主体は人材開発部門ではなく、職場の上司である。上司は部下が研修に参加した後には、研修内容について職場で発表させたり、業務への活用を指導することが求められる。人材開発部門の役割はそういった指導を行う上司の支援である。

オ．適切。分析結果は内部にとどめず、経営会議や現場へフィードバックしなければならない。

(2)●自己啓発の支援と効果的な推進およびフォローアップ テキスト第4章第5節

問題95 解答

R2前

正解 オ

ポイント 自己啓発支援に関する理解度を問う。

解説

ア．適切。直接業務に役立つ資格は、優先すべきであり差をつけてもよい。

イ．適切。自己啓発のための時間づくりや職場での仕事の調整は、自己啓発促進としては有効であり正しい。

ウ．適切。キャリア設計などを通じた将来の全体像の中での自己啓発が効果的である。

エ．適切。自己啓発を推進する風土づくり・体質づくりも、自己啓発支援策として重要である。

オ．不適切。自己啓発は会社の業績向上と本人の成長との両輪であり、並列での取組みが求められる。

問題96 解答

R3前

正解 ウ

ポイント 自己啓発を人事施策と連動させる取組みについての知識を問う。

解説

ア．効果が高い。自己啓発の実績を昇進・昇格の条件に反映させることは、自己啓発の動機づけとなり、人事施策として効果的であると考えられる。

イ．効果が高い。自己啓発の結果を会社の人事情報システムに反映させ、配置・異動に活用することは、自己啓発の動機づけとなり、人事施策として効果的であると考えられる。

ウ．効果が低い。通信教育の内容を実務に連動させた講座に刷新しても、業務多忙が自己啓発への取組みが低調なことの主原因である状況においては、自己啓発の動機づけにはつながりにくく、人事施策としての効果は低いと考えられる。

エ．効果が高い。資格取得者への奨励金制度や資格手当の支給は、自己啓発の動機づけとなり、人事施策として効果的であると考えられる。

オ．効果が高い。目標管理の項目として自己啓発目標を書かせることは、自己啓発の動機づけとなり、人事施策として効果的であると考えられる。

V●人事・人材開発をめぐる社会的動向

1 ●人事管理の動向

問題 97 解答

R2前

正 解 オ

ポイント ダイバーシティ・マネジメントの目的（「4つの視点」）に関する理解度を問う。

解 説

ア．適切。「必然性の視点」から、ダイバーシティ・マネジメントが求められている理由及び目的となる。

イ．適切。「危機管理の視点」から、ダイバーシティ・マネジメントが求められている理由及び目的となる。

ウ．適切。「公平性の視点」から、ダイバーシティ・マネジメントが求められている理由及び目的となる。

エ．適切。「成果の視点」から、ダイバーシティ・マネジメントが求められている理由及び目的となる。

オ．不適切。ダイバーシティ・マネジメントにおける業績向上メリットを強調しすぎると、必然的に短期的な成果との因果関係を経営者から求められることになる。ダイバーシティ・マネジメントが避けられないこと、リスク・マネジメントとしても捉えなければならないこと、社会の公器である企業の責任として取り組むことを併せて理解し、長期的な視点から推進することが重要である。短期的な成果を強調することは、必然性、危機管理、公正、成果の4つの視点に立ったバランスのとれたアプローチを欠くことになる。

●参考文献

・木谷宏「『人事管理論』再考—多様な人材が求める社会的報酬とは—」生産性出版 2016

・木谷宏「社会的人事論—年功制、成果主義に続く第3のマネジメントへ—」労働調査会 2013

問題98 解答

R3前

正解 イ

ポイント ダイバーシティ・マネジメントとその企業経営上の効果について問う。

解説

ア．適切。1950年代後半にアメリカで起きた公民権運動にルーツを持つダイバーシティ・マネジメント（「第1のダイバーシティ・マネジメント」（尾﨑））に関する記述であり、コンプライアンスや労務管理を通して人材を公平に処遇することで、賃金の抑制と生産性の向上が可能になるとされている。

イ．不適切。「統計的差別」についての記述であり、企業が統計的差別を行うことに経済合理性が認められるのは、統計的なグループごとに、労働者の限界生産力の違いが存在する場合や、労働市場が競争的でない場合に限られるとされている。企業は経済合理性を持つ統計的差別を行えるほど常に正しい情報を持っているわけではなく、企業の人材登用の在り方が原因で、性別などのグループで限界生産力の違いが現れている場合、統計的差別を行うことに合理性はない。

ウ．適切。1970年代に本格化した多国籍企業における異文化マネジメントにルーツを持つダイバーシティ・マネジメント（「第2のダイバーシティ・マネジメント」（尾﨑））に関する記述であり、例えば国を越えて多様な人材を采配することで、企業の（静的）成長を実現することが可能になるとされている。

エ．適切。1990年代に本格化し始めたグローバル競争下における競争力の再構築と結びついたダイバーシティ・マネジメント（「第3のダイバーシティ・マネジメント」（尾﨑））に関する記述であり、異なる能力を組み合わせて活用することで、創造的破壊とイノベーションを起こし、企業の（動的）成長を実現することが可能になるとされている。

オ．適切。ウ（「第2のダイバーシティ・マネジメント」）とエ（「第3のダイバーシティ・マネジメント」）を併せた記述であり、ダイバーシティ・

マネジメントは（単なる福利厚生施策などではなく）それそのものが経営戦略・経営イノベーションであり、これらを通して企業は静的成長や動的成長が可能になるとされている。

●参考文献
・尾﨑俊哉「ダイバーシティ・マネジメント入門―経営戦略としての多様性」ナカニシヤ出版　2017

2●人材開発の動向

問題 99 解答

R1前

正 解　エ

ポイント　グローバル人材の育成に関する問題点について理解度を問う。

解 説

ア．適切。産業能率大学「ビジネスパーソンのグローバル意識調査」(平成22年)、産業能率大学「第6回新入社員のグローバル意識調査」(平成27年)により、意識の変化が確認できる。

イ．適切。国内部門による優秀人材の抱え込みや、海外勤務経験者のリピート赴任等が多くの企業で顕在化しており、グローバル人材の育成が遅々として進まない原因となっている。

ウ．適切。海外勤務経験者が、帰国後どのようなキャリアを歩むかは、国内勤務社員にとっても関心の高い事項であり、選択肢のような事例が多くなると、海外勤務のリスクを意識するようになり、結果として海外勤務を忌避する傾向が強まってしまう。

エ．不適切。人事制度の国際共通化や、英語公用語化等の環境整備は、高度にグローバル化が進展した企業において、その必要性に基づき求められるものである。設問の前提となるグローバル化の発展段階にある企業では、海外事業を確実に遂行できる人材の確保、育成が喫緊の課題であり、組織的なグローバル化対応の整備は、グローバル化の進展に応じてステップ・バイ・ステップで進めていくものであり、直ちにグローバル人材の育成に負の影響を及ぼす要因になるとはいえない。

オ．適切。大企業では、若年層社員全員を海外勤務させる育成プランを実行したり、産学共同でグローバル人材育成プログラムを作成するなどの先進事例はあるが、多くのグローバル化発展段階にある企業では、レディメイドの汎用研修プログラムの活用や語学研修の運営にとどまるケースが多く、必ずしも当該企業の育成ニーズに適合した研修が実施できているとはいえず、グローバル人材の育成につながっていない。

●参考文献

・日本経済団体連合会「グローバル人材の育成・活用に向けて求められる取り組みに関するアンケート結果」（平成27年3月17日）

解答

R3前

正　解　ウ

ポイント　外国人労働者の雇用に関する基本知識を問う。

解　説

ア．適切。外国人労働者の入国・在留資格の条件は出入国管理及び難民認定法に定められている。平成30（2018）年に成立した改正法では、在留資格「特定技能１号・２号」が新設された。

イ．適切。高度外国人材の活動を「高度学術研究活動」「高度専門・技術活動」「高度経営・管理活動」の３つに分類し、項目ごとのポイントの合計が一定点数（70点）に達した場合に、出入国在留管理上の優遇措置を与えることで、高度外国人材の受入れ促進を図ることを目的として、平成24（2012）年より導入されている。

ウ．不適切。配置転換後の業務内容などが在留資格の範囲でない場合には、変更要件を満たした上での認可が必要となる。

エ．適切。労働基準法第３条に「使用者は、労働者の国籍、信条又は社会的身分を理由として、賃金、労働時間その他の労働条件について、差別的取扱をしてはならない」と定められている。

オ．適切。ドイツ、英国、米国など20カ国との間で社会保障協定が締結されており、国により多少異なるが、５年以上派遣する場合は厚生年金保険の被保険者資格を喪失し、派遣先国の年金制度に加入することで二重加入を防止できる。一方、５年未満の場合は、相手国の法令の適用が免除され、我が国の厚生年金保険制度に継続加入することになる。

●編著
ビジネス・キャリア®検定試験研究会

●監修
木谷　宏
県立広島大学大学院　経営管理研究科　教授
博士（経営学）

●監修協力
和田泰明
和田人事企画事務所
人事・賃金コンサルタント
社会保険労務士

・本書掲載の試験問題、解答及び解説の内容についてのお問い合わせには、応じられませんのでご了承ください。
・その他についてのお問い合わせは、電話ではお受けしておりません。お問い合わせの場合は、内容、住所、氏名、電話番号、メールアドレス等を明記のうえ、郵送、FAX、メール又はWebフォームにてお送りください。
・試験問題については、都合により一部編集しているものがあります。
・問題文及び解説文に適用されている法令等の名称や規定は、出題時以降に改正され、それに伴い正解や解説の内容も変わる場合があります。

ビジネス・キャリア®検定試験過去問題集　解説付き
人事・人材開発　2級 3級

初　版１刷―― 平成28年９月
第２版１刷―― 令和４年10月
第２版２刷―― 令和６年１月

編著―――――― ビジネス・キャリア®検定試験研究会
監修―――――― 木谷　宏
発行―――――― 一般社団法人 雇用問題研究会

〒103-0002　東京都中央区日本橋馬喰町1-14-5　日本橋Ｋビル2階
TEL　03-5651-7071
FAX　03-5651-7077
URL　https://www.koyoerc.or.jp

ISBN978-4-87563-713-4